HISTOIRE GÉNÉALOGIQUE

DE LA

MAISON DE L'ESPERONNIÈRE

TIRAGE

Il a été tiré de ce livre :

4 exempl. in-8° jésus, sur Japon, dont 2 pour la famille, 1 pour la Réserve de la Bibliothèque Nationale, 1 pour l'auteur.
22 — in-8° jésus, sur beau papier mécanique glacé, pour la famille.
474 — in-8° raisin, sur beau papier glacé.
500 exemplaires.

HISTOIRE GÉNÉALOGIQUE

DE LA

MAISON DE L'ESPERONNIÈRE

DE SES ALLIANCES

ET DES SEIGNEURIES QU'ELLE A POSSÉDÉES

ANJOU

POITOU, BRETAGNE ET MAINE

1156-1889

D'APRÈS LES ARCHIVES INÉDITES DU CHATEAU DE LA SAULAYE (MAINE-ET-LOIRE)
ET LES DOCUMENTS CONSERVÉS DANS LES DÉPOTS PUBLICS

ILLUSTRÉE DE 2 BLASONS EN COULEURS DE LA FAMILLE,
DE 26 BLASONS D'ALLIANCES EN NOIR, INTERCALÉS DANS LE TEXTE,
DE 2 HÉLIOGRAVURES D'ANCIENS DOCUMENTS,
DONT UNE LETTRE INÉDITE DE CHARLES VI, ADRESSÉE A LA FAMILLE EN 1403,
DE 2 VUES DE CHATEAUX ET DE LA REPRODUCTION D'UN SCEAU
ET ACCOMPAGNÉE DE 2 TABLES CONTENANT PLUS DE 2,000 NOMS DE FAMILLES,
TERRES, CHATEAUX ET COMMUNAUTÉS

PAR

THÉODORE COURTAUX

PARIS

CABINET DE *L'HISTORIOGRAPHE*

(RECUEIL DE GÉNÉALOGIES, DE NOTICES HISTORIQUES ET DE BIOGRAPHIES)

Rue d'Amsterdam, 52

—

M DCCC LXXXIX

MONSIEUR LE COMTE

RENÉ-MARIE-ANTOINE DE L'ESPERONNIÈRE

CHATEAU DE LA SAULAYE

Commune de Freigné (Maine-et-Loire).

Monsieur le Comte,

Touché du soin que je mettais à vous procurer des renseignements que vous ne possédiez pas, vous avez eu la bonté de m'adresser une bonne partie des archives du château de la Saulaye, ainsi qu'un magnifique album de famille, rédigé par vous et dans lequel j'ai largement puisé. Vous m'avez, en outre, recommandé de donner une certaine étendue à notre travail, afin qu'il fût une source de documents utiles sur les familles de l'Anjou et des provinces voisines.

La reconnaissance et la justice me font par suite un devoir de placer votre nom sur la première page de cette Histoire généalogique *de votre maison.*

Veuillez agréer, Monsieur le comte, et faire agréer à Monsieur le marquis de l'Esperonnière, *votre père, et à tous vos parents, l'assurance de mes sentiments dévoués.*

Théodore Courtaux.

Paris, ce 15 janvier 1889.

ABRÉVIATIONS :

Chlr = chevalier. Par. = paroisse. S^r = seigneur ou sieur. Sgr = seigneur. Sgrie = seigneurie.

N. B. — Les numéros placés dans le texte renvoient aux *Preuves et Notes* qui accompagnent la Notice (pages 103 et suivantes).

DE L'ESPERONNIÈRE

ANJOU, POITOU ET BRETAGNE.

SEIGNEURS DE L'ESPERONNIÈRE ET DE LA SAULAYE
MARQUIS DE LA ROCHE-BARDOUL, BARONS DE VRITZ.

Armes : *D'hermine, fretté de gueules.* Couronne : *De marquis.*

La maison DE L'ESPERONNIÈRE (I, p. 103) est originaire de l'Anjou méridional, où elle a possédé, depuis les temps les plus reculés, la seigneurie de l'Esperonnière (II, p. 105), qui lui a donné son nom.

Elle a comparu en armes aux montres de la noblesse d'Anjou des années 1442, 1467, 1470, 1471, 1490 et 1567.

Elle a été maintenue dans sa noblesse d'ancienne extraction, en 1667 et 1699, par jugements souverains des intendants du Roi en la généralité de Poitiers, et par arrêt du Conseil du Roi de 1701.

Elle a fait des preuves de noblesse, en 1705, pour la *Grande Écurie du Roi*, devant Charles-René d'Hozier, juge d'armes de France. (*Bibliothèque Nationale, Cabinet des titres*, vol. 277, pièce 18.)

Ses armes, qui sont *d'hermine, fretté de gueules*, et qu'on trouve scellées au bas d'un document original des archives du château de la Saulaye, du 1er juillet 1499 (voir p. 10)[1], ont été enregistrées dans l'*Armorial général officiel de France*, dressé, en vertu de l'édit royal de novembre 1696, par Charles-René d'Hozier, juge d'armes de France et garde dudit *Armorial*. (*Bibliothèque Nationale*, manuscrit du *Cabinet des titres*. Registres de Poitiers et de Tours.)

Elle a produit des chevaliers et de vaillants hommes d'armes au XVe siècle, et, dans la suite, des chevaliers des ordres du Roi, des gentilshommes de la maison du Roi, des lieutenants de la Grande Vénerie de France, un chevalier de Malte, une supérieure générale de la congrégation du Calvaire de Poitiers, une supérieure et fondatrice du premier couvent de la Visitation de Madrid, un chevalier de Saint-Louis, un chambellan de Gaston d'Orléans, frère de Louis XIII, un conseiller au Parlement de Bretagne, et, au commencement de ce siècle, un capitaine de la Garde Royale.

Elle a contracté des alliances avec un grand nombre de familles nobles de l'Anjou, du Poitou et de la Bretagne.

D'importantes seigneuries lui ont appartenu en Anjou et en Poitou, entre autres, celle de la Roche-Bardoul, à laquelle était attaché le titre de marquis; la possession, en Bretagne,

---

1. Voir aussi la quittance militaire scellée du 20 janvier 1569. (Preuve XXXII, page 149.)

de la baronnie de Vritz lui donne aussi droit au titre de baron.
À la fin du XIVe siècle, elle s'est divisée en deux branches.
L'aînée s'est éteinte au milieu du XVIIe siècle.

La cadette s'est perpétuée, sans dérogeance, jusqu'à nos jours.

La filiation de la maison de l'Esperonnière est établie d'une façon exacte d'après les archives du château de la Saulaye, les actes de l'état civil et les documents originaux conservés dans les différents dépôts publics de France, à partir de :

SAINTE-FLAYVE:
*de gueules,
à
une anille d'argent.*

I. *Jouffroy* (*Geoffroy*) DE L'ESPERONNIÈRE (III, p. 110), chevalier, seigneur de l'Esperonnière, par. de Vezins[1] en Anjou, né vers 1300, épousa, vers 1330, *Marie* de SAINTE-FLAYVE (IV, p. 110); ils sont nommés dans le contrat de mariage de leur fils, qui suit, du 16 avril 1357; ils ne vivaient plus à cette date.

II. *Hardouyns* (*Hardouin*) de l'ESPERONNIÈRE (V, p. 111), chevalier, seigneur de l'Esperonnière, ne vivait plus le lundi après la fête de saint Martin (14 novembre) 1401, au partage de ses biens entre Pierre et Jehan de l'Esperonnière, ses fils. Il avait épousé, par contrat du samedi avant la Quasimodo (16 avril) 1357, reçu par Jehan Fèvre, notaire de la cour et châtellenie de Mortagne[2], et enregistré par Jehan Coustigné, garde du scel desdites cour et châtellenie sous noble homme et puissant monseigneur Thomas de Chemillé, sgr dudit Mortagne, damoiselle *Jehanne* BARDOUL, dame de la Roche, par. de Saint-Pierre de Chemillé[3], et par laquelle lui vint la seigneurie de la Roche-Bardoul (VI, p. 114); elle était fille unique de feu Mathieu Bardoul[4], valet[5], et d'Avoye du Puiguion; elle fut assistée à ce

---

1. Vezins-près-Cholet (Maine-et-Loire), comm. Cholet.
2. Mortagne-sur-Sèvre (Vendée), arr. La Roche-sur-Yon.
3. Chemillé, arr. Cholet (Maine-et-Loire).
4. Macé et Mathurin Bardoul étaient sgrs de Touchevalier, par. de Fromentières, en 1552.
5. Écuyer.

contrat par Jouffroy (Geoffroy) du Puiguion, valet, et Hardouyns de l'Esperonnière par *Joachim* de l'Esperonnière, son oncle. Les autres témoins furent : Guillaume Baudry, valet; monsieur Pierre Planchon, prêtre, et Colas Morin. (*Archives du château de la Saulaye.* Parchemin original.)

De cette alliance vinrent :

1º *Pierre*, auteur de la branche aînée et dont l'article suit;

2º *Jehan*, qui a formé la branche cadette (voir page 16);

3º *Jehanne* de l'Esperonnière, qui fut la femme de *Jehan* Davort, valet.

Le 26 juin 1402, par-devant Ph. Cheverue et P. Chevalier, notaires à Saumur, Estienne Davort, valet, confessa avoir reçu de Pierre de l'Esperonnière, valet, pleine satisfaction des biens meubles et héritages à lui échus par le décès de Jehanne de l'Esperonnière, jadis femme de feu *Jehan* Davort, son frère. Les témoins de cet acte furent : Jehan Vinnet et Jehan Regnaudineau. (*Arch. du chât. de la Saulaye.* Parchemin original.)

BRANCHE AINÉE

(*Éteinte*)

III. *Pierre* de l'Esperonnière, valet, seigneur de l'Esperonnière, paroissien de Vezins, fils aîné de Hardouyns de l'Esperonnière et de Jehanne Bardoul, par acte du 25 août 1397, reçu en la cour d'Angers, vendit à Jehan de l'Esperonnière, valet, sgr de la Roche-Bardoul, son frère puîné, huit setiers de seigle de rente annuelle, à la mesure de Cholet, payables, au jour de la mi-août, sur la gaignerie[1] de la Guillemière, sise en la par. de Vezins, pour le prix de trente-six écus d'or à la couronne du coin du Roi, avec faculté de rachat dans six ans. A l'expiration de ce terme, par acte du 24 août 1403, reçu par J. Gresle, notaire de la cour d'Angers, Pierre de l'Esperonnière vendit à toujours à sondit frère ces huit setiers de seigle de rente annuelle pour le prix ci-dessus sur ladite gaignerie. Furent présents à cet acte : Geuffray de la Roche, Jehan de Mélay l'aîné, Jehan et Colin Bernier, Jehan Valin. (*Arch. du château de la Saulaye*. Deux parch. orig.)

Le lundi après la fête de saint Martin (14 novembre) 1401, par-devant Yvan et P. Bossaut, notaires en la cour d'Angers, un partage des biens de leurs père et mère eut lieu entre nobles gens Pierre de l'Esperonnière, écuyer, sgr dudit lieu de l'Esperonnière et y demeurant, fils aîné de feu nobles personnes messire Hardouyns de l'Esperonnière, et de dame Jehanne Bardoul, sgr et dame dudit lieu de l'Esperonnière et de la Roche-Bardoul, sous Saint-Pierre de Chemillé, d'une part, et son frère puîné, Jehan de l'Esperonnière, d'autre part. En vertu de son droit d'aînesse, à Pierre de l'Esperonnière demeurèrent, pour lui, ses hoirs et ayants cause : 1º le manoir noble de l'Esperonnière avec ses appartenances, appendances et dépendances ; 2º six setiers de blé seigle, me-

---

[1]. Métairie.

sure de Mortagne, de rente annuelle et perpétuelle, due chaque année par le seigneur de Puyguyon[1], au terme de Notre-Dame angevine[2]; 3º deux setiers de blé seigle, mesure de Chemillé, de rente annuelle et perpétuelle, due chaque année par Macé Gourdon, de Trémantines[3], à la fête de la Toussaint. A Jehan de l'Esperonnière échut, pour lui, ses hoirs et ayants cause, le manoir noble de la Roche-Bardoul avec ses appartenances, appendances et dépendances, à la charge d'en laisser le bail à ferme à Jehan Bellion, qui en payait exactement le prix. Furent présents à ce partage : nobles hommes Loys de Lisle, écuyer, sgr en partie du grand Montreveau[4], monsieur Pierre de Challonne, Jehan Martin, licencié ès lois, Macé Roullon. (*Arch. du chât. de la Saulaye*. Parch. orig.)

Pierre de l'Esperonnière épousa *Jamette* BARATON (VII, page 115), qui est nommée avec son mari dans les deux actes de vente, des 25 août 1397 et 24 août 1403, analysés plus haut.

De ce mariage vinrent :

BARATON : *d'or, alias d'argent, à une fasce fuselée de cinq pièces de gueules, accompagnée de sept croix pattées de sable, quatre en chef et trois en pointe.* CIMIER : *une tête de cygne.* SUPPORTS : *deux griffons.*

1º *Hardy*, qui suit;

2º *Honorat* de l'ESPERONNIÈRE, écuyer, est inscrit comme archer sur le rôle d'une montre d'armes de gentilshommes des ressorts d'Angers, de Baugé et de Saumur, sujets au ban et arrière-ban, ladite montre reçue, au mois de février 1442, en une prairie, près de Mondoubleau, en Vendômois, par Jehan de Villeneuve, sgr dudit lieu, capitaine dudit ban et arrière-ban. (*Bibliothèque d'Angers*. Mss 981.)

IV. *Hardy* de l'ESPERONNIÈRE, écuyer, seigneur de l'Esperonnière, vendit des terres à Mathes de la Béraudière, le 9 novembre 1436.

Il fut père de :

1º *Jehan*, qui suit;

---

1. Puy-Guyon (Deux-Sèvres), comm. Cerizay, arr. Bressuire.
2. Fête de la Nativité de la Vierge (8 septembre).
3. Trémentines (Maine-et-Loire), cant. Cholet.
4. Montrevault (Maine-et-Loire), arr. Cholet.

2º *Briand* de l'ESPERONNIÈRE, écuyer, se trouvait, à la place de messire François Baraton, homme d'armes, et un archer, avec ses parents de la branche cadette, Jehan et Guillaume de l'Esperonnière (voir page 19), parmi les nobles d'Anjou qui comparurent en armes et prêtèrent le serment en tel cas accoutumé, aux montres du ressort d'Angers, qui commencèrent le 5 novembre 1467, par-devant Jehan, sire du Bellay, chlr, conseiller et chambellan du Roi, commissaire député pour recevoir lesdites montres par lettres patentes du Roi données à Paris le 24 septembre de la même année. (*Bibl. Nat., Fonds français* 22,449, fol. 58.) :

3º *Hardy* de l'ESPERONNIÈRE, écuyer, fut présent, le 1er juillet 1499, à l'accord fait entre Jehan de l'Esperonnière, son frère aîné, et Marguerite de l'Esperonnière, sa nièce, fille de ce dernier.

V. *Jehan* de l'ESPERONNIÈRE, Ier du nom, écuyer, seigneur de l'Esperonnière, comparut, avec Jehan de l'Esperonnière, sgr de la Roche-Bardoul, et Henry de l'Esperonnière, ses parents de la branche cadette (voir page 20), aux montres de Vihiers, Maulévrier, Vezins, Chemillé et Beaupréau, faites les 22, 23, 25 et 26 février 1471, et déclara tenir 300 livres de rente, avec obligation de servir comme homme d'armes. (*Renseignement communiqué par MM. Beauchet-Filleau.*)

Il avait épousé, vers 1450, damoiselle *Jehanne* de VILLENEUVE (VIII, p. 116); il en eut :

DE VILLENEUVE : *de gueules, à trois chevrons d'argent, chargés de quinze mouchetures d'hermine de sable, posées sept sur le premier chevron, cinq sur le deuxième et trois sur le troisième.*

1º *Marguerite* de l'ESPERONNIÈRE, qui s'allia, par contrat du 4 septembre 1482, reçu par P. Joubert, notaire à Vihiers [1], à noble homme *Jacques* PRÉVOST, écuyer, fils de feu noble homme Jacques Prévost, écuyer, sgr du Tail-Charruau [2] (sic), et de damoiselle Anastasie de la Haye, sa veuve; elle reçut en dot deux cents livres tournois. Furent présents à ce contrat : nobles personnes Jehan de Villeneufve, Héliot de la Haye, écuyers, Jehan Pasquier. (*Arch. du chât. de la Saulaye.* Parch. orig.)

---

1. Vihiers (Maine-et-Loire), arr. Saumur.
2. Le Teil-Charnacé (Maine-et-Loire), comm. du Voide, cant. de Vihiers. Ancienne maison noble avec fief qui relevait de Gonnord et de Vihiers. En est sieur noble homme Jean de Mélay, 1409, Olivier Prévost, 1539. (Célestin Port.)

Le 1er juillet 1499, Marguerite de l'Esperonnière, suffisamment autorisée de son mari, par acte passé devant A. Tardiveau, fit un accord avec Jehan de l'Esperonnière, son père, relativement à la dot qui lui avait été constituée. Les témoins de cet acte furent : Hardy de l'Esperonnière, écuyer, oncle de ladite Catherine, et Simon Pasquier. (*Arch. du chât. de la Saulaye.* Parch. orig. scellé du sceau des l'Esperonnière : *D'hermine, fretté de gueules.* CIMIER : *La Vierge, de face, tenant en son bras droit l'enfant Jésus.*)

2º *Catherine* de l'ESPERONNIÈRE, qui épousa, par contrat du 7 décembre 1490, reçu par G. Chapellain, notaire à Vezins, noble personne Jehan de la Croix[1], écuyer, sgr de la Plaine-en-Vallée, par. de Saint-Remy-la-Varenne[2], frère puîné d'Ambroise de la Croix, écuyer, sgr de Rosseau, *aliàs* Rousseau. Jehan de la Croix apporta en dot, du consentement de son frère aîné, la sgrie de la Plaine-en-Vallée, et Catherine de l'Esperonnière la somme de quinze livres tournois ou quinze setiers de seigle, mesure de Chemillé, de rente annuelle, payable au terme de l'Angevine[3], au choix des père et mère de l'épouse, encore vivants, ainsi que la somme de cent livres tournois pour don de meuble. Furent présents à ce contrat : noble et puissant Jehan Turpin, sgr de la Varenne, Hardy de la Béraudière, sgr de la Boussonnière[4], Gilles Le Clerc, sgr de Mauny[5]. (*Arch. du chât. de la Saulaye.* Parch. orig.)

3º *Jehan*, qui suit ;

4º *Hardy* de l'ESPERONNIÈRE, écuyer, qui fit un accord avec son neveu Jehan de l'Esperonnière, le 23 avril 1507 avant Pâques ;

5º *François* de l'ESPERONNIÈRE, écuyer, nommé dans ledit accord du 23 avril 1507 avant Pâques.

---

1. De la Croix, srs d'Ardanne, de Richelieu, de Monet, de la Plaine : *d'azur, à la croix d'argent, cantonnée de quatre roses d'or.* (Denais.)
2. Maine-et-Loire, cant. des Ponts-de-Cé, arr. Angers.
3. Voir note 2, p. 8.
4. La Boussonnière (Maine-et-Loire), comm. Chanteloup, cant. Cholet.
5. Mauny (Maine-et-Loire), comm. Saint-Jean-des-Mauvrets, cant. des Ponts-de-Cé ; ancien fief et sgrie avec château, appartenant jusqu'à la fin du XIVe siècle à une famille du nom, puis dès le XVe siècle à la famille Le Clerc. (C. Port, *Dictionnaire de Maine-et-Loire.*)

— 11 —

VI. *Jehan* de l'Esperonnière, IIe du nom, écuyer, seigneur de l'Esperonnière, ne vivait plus le 23 avril 1507 avant Pâques, date à laquelle son fils Jehan, qui suit, fit un accord avec Hardy de l'Esperonnière, oncle de ce dernier, au sujet de la succession de Jehan de l'Esperonnière et de Jehanne de Villeneuve, aïeul et aïeule, père et mère desdits contractants.

VII. *Jehan* de l'Esperonnière, IIIe du nom, écuyer, seigneur de l'Esperonnière, fit l'accord ci-dessus avec Hardy de l'Esperonnière, son oncle, le 23 avril 1507 avant Pâques. (*Arch. du chât. de la Saulaye*. Papier orig.)

Il épousa damoiselle *Renée* Baye, dont il eut :

Baye : *d'azur, au lion d'or.*

1° *Honorat,* qui suit;
2° *Florent* de l'Esperonnière, écuyer, sgr du Coudray[1], qui, faisant service de chevau-léger à la place de Jacques Rogais, sgr de la Hallière[2], fut inscrit pour une somme de cent livres sur le *Compte des payements faits par Antoine Pellerin, greffier des cens d'Anjou,* sur les deniers de la recette réalisée par ce dernier depuis le 14 juillet 1554. (*Bibl. Nat.,* Fonds français 22,449, fol. 106.)

Le 11 novembre 1586, par acte passé en la maison noble de l'Esperonnière, devant Jehan Maugeays, notaire en la cour de la baronnie de Vezins, il fit un accord avec nobles personnes Catherine de l'Esperonnière, sa nièce, et Claude Reorteau, époux de celle-ci, sieur et dame de la Crestinière et de l'Esperonnière, relativement au partage des biens meubles et immeubles de Jehan de l'Esperonnière et de Renée Baye, ses père et mère; en présence et du consentement de René Guesdon, sieur de la Bizollière, et de damoiselle Barbe de l'Esperonnière, son épouse, sœur de ladite Catherine. Les autres témoins furent : noble homme René de Vaugirault, sgr de Bouzillé, noble homme René-Michel, sgr de la Roche-Maillet, par. de Thouarcé, honorable homme François de Lhommeau, licencié en droit, sénéchal du comté de Maulévrier et sgr de la Sau-

---

1. Le Coudray, fief et sgrie (Maine-et-Loire), comm. Tessouale, cant. Cholet.
2. La Hallière (Maine-et-Loire), comm. la Varenne, cant. Champtoceaux, arr. Cholet.

laye [1]. (*Arch. du chât. de la Saulaye*. Parch. orig. et copie vidimée sur papier du 25 novembre 1786.)

3º et 4º *Madeleine* et *Jehanne* de l'ESPERONNIÈRE, non mariées.

VII. *Honorat* de l'ESPERONNIÈRE, écuyer, seigneur de l'Esperonnière et du Coudray, se distingua avec son fils Claude pendant les Guerres de Religion ; ils se signalèrent, dans les rangs catholiques, aux batailles de Saint-Denis, de Jarnac et de Moncontour, et Barthélemy Roger, dans son *Histoire d'Anjou*, les cite parmi les illustrations dont l'Anjou doit s'enorgueillir au XVIe siècle. Il ne vivait plus, le 5 mai 1563, au mariage de sa fille Catherine avec Guy Carion.

Il avait épousé damoiselle *Jehanne* de VAUGIRAULT (IX, p. 116), dont il eut :

VAUGIRAULT : *d'argent, à l'aigle éployée de sable, membrée et becquée de gueules*.

1º *François*, qui suit ;

2º *Claude*, dont l'article viendra après celui de son frère aîné ;

3º *Barbe* de l'ESPERONNIÈRE, qui fut la femme de René Guesdon, sgr de la Bizollière [2], de la Fribaudière [3] et de la Petite-Orchère, fils d'autre René Guesdon [4], sgr de la Bizollière, et de Louise Pannetier, fille de Jean Pannetier, écuyer, sgr de la Frottière, et de Marie Guillon.

---

1. La Saulaye (Maine-et-Loire), château, comm. Yzernay, cant. Cholet. Ne doit pas être confondu avec la Saulaye (Maine-et-Loire), comm. Freigné, cant. Candé, — dont nous utilisons les archives.

2. La Bizollière (Maine-et-Loire), comm. Savennières, cant. Saint-Georges-sur-Loire.

3. La Fribaudière (Maine-et-Loire), hameau, comm. la Pommeraie, cant. Saint-Florent-le-Vieil ; ancien fief, relevant des Briffières et de la Petite-Orchère. En est sr Jean de l'Esperonnière, mari de Catherine de Piedouault, 1501 ; Simon du Pineau, mari de Barbe de l'Esperonnière, 1524. (Célestin Port.)

4. Guesdon, srs d'Armaillé, de la Bizollière, de la Petite-Orchère, de la Saulaye, du Haut-Plessis, des Forges (Anjou), dont Julien, écrivain et poète du XVIe siècle. ARMES : *D'argent, à trois chevrons de gueules*. (Denais.)

— 13 —

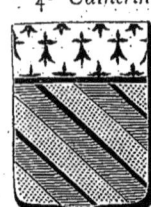

CARION : d'or, à trois bandes d'azur, au chef d'hermine.

4° *Catherine* de l'ESPERONNIÈRE, dame de l'Esperonnière et de la Crestinière, épousa en premières noces, par contrat reçu en la maison noble de l'Esperonnière, le 5 mai 1563, par Lorioust, notaire, noble homme *Guy* CARION (x, p. 117), écuyer, sgr du Paty, par. de Nerly en Poitou, et de la Roulière, de l'avis et consentement de noble personne Jehan de Vaugirault, sgr de Bouzillé, noble et discret Antoine de Vaugirault, noble homme Roland Baye, sgr de la Jehannière, et autres. Elle reçut en dot la somme de quinze cents livres tournois et la jouissance de la sgrie du Coudray, dont la propriété demeura à Claude de l'Esperonnière, son frère, à la charge de recevoir les obéissances féodales dues à ladite sgrie. (Arch. du chât. de la Saulaye. Parch. orig. scellé, et copie authentique faite, le 25 novembre 1786, par François-Pierre Edin de la Touche (xi, p. 118), notaire royal de la sénéchaussée d'Angers, résidant à Candé, en présence d'Antoine Potel et de Jean-Baptiste Aubry, notaires à la Cornuaille.)

Devenue veuve de Guy Carion, Catherine de l'Esperonnière épousa en secondes noces noble personne *Claude* RORTEAU [1], sgr de la Crestinière.

Par la mort de ses deux frères elle fut seule à posséder tous les biens de la branche aînée, et ce fut par elle que les sgries de l'Esperonnière et du Coudray sortirent de sa famille. On ignore si elle eut des enfants; en tout cas, les biens de la branche aînée ne firent jamais retour à la branche cadette.

VIII. *François* de l'ESPERONNIÈRE, Ier du nom, écuyer, seigneur de l'Esperonnière, mourut, sans enfants, avant son frère Claude, dont l'article suit.

VIII bis. *Claude* de l'ESPERONNIÈRE, écuyer, seigneur de l'Esperonnière, du Coudray et de la Conysière, est porté comme exempt de toute contribution sur le rôle des *Nobles de l'Anjou sujets au ban et arrière-ban*, pour l'année 1567, parce qu'il faisait alors partie de la compagnie de Guy de

---

1. Guy Reorteau ou Rorteau, écuyer, fils de Mathurin Rorteau, écuyer, sgr de la Crestinière, et de Jacquette Baudet, fut reçu chlr de Malte au diocèse de Poitiers, en 1536. ARMES : *De gueules, au lion d'or, armé, lampassé et couronné d'argent.*

Daillon, comte du Lude [1], lieutenant général du Roi en Poitou, ledit rôle dressé, du 10 décembre 1567 au 20 janvier 1568, par Clément Louet, conseiller du Roi et lieutenant général de monsieur le sénéchal d'Anjou, par François Chalopin, aussi conseiller du Roi et lieutenant particulier dudit sénéchal, par François Grimaudet, procureur du Roi, et par Toussaint Gault, procureur du Roi en la maréchaussée d'Anjou. (*Archives nationales*. Registre MM. 685, fol. 16.)

Le 8 février 1568, un certificat de service militaire lui fut délivré à Niort par ledit comte du Lude. (*Arch. du chât. de la Saulaye*. Parch. orig. Preuve XIII, p. 119.)

Claude de l'Esperonnière survécut à son frère aîné François, mort avant 1563.

Il avait épousé damoiselle *Jehanne* de BARROU (XIV, p. 120), dame dudit lieu, avec laquelle il vivait encore le 27 juin 1577. A cette date, il rendit aveu de l'hôtel de Barrou au vicomte de Thouars, au nom de sa femme, dont il n'eut qu'une fille : *Gabrielle* de l'ESPERONNIÈRE, d'abord religieuse à Fontevrault, puis supérieure générale de la congrégation du Calvaire,

---

1. Guy de Daillon, comte du Lude, fut d'abord panetier du roi, 25 juillet 1556, puis lieutenant d'une compagnie de quarante lances des ordonnances du Roi sous la charge de son père, Jehan de Daillon, comte du Lude, 1er novembre 1556; chlr de l'ordre du Roi, 24 juin 1563; gouverneur et lieutenant général pour le Roi en ses pays et comté de Poitou, capitaine de cinquante lances des ordonnances du Roi et sénéchal d'Anjou, 22 novembre 1567. (*Bibl. Nat., Pièces originales*, reg. 960.) Il donna des preuves de valeur à la défense de Metz, à la bataille de Renty, aux prises de Calais, de Guines, de Marans, et au siège de Poitiers, qu'il défendit courageusement contre les Huguenots, du 22 juillet au 7 septembre 1569, avec ses trois frères et sa compagnie de cinquante lances, dont faisait partie Claude de l'Esperonnière. Guy de Daillon servit sous le duc d'Anjou au siège de La Rochelle, en 1572, et sous le duc de Mayenne, à la prise du Brouage, dont il refusa le gouvernement en 1580. Il possédait en 1567 une métairie en la par. de Saint-Georges du Puy-de-la-Garde*. (*Arch. Nat.*, MM. 685, fol. 178.) Il mourut le 11 juillet 1585, à Briançon, d'où son corps fut apporté et enterré le 26 juin 1586, en l'église du Lude. Il avait épousé, par contrat du 11 mars 1558, Jacqueline Motier, dame de la Fayette et de Pontgibaud, fille de Louis Motier, sgr de la Fayette, et d'Anne de Vienne-Listenois. Sa veuve, en 1592, demeurait au chastel de Champcervier** en Touraine.

DAILLON DU LUDE (De) : *D'azur, à la croix engrêlée d'argent*. (XII, p. 118.)

* Maine-et-Loire, cant. Chemillé.
** Champcervier (Indre-et-Loire), château, comm. Cléré, cant. Langeais, arr. Chinon.

qu'elle avait contribué à fonder à Poitiers; elle était née au château de l'Esperonnière, et mourut en odeur de sainteté, à Poitiers, le 21 juillet 1641. (xv, p. 120.)

En elle s'éteignit la branche aînée de sa maison.

BRANCHE CADETTE

(*Existante*)

TROISIÈME DEGRÉ

III. *Jehan* de l'Esperonnière, Ier du nom, écuyer, seigneur de la Roche-Bardoul et de la Touche-Baranger, fils puîné de Hardouyns de l'Esperonnière et de Jehanne Bardoul (voir p. 6), auteur de la branche cadette, habitait en son manoir de la Roche-Bardoul, par. de Saint-Pierre de Chemillé.

Par acte du 11 décembre 1397, reçu par P.-Jehan Marion, notaire en la cour de Chemillé, Jehan Loyau, valet, paroissien de Saint-Georges de Cholet, « *considérant les bons, loyaulx, agréables et proffitables services, courtoisies et compaignies* » qu'il avait reçus de Jehan de l'Esperonnière, et qu'il espérait en recevoir, lui fit donation des terres et domaines de la Roche-Gaste et des Archaiz, sis en la par. de Chantelou [1], et que Jehan Loyau tenait à foi et hommage du sire de Vezins. (*Arch. du chât. de la Saulaye.* Parch. orig.)

Le 7 septembre 1394, Jehan de l'Esperonnière avait été admis à faire foi et hommage simple à Jehan Gondon, 48e abbé de Saint-Florent de Saumur, pour raison de ce qu'il tenait de lui en fief à Chavets [2], sous le devoir annuel d'une paire de gants blancs. (*Cabinet des Titres*, vol. 127, fol. 80 v^{so}.)

Le lundi après la fête de saint Martin (14 novembre) 1401, il partagea avec son frère aîné, Pierre, la succession de leurs père et mère, et reçut en apanage la sgrie de la Roche-Bardoul. (Voir p. 8.)

---

1. Chanteloup (Maine-et-Loire), cant. Cholet.
2. Chavais (Maine-et-Loire), comm. Denezé, cant. Doué, arr. Saumur.

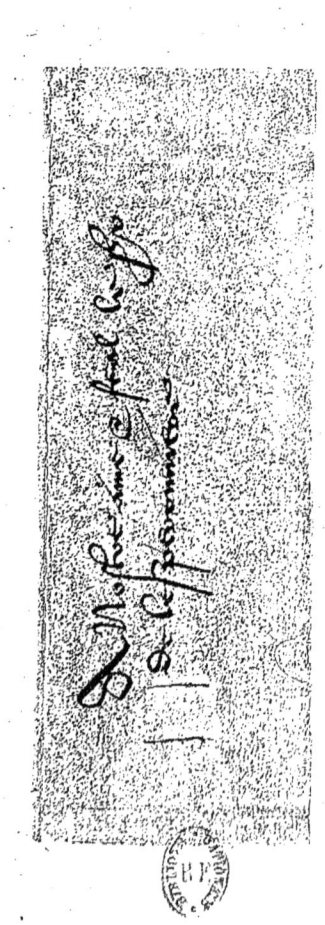

15 mars 1493

Bouillon De par le Roy

Très chers amis, Daultant que nous sommes advertiz de qui nous ont fait entrepren-
dre cette besongne de pourvoir nous vous avons bien voullu advertir de nostre
intention et vous mandons entant que nous desirons faire plaisir pour
luy que de ceste partie vous veuilles aller fondre avec chascun
de vous de bonne et grande voulenté de la chose ainsi que le plus
ton mestre davoir que faire à gens de la fidelité Mesmes desquelz
vous estes bien asseuré ayssant en ce endroit tout ainsi qu'il devant
faict que nous vous remercirons tresgrand que en ce mois en vous
singulierement faire et semblable du plus de la diligence regardé à nous
faire en semblable faict Donné à Tours le XV jour de mars
mil IIII℃ IIIIXX XIII

Charles

Duvet [signature]

Le 15 mars 1403, il reçut du roi Charles VI la lettre suivante :

De par le Roy

Cher et bien amé, d'aultant que nos affaires de Guyenne sont en estat d'avoir besoin de secours, nous vous avons bien voullu advertir de nostre intention. Si vous mandons en tant que nous désirez faire plaisir que, incontinant la présente receue, vous ne failliez d'aller joindre nostre amé chambellan, le s^r de Bonnivet, nostre gouverneur de La Rochelle, avecques le plus d'hommes d'armes que faire ce poura, de la fidellité et vaillance desquelz vous soiez bien adcertené, agissant en ce rencontre comme avez cy devant faict, dont nous vous scavons très grand gré et en avons en vous singulière fiance, et n'oubliez d'user de la diligence requise à nostre service en semblable faict. Donné à Paris ce XVe jour de mars mil iiij^c troys.

Signé : Charles.

Contresigné : Duret.

Et au verso : *à nostre amé et féal le s^r de l'Esperonnière.*
(Arch. du chât. de la Saulaye. Papier orig.[1].)

Par son testament du 16 juin 1419, reçu par J. Guérin, notaire à Chemillé, Jehan de l'Esperonnière élit sa sépulture en l'église paroissiale de Saint-Pierre de Chemillé[2], devant le grand autel, et lègue, à cet effet, au curé et à la fabrique de ladite église, la somme de six livres tournois pour acquérir un setier de seigle de rente, afin d'être *perpétuellement ès prières de ladite église;* il donne à son fils Olivier vingt livres de rente perpétuelle, assises sur ses terres, et lègue à chacune de ses filles cent livres pour leur entretien. Il nomme ses exécuteurs testamentaires : sa femme, Jehan de l'Esperonnière,

---

1. On trouvera ci-joint un fac-similé de ce précieux document. Les mots : 15 *mars* 1403, *Commission,* ont été écrits en 1705, par Charles-René d'Hozier, juge d'armes de France, pour les Preuves de page faites par Antoine de l'Esperonnière pour la Grande Écurie du Roi. (Voir p. 78.)
2. Un grand nombre de l'Esperonnière furent inhumés dans cette église.

son fils aîné, Guion de Blays, Jamet Pierre, Jehan des Hommes et Guillaume de Mélay. (*Arch. du chât de la Saulaye.* Parch. orig. Preuve xvi, p. 123.)

Le 6 août 1424, Jehan de l'Esperonnière fut présent, avec plusieurs autres écuyers, au contrat de mariage, passé en la cour d'Angers, de Hardy Le Roux, écuyer, sgr de la Roche-des-Aubiers[1], avec Marie Oudard, fille de messire Thibaut Oudard, chlr, sgr de Cherveux, et de feue dame Philippes de Fontenay, et sœur cadette de damoiselle Jeanne Oudard, femme de Geoffroy, sgr de la Grézille. (*Bibl. Nat., Fonds latin* 18,384, pièce 375. *Arch. du chât. de la Guerche-Saint-Amand.*)

Il mourut avant 1431.

Il avait épousé, le 3 septembre 1415, damoiselle Jehanne Pérou, fille de Jehan Pérou, écuyer, sgr de la Tousche[2], et de Marie Torchard, qui s'étaient mariés le 8 avril 1393. (xvii, p. 125.)

Devenue veuve de Jehan de l'Esperonnière, Jehanne Pérou épousa, en secondes noces, par articles du 5 juillet 1431, reçus par J. Frioul, notaire à Chemillé, noble personne Jehan Raslet, fils de Jehan Raslet l'aîné, sgr de Beaurepaire. Furent présents à ce contrat : nobles personnes messire Pierre de Cierzay, sgr de Chizé, Gallays Frétart, Huguet de Souvigné, Guion Morin, Jehan et Pierre Serpillon, Jehan Torchart, sgr de la Druère[3], Jehan de la Grue, Jehan de l'Esperonnière, fils de la future épouse. (*Arch. du chât. de la Saulaye.* Parch. orig.)

Jehan de l'Esperonnière eut de son mariage avec Jehanne Pérou, qui vivait encore en 1467 :

1º *Jehanne* de l'Esperonnière, qui fut unie, par contrat du 1er mai 1450, passé devant Biau, notaire à Chemillé, à Jehan de Fes-

---

1. Le Roux des Aubiers : *gironné d'argent et de sable de six pièces.*

2. La Touche-Baranger, ferme, comm. Gonnord, cant. Thouarcé (Maine-et-Loire). Ancienne maison noble relevant pour partie de la Maroussière, de la Contrie et de la Jumellière. (Célestin Port.) Elle devint la propriété des l'Esperonnière par le mariage de Jehan de l'Esperonnière avec Jehanne Pérou (1415).

3. La Druère, 14 habit., comm. Cholet (Maine-et-Loire) Ancien fief et sgrie, dont le possesseur avait droit de chasse dans les forêts de la sgrie de Cholet. En est sieur, en 1480, Thibaut Torchard. (C. Port.)

ques¹, écuyer, sgr de Chartrigné, par. de Saint-Hilaire-du-Bois, de Paillé, de la Perrière et de Gennetoy, élection de Mortagne et de Verneuil en Normandie, fils de Jehan de Fesques, écuyer, sgr desdits lieux. Les témoins de cet acte furent : messire Pierre Pierre, chlr, Guion Maligneau, Estienne Torchart, Gillet de la Hune, Jamet Champeignetes, Louys du Vergier, Jehan et Estienne de l'Esperonnière, frères de la future épouse, Jehan du Pineau, messire Jehan du Hallay, prêtre, Pierre Griveau. (Arch. du chât. de la Saulaye. Parch. orig. Voir aussi d'Hozier, Armorial (imprimé), reg. I, première partie, p. 233.)

Jehanne de l'Esperonnière épousa, en secondes noces, Jehan du Vergier (des du Vergier de la Rochejaquelein)², homme d'armes de la compagnie de M. de Laigle au ban et arrière-ban du Poitou, convoqué en 1467; il était fils de Jehan du Vergier, chlr, sgr de Ridejeu, par. de Beaulieu, près de Bressuire, en Poitou, et de Jacquette de la Forest, sa seconde femme. (Chevalier de Courcelles, Histoire des Pairs de France, Paris, 1829, t. X, article du Vergier de la Rochejaquelein, p. 6.)

2º Jehan, qui continue la filiation.

3º Guillaume de l'Esperonnière, écuyer, homme d'armes, sgr du Rouvroux, par. de Chanzeaux³, se trouvait en armes pour son frère aîné Jehan et avec son parent de la branche aînée, Briand de l'Esperonnière, aux montres du ressort d'Angers, qui commencèrent le 5 novembre 1467, par devant Jehan, sire du Bellay, chlr, conseiller et chambellan du Roi. (Bibl. Nat., Fonds franç. 22,449, fol. 58. Voir p. 9 de cette Notice.)

En 1525, un Guillaume de l'Esperonnière, sgr du Rouvroux, fils sans doute de celui dont nous venons de parler, acquit de Guillaume de Mélay le fief de Richebourg, en la par. de Trémentines. Il épousa *Loyse* Le Brun et fit son testament devant E. Savary et R. Blouyn, notaires de la Cour de Bonhardy, le 18 mars 1532. Par cet acte il élit sa sépulture dans l'église de Chanzeaux et nomme pour ses exécuteurs testamentaires : son beau-frère, Guillaume Le Brun, sgr de la Broce⁴, et son

---

1. De Fesques : *d'or, à une aigle de gueules à deux têtes.*
2. Du Vergier de la Rochejaquelein, sgrs du Vergier, de Ridejeu, etc., pairs de France : *de sinople, à la croix d'argent, chargée en abîme d'une coquille de gueules, et cantonnée de quatre coquilles d'argent.* Couronne : de marquis. Supports : les deux étendards de la Compagnie des Grenadiers à cheval de la Garde du Roi, posés en sautoir derrière l'écu et réunis par une banderole de sable, où sont tracés, en lettres d'or, ces mots : *Vendée, Bordeaux, Vendée.*
3. Maine-et-Loire, cant. Thouarcé.
4. Le Brun, sʳˢ de la Brosse (Anjou) : *d'argent, au chevron de gueules, accompagné de trois merlettes de sable, posées deux en chef et une en pointe.*

cousin, Jacques de la Touche, écuyer, sgr de la Fontaine. (*Arch. du chât. de la Saulaye.* Parch. orig.)

4° *Estienne* de l'ESPERONNIÈRE, écuyer, sgr de la Billardière, par. de Mozé, et de la Roussière [1], par. de Puiset; il épousa damoiselle Jehanne Mériaud; ils furent présents au contrat de mariage de leur fils, qui suit :

A. Henry de l'ESPERONNIÈRE, écuyer, qui épousa, par contrat du 7 mai 1474, reçu par Poussineau et Sauleau, damoiselle Renée Papin, fille aînée de Guion Papin, écuyer, et de feue Marie Audiband, en son vivant dame de Viralays. Il apporta en dot la gaignerie des Hayes, près de la Roche, en la par. de Saint-Georges-du-Puy-de-la-Garde, et le contrat de mariage fut dressé en présence de nobles personnes François de Mélay, sgr dudit lieu et de la Florencière, Jehan de l'Esperonnière, sgr de la Roche-Bardoul, et Guillaume de l'Esperonnière, oncles du futur époux; Geoffroy de Boinnaye, sgr de Mazières, tous écuyers, et de messire Jacques Le Fèvre, prêtre, curé de Millé. (*Arch. du chât. de la Saulaye.* Copie notariée du 5 août 1500.)

Henry de l'Esperonnière comparut, pour son père Estienne, à la montre d'armes de la Noblesse d'Anjou, sujette au ban et à l'arrière-ban, que fit faire à Chemillé, le 18 décembre 1470, Jehan de Lorraine, sénéchal et gouverneur d'Anjou, par ordre de Louis XI.

Il comparut aussi, au nom et comme procureur d'Estienne de l'Esperonnière, son père, aux montres de Vihiers, Maulévrier, Vezins, Chemillé, Beaupréau et autres pays contigus, faites par les commissaires à ce députés par le Roi, les 22, 23, 25 et 26 février 1471, et déclara tenir de cent à cent vingt livres de rente avec obligation de servir comme homme d'armes. Son oncle, Jehan de l'Esperonnière, sgr de la Roche-Bardoul, qui comparut aussi aux mêmes montres, déclara tenir trois cents livres de rente avec obligation de lances fournies [2]. (Renseignement communiqué par MM. Beauchet-Filleau).

5° *Olivier* de l'ESPERONNIÈRE, écuyer, légataire de son père dans le testament de celui-ci, du 16 juin 1419.

---

1. La Roussière (La Basse Roussière), ferme, comm. du Puiset-Doré (Maine-et-Loire).
2. Hommes d'armes qui avaient le nombre d'archers, de valets et de chevaux, dont ils devaient être accompagnés.

QUATRIÈME DEGRÉ

IV. Jehan de l'Esperonnière, IIe du nom, écuyer, seigneur de la Roche-Bardoul, figure, avec nobles personnes Jehan de la Grue, s[r] du Busson (Buisson), et Jehan des Homes, parmi les témoins d'une transaction relative aux droits de chasse et de pâturage des bois des Gauteresches [1], qui eut lieu le 11 août 1435, par-devant G. Maillet, notaire de la cour de Courron [2], entre messire Hardi Le Roux, chlr, s[r] de la Roche-des-Aubiers, et Jehan de la Grue, écuyer, s[r] dudit lieu de la Grue [3]. (Arch. du chât. de la Saulaye. Parch. orig.)

Il fut présent, le 18 décembre 1470, avec Guillaume et Henry de l'Esperonnière, ses frère et neveu, à la montre d'armes reçue à Chemillé. Jehan de l'Esperonnière, sgr dudit lieu, représentant la branche aînée, y comparut aussi. (Voir p. 20.)

De son vivant, Jehanne Pérou avait donné à Guillaume de l'Esperonnière, son fils puîné, le domaine du Revroux, sis en la par. de Joué [4], ainsi que vingt setiers de seigle de rente annuelle, qu'elle avait droit de prendre sur la métairie de Gevrise, par. de Chanzeaux [5]. Cette donation fut trouvée excessive par Jehan de l'Esperonnière, et par acte passé devant Pierre Griveau, notaire à Chemillé, une transaction eut lieu entre les deux frères, par laquelle Jehan de l'Esperonnière céda à toujours à son frère Guillaume ledit domaine du Re-

---

1. Les Gautrèches (Maine-et-Loire), comm. Tout-le-Monde, cant. Cholet.
2. Coron, comm. Vihiers (Maine-et-Loire).
3. La Grue, ferme, comm. Gonnord, cant. Thouarcé (Maine-et-Loire). Ancienne châtellenie avec manoir à doubles douves et pont-levis, basse et grande cour, étang et chapelle seigneuriale de Sainte-Catherine, fondée le 9 mai 1512 par Jehan de la Grue. Relevait de Vihiers. (Célestin Port.)
4. Joué-Étiau (Maine-et-Loire), cant. Thouarcé.
5. Maine-et-Loire, cant. Thouarcé.

vroux et la gaignerie du Drugle, par. de Thouarcé. Guillaume délaissa à son frère les vingt setiers de seigle de rente annuelle sur ladite métairie de Gevrise et reçut en échange l'usufruit, sa vie durant, d'un quartier et demi de vigne, assis en la paroisse de Millé-des-Loges. Cette transaction fut confirmée par acte du 13 août 1495, reçu par J. Brioul, notaire à Beaupréau, en présence de Pierre Gourdon et de Jehan Pineau. (*Arch. du chât. de la Saulaye*. Copie notariée du XVIe siècle, faite sur l'original par de la Mothe.)

Le 21 janvier 1467, Jehan de l'Esperonnière rendit aveu au seigneur de la Grève pour l'hôtel de la Sorinière. (Beauchet-Filleau, t. II, p. 77.)

Il épousa en premières noces, par contrat du 2 février 1455,

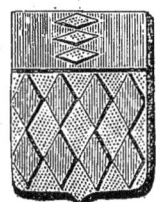

FLORY DE LA SANSONNIÈRE : *losangé d'or et de gueules, au chef de gueules, chargé de trois fusées d'or rangées en bal.*

reçu par J. Guérineau et C. Jousseau, notaires en la cour de Thouars, damoiselle Isabeau Flory ou Fleuri (xvIII, p. 126), fille de messire Pierre Flory, chlr, sgr de Bouillé-Saint-Paul [1], et de dame Françoise de Meulles, sa première femme. Elle reçut en dot l'hôtel de la Sansonnière (xix, p. 127), vingt-cinq livres de rente et la somme de deux cents écus d'or *au coing du Roi*; elle hérita aussi des terres de la Sorinière et de Garare (sic). Jehan de l'Esperonnière assura à sa future l'hôtel de Souzigné, en la par. de Martigné-Briand [2], pour le cas où elle survivrait à son mari. (*Arch. du chât. de la Saulaye*. Parch. orig.)

Le 21 février 1476, par-devant Estienne Boulé, notaire à Chemillé, Jehan de l'Esperonnière et Isabeau Flory se firent une donation mutuelle de tous les biens meubles et immeubles dont ils pouvaient disposer. Jehan de l'Esperonnière délaissa à sa femme le domaine de la Touche, les gaigneries du Pontereau et de la Rouxière, le pré du Chastegnier, le bois Bourreau, cinq setiers de seigle, cinq sols et quatre chapons, dus par le sgr de la Grue. Isabeau Flory fit dona-

---

1. Deux-Sèvres, cant. Argenton-Château.
2. Maine-et-Loire, cant. Doué.

tion à son mari du domaine de la Sorinière, assis en la par. de Neuil-sous-les-Aubiers[1]; ils élirent leur sépulture au lieu de Saint-Pierre de Chemillé. Cet acte confirma une donation mutuelle que les deux époux s'étaient faite précédemment de tous leurs biens meubles et immeubles et acquêts, et de la tierce partie de leurs héritages. Furent présents à cette confirmation : Guillaume de l'Esperonnière, écuyer, frère du donateur, vénérable homme Thomyn Le Moyne, prêtre, chanoine de Saint-Houart de Chemillé, messire Macé Brouart, prêtre. (*Arch. du chât. de la Saulaye.* Parch. orig.)

Jehan de l'Esperonnière épousa, en secondes noces, vers 1480, Jacquine Mesnard, fille d'Olivier Mesnard, IIe du nom, chlr, sgr de Toucheprès, de la Coustouère et de Pierrecouverte, gouverneur de Tiffauges, maître d'hôtel de Louis XI par lettres données à Amboise, le 4 juillet 1460, et de Jacquette Chabot, dame de Claunay en Loudunois, fille de Perceval Chabot (XX, p. 127), sgr de la Turmelière et de Liré, et de Jeanne de l'Isle-Bouchard, dame de Gonnord et de Thouarcé. (La Chesnaye-Desbois, t. XIII, col. 759.)

DE MESNARD : *d'argent, à trois porcs-épics de sable, miraillés d'or, 2 en chef et 1 en pointe.*

Le 31 octobre 1484, Jehan de l'Esperonnière et Jacquine Mesnard, par-devant Buneau et Corteteau, notaires à la Forêt-sur-Sèvre[2], se firent une donation mutuelle de tout ce dont ils pouvaient disposer selon la coutume du pays. Par cet acte, Jehan de l'Esperonnière délaissa à sa femme ses hôtels et domaines de la Tousche-Baranger, du Pontereau et de la Rouxière, le pré du Chasteigner et le bois Bourreau, ainsi que ce qu'il pouvait avoir de rente sur la Grue, etc. (*Arch. du chât. de la Saulaye.* Parch. orig.)

Jehan de l'Esperonnière fit son testament à Angers, le 6 janvier 1489, devant Parc et Marsault, notaires de cette ville; par cet acte, il élit sa sépulture en l'église paroissiale de

---

1. Deux-Sèvres, cant. Châtillon-sur-Sèvre.
2. Deux-Sèvres, cant. Cerizay, arr. Bressuire.

Saint-Pierre de Chemillé et nomme pour ses exécuteurs testamentaires : Jacquine Mesnard, « *sa bonne et loyale compaigne et espouse* »; Guillaume de l'Esperonnière, son frère.; René Mesnard, écuyer, maîtres Désiré Richoudeau, licencié en lois, et Guillaume Frappin, prêtre. (*Arch. du chât. de la Saulaye*. Parch. orig.)

Jehan de l'Esperonnière est inscrit comme homme d'armes et pour une contribution de onze brigandins [1] sur le rôle de la montre des Nobles du bailliage de Saumur, sujets au ban et arrière-ban, reçue audit Saumur, le jeudi 6 novembre 1490, par Thibault de Beaumont, sgr de la Forest, commissaire du Roi en cette partie. (*Bibl. d'Angers*, mss 981.)

Il avait eu de son premier mariage, avec Isabeau Flory :

1º *François*, qui continue la filiation ;

2º *Louise* de l'ESPERONNIÈRE, qui épousa, par contrat du 27 janvier 1478, passé devant F. Pilet et J. Bareau, notaires de la cour de Mauléon, *Georges* du VERGIER (des du Vergier de la Rochejaquelein), écuyer, sgr de Ridejeu, qui comparut en qualité d'hômme d'armes, sous la charge de sgr de la Grève, à l'arrière-ban de la Noblesse du Poitou, convoqué par lettres du roi Louis XI, datées de Paris, le 20 septembre 1467. Il était fils de Pierre du Vergier, chlr, sgr de Ridejeu, et de Jacquette de la Forest, sa seconde femme, fille de Georges de la Forest, sgr de Beaurepaire, et de Jeanne Foucher; il fit un accord avec son beau-père, Jehan de l'Esperonnière, le 15 février 1482, par acte passé devant Marnault, notaire de la cour de Thouars, et Bruillonnet, notaire de celle de Bressuire. Louise de l'Esperonnière était veuve lors d'un règlement de partage, fait le 8 novembre 1490, et vivait encore le 9 mai 1516. Le 15 décembre 1493, elle avait rendu aveu au vicomte de Thouars pour ses enfants mineurs, qui continuèrent la descendance des du Vergier de la Rochejaquelein. (*Arch. du chât. de la Saulaye*. Copies anciennes sur papier. Voir aussi l'*Histoire des Pairs de France* par de Courcelles, t. X, article *du Vergier de la Rochejaquelein*, p. 7 [2].)

---

1. Soldats à pied, vêtus de la *brigandine*, cuirasse de corps, faite de lames de fer, de la longueur et de la largeur d'un doigt, clouées les unes sur les autres.
2. De Courcelles donne par erreur pour armes à Louise de l'Esperonnière : *fascé de gueules et d'hermine*.

3° *Jehanne* de l'ESPERONNIÈRE, qui épousa, par deux contrats des 16 et 17 septembre 1486, passés, l'un devant P. Bareau, notaires à Mauléon et à Saint-Laurent-sur-Sèvre, l'autre devant J. Bory et J. Corteteau, notaires à Sainte-Hermine et à la Forêt-sur-Sèvre, René Barbot, écuyer, fils unique de nobles personnes Jehan Barbot, sieur de la Crespellière, de Blanchecoudre et de Chaulme, et de damoiselle Marguerite de la Grasse. (*Arch. du chât. de la Saulaye*. Parch. et papier orig.)

Elle vivait encore le 24 novembre 1507, date à laquelle, par acte passé devant Boucicault et Cureau, notaires à Chemillé et à la Chassée, elle reçut de François de l'Esperonnière, sgr de la Roche-Bardoul, son frère aîné, une somme de cinquante livres tournois en amortissement de cent sols tournois de rente, qui lui avaient été constitués en dot par son père dans son contrat de mariage; elle avait aussi apporté à son mari une somme de cinq cents livres tournois, ainsi que la métairie de la Ville du Bas-Genetoy. (*Arch. du chât. de la Saulaye*. Parch. orig.)

4° *Catherine* de l'ESPERONNIÈRE, qui épousa, le 15 mai 1494, *Abel* de la TOUSCHE, sgr de Mortagne.

Jehan de l'Esperonnière eut de son second mariage avec Jacquine Mesnard [1] :

1° *René* de l'ESPERONNIÈRE, écuyer, seigneur de Mautravers en Poitou, et de la Tousche-Baranger, l'un des cent gentilhommes de la maison du Roi; il épousa la fille du sgr de Malzéard, veuve du sgr de Montournois; il n'en eut pas d'enfants. Il est inscrit, comme homme d'armes, sur les rôles des montres du capitaine Loys d'Ars, faites, l'une à Bresse, le 26 mai 1509, l'autre à Auxerre, le 15 septembre 1509, par Jacques Dinteville, chlr, chambellan du Roi et commissaire député à recevoir lesdites montres. (*Bibl. Nat., Collection Clairambault*, vol. 119, pp. 98 et 99. Preuve XXII, p. 130.)

René de l'Esperonnière fut l'un des témoins du contrat de mariage de Tristan de Châtillon, chlr, sgr baron de la Grève, d'Argenton, de Moncontour, avec Jehanne du Bellay, fille de René du Bellay, sgr baron de la Forest et de Thouarcé, et de Marquise de Laval. (André du Chesne, *Histoire de la maison de Châtillon-sur-Marne*, Paris, 1621, p. 508.)

---

1. Étant veuve de Jehan de l'Esperonnière, Jacquine Mesnard fit son testament au lieu de la Tousche-Baranger, le 3 juillet 1518. (XXI, p. 128.)

2º et 3º Deux filles : *Marion*, nommée dans le testament de sa mère du 3 juillet 1518, et *N.*, qui se marièrent dans les maisons de Crouillon [1] et de Lescorce.

---

1. Crouillon ou Croullon, sgrs de la Motte-Croullon, d'Estanché, du Roullay, du Beau-Puy, ANJOU : *écartelé : aux 1er et 4e, de gueules à la bande fuselée d'argent de sept pièces ; aux 2º et 3º, d'argent, à trois pattes de loup à pied ouvert de sable, armées d'or.*

CINQUIÈME DEGRÉ

V. *François* DE L'ESPERONNIÈRE, IIe du nom, écuyer, d'abord seigneur de la Sorinière, puis de la Roche-Bardoul après la mort de son père, fit un accord le 2 octobre 1489, pardevant D. Richoudeau, notaire de la cour de Maulévrier, avec Jehan de l'Esperonnière, son père, accord qui régla la succession d'Isabeau Flory, leur mère et épouse, et mit fin aux dissensions qui s'étaient élevées entre le père et le fils. Cet acte est un curieux chapitre des mœurs de cette époque; aussi allons-nous le transcrire en l'abrégeant :

« Sachent touz présens et à venir que comme procès soient
« meuz ou en espérance de mouvoir entre nobles personnes
« Franczois de l'Esperonnière, seigneur de la Sorinière, de-
« mandeur, d'une part, et Jehan de l'Esperonnière, escuier,
« seigneur de la Roche-Bardoul et père dudict Franczois, def-
« fendeur, d'autre part, pour occasion de ce que ledict Françoys
« de l'Esperonnière disoit que feue damoiselle Isabeau Fleury,
« en son vivant femme dudict Jehan de l'Esperonnière et mère
« dudict Françoys, estoit dame dudict lieu et hostel de la Sori-
« nière, assis en la paroisse de Nueil soubz les Aulbiers, et
« aussi de plusieurs autres belles terres assises tant ou pais de
« Poictou que ailleurs, et laquelle damoiselle, lorsqu'elle alla
« jacpieczà de vie à trespas, voistue[1] et saisie desdictes terres
« et seigneuries, délaissa en vie ledict Françoys son filz aisné et
« héritier principal, lequel, par ce moyen, incontinent après
« ledict trespas, a esté seigneur voistu et saisi desdictes terres et
« seigneuries. Et combien que ledict Jehan de l'Esperonnière
« n'ait que veoir ni que demander ès dictes choses et mesme-
« ment oudit hostel de la Sorynière, ce néantmoins ledict

---

1. Vêtue.

« Jehan de l'Esperonnière, de son auctorité et sans titre quelx-
« conques, s'est intrus oudit hostel et d'iceluy a prins et levé
« les fruitz et revenuz depuys ledict décès de ladicte damoi-
« selle jusques à présent, et en a fait et disposé à son plaisir et
« voulunté, oultre et contre le gré, permission et voulanté
« dudict Françoys, et à ceste cause concluoit que ledict Jehan
« de l'Esperonnière perdist la possession et saisine desdictes
« choses et l'en laissast joir ; et par une autre demande ledict
« Franczois disoit et propousoit que, depuis peu de temps
« enczà, ledict Jehan de l'Esperonnière, accompaigné de grant
« nombre de gens de guerre et autres gens estans en armes et
« enbastonnez de bastons de guerre, estoit venu oudit hostel
« et avoit rompu et brisé les huys, coffres et autres choses,
« qui estoient oudit hostel, où que ledict demandeur avoit
« mis en une boueste [1] certaine quantité d'or et d'argent et
« autres biens meubles, lesquelx avoient esté prins et raviz
« et enportez par ledict seigneur de la Roche ou sesdictes
« gens, et aussi avoient fait plusieurs autres excès, tant oudict
« hostel que ès métairies et appartenances d'iceluy ; et con-
« cluoit ledict demandeur à restitucion de ses dicts meubles
« et réparacion desdicts excès et à despens en chacun des-
« dictes demandes. A quoy de la part dudict s^r de la Roche
« estoit respondu qu'il confessoit bien que ladicte feue damoi-
« selle Ysabeau, sa femme, estoit dame en son vivant dudict
« hostel de la Sorynière et appartenances et de plusieurs
« autres terres et seigneuries, et qu'elle estoit décédée voistue
« et saisie desdictes terres, mais disoit que luy et ladicte da-
« moiselle, durant et constant leurdict mariage s'entrestoient
« faicte donnaison mutue(lle) de la tierce partie de touz leurs
« héritaiges et de touz leurs acquestz et conquestz et biens
« meubles quelxconques pour en joir par le survivant, sa vie
« durant seullement, pour laquelle tierce partie ladicte damoi-
« selle avoit baillé, quicté et délaissé ledict hostel de la Sory-
« nière et sesdictes appartenances. Et depuys ladicte damoi-
« selle avoit ratiffié, confirmé et approuvé ladicte donnaison

---

1. Boîte.

« par son testament et derraine volunté, et estoit décédée en
« cette volunté, auquel tiltre de don ledict s^r de la Roche,
« après le décès de ladicte damoiselle, s'estoit ensaisiné dudict
« hostel de la Sorynière, et en avoit prins et perceuz les fruitz
« depuys sondict trespas jusques à présent, au veu et sceu
« dudict demandeur, qui en riens ne l'avoit contredit, enczois
« l'avoit voulu et consenty. Et au regart desdits excès disoit
« que si il avoit mené de ses amys audict lieu de la Sorynière,
« il le povoit bien faire, parce qu'il les y avoit menez comme
« en son hostel propre, duquel il estoit en possession, et si
« ilz estoient en armes, s'estoit pour la doubte [1] des Bretons,
« qui couroient de jour en jour, et audict lieu de la Sorynière
« ne firent bris, excès, ne violance, ne ne prindrent ou ravi-
« rent aucuns des biens dudict demandeur ou autres. Et quoy
« que die ledict demandeur, il n'y avoit aucuns biens meubles
« qui luy appartensissent, ayns [2] touz les meubles estans oudit
« hostel appartenoient et appartenent pour le tout audict s^r
« de la Roche. Et qui plus est ledict s^r de la Roche estoit
« entré audict hostel soubz auctorité de justice et en faisant
« exécuter par Estienne Boullé, sergent Royal, certain arrest
« donné en la court de Parlement pour inventoriser lesdicts
« meubles estans oudict hostel. Par quoy ledict s^r de la Roche
« disoit que sans cause ledict Franczoys de l'Esperonnière luy
« fasoit lesdictes questions et demandes et que de chacune
« d'icelles il devoit estre absoubz et avoir condampnacion des
« despens. Amablement, après lesdicts débatz et altercacions,
« lesdictes parties o(y) [3] le conseil, advis et délibéracion de
« plusieurs notables personnes, leurs parens, conseilz et amys,
« qui pour ce ont esté assemblez einsemble pour matière
« de plet, sont venuz à paix et à acord en la manière cy
« après déclarée : ledict s^r de la Roche, par ces présentes, se
« désiste de ladicte donnaison et de tout autre droit prétendu
« oudict hostel de la Sorynière et autres héritaiges de la suc-
« cession de ladicte feue damoiselle sa femme, ou prouffit du-

---

1. Crainte.
2. Mais.
3. Ouï.

« dict Franczois de l'Esperonnière et de ses frères et seurs,
« et au regart des biens meubles qui estoient de par ledict
« Jehan de l'Esperonnière oudict hostel de la Sorynière, au
« temps que ledict Franczoys se mist oudit hostel et qu'il
« fist inventorier par vertu d'une commission par luy obtenue
« du seneschal de Poictou ou son lieutenant, ilz demeurent
« pour le tout audict s^r de la Roche. Et oultre ledict Franczois
« de l'Esperonnière a promis et est tenu doresnavant entre-
« tenir Katherine sa seur de voistemens et abillemens et
« icelle nourrir et marier selon son estat, sur ses deniers suc-
« cessifs. Aussi ledict Franczois aura et prandra touz les biens
« qu'il a mis depuis demy an enczà oudict hostel de la Sory-
« nière et ses appartenances. Et luy en sera fait par ledict
« Jehan de l'Esperonnière, son père, bon et loyal rapport de
« ce qu'il ou ses gens en auroient prins, ausquelx transaction,
« accors, appointemens, et tout ce que dessus est dit et divisé,
« tenir et acomplir, sans jamais faire ne venir encontre en au-
« cune manière et s'entregarder sur ce de touz dommaiges,
« obligations et chacune les choses ad ce contraires, et de
« tout ce tenir, parfaire et acomplir sont tenues icelles dictes
« parties et chacune, par les foiz et sermens de leurs corps.
« Donné en nostre main, et dont nous les avons jugez et con-
« dampnez par le jugement des nosdictes cours, à leurs re-
« questes, ès présences de Révérend Père en Dieu frère
« Pierre de la Chausseraye, abbé des abbayes de Mauléon
« et de Chambon, Guillaume de Poillevoisin, s^r de Pugny,
« messire Geuffroy Boner, chlr, sgr de la Frogerie, René
« Ménart, s^r de Touchepreye, maistre Guy du Pineau,
« s^r dudict lieu et chanoine d'Angers, Franczoys Savary, s^r de
« Forte-Escuyère (sic), maistre Jehan Dolbeau, licencié en
« loix, s^r de la Faye, et plusieurs autres. Ce fut fait et
« passé audit lieu de Mauléon [1], le segond jour d'octobre l'an
« mil quatre cens quatre vingts et neuf ». (Signé :) D. Richoudeau, pour la court de Maulévrier. (Arch. du chât. de
la Saulaye. Parch. orig.)

---

[1]. Mauléon (Deux-Sèvres). Depuis 1736, ce chef-lieu de canton porte le nom de Châtillon-sur-Sèvre.

Quelques années plus tard, François de l'Esperonnière eut des démêlés bien autrement graves avec l'un de ses voisins, messire Regnault de Meulles, sgr du Fresne, terre située à un kilomètre de la Sorinière, dans la par. de Nueil-sous-les-Aubiers (Deux-Sèvres).

Les archives du château de la Durbellière [1] contiennent une quarantaine de pièces sur parchemin, relatives à cette affaire, ainsi qu'un cahier grand in-4°, composé de notes sans ordre, rédigées sans doute par un avocat.

Cette étrange histoire, qui s'étend de 1498 à 1502, témoigne bien des mœurs violentes de l'époque, et nous devons reconnaître que François de l'Esperonnière se montra sans pitié pour son malheureux voisin.

Voici en extraits l'*Information secrètement faicte par le sergent royal de la cour de Maulévrier sur les violences commises par François de l'Esperonnière, écuyer, seigneur de la Sorinière, contre Regnault de Meules et sa femme, Marie Audayer* :

« François de l'Esperonnière est un grand et puissant
« homme. On le dict riche de cinquante à soixante mille francs,
« sans ses domaines et héritages, qui sont de grande valeur.

« Par cette cause ou autre, est un homme fier, mauvais,
« demandant noises, débats et vertes discussions. Il a un très
« mauvais langaige; il n'y a homme de bien ou autre au pays
« dont il ne médie; à quoy il n'y a homme qui le veuille
« hanter. Il est plein de son vouloir, faict plusieurs assemblées
« de gens inconnus et à port d'armes, tant ès pays d'Anjou
« que de Poictou; desdictes assemblées s'en sont plusieurs fois
« suivies grandes et mornes mutilations contre plusieurs per-
« sonnes, dont les unes sont percluses à jamais et les autres en
« danger de mort.

---

1. La Sorinière et Le Fresne relevaient de la Durbellière*.

* La Durbellière, par. de Saint-Aubin-de-Baubigné (Deux-Sèvres). C'est à la Durbellière que naquit, le 30 août 1772, Henri du Vergier de la Rochejaquelein, généralissime de l'armée vendéenne.

« Il appert que depuis deux ou trois ans, qui est chose de
« fraische mémoire, il a fait plusieurs assemblées ; et mesme-
« ment en fut une chez ma dame de la Trappe, où il assembla
« soixante ou quatre-vingtz hommes, où il y eut plusieurs gens
« blessés et mutilés gravement ; au moyen de quoy il fut pris
« prisonnier et mené en la Conciergerie à Paris, où il fut un
« long temps, et fut, pour lesdits excès, condamné en certaines
« grandes amendes, tant envers le Roy qu'envers ladicte dame
« de la Trappe et les mutilés et blessés.

« En 1498, fit une assemblée au villaige de Missé près de
« Thouars, où il y eut plusieurs gens blessés, plusieurs biens
« meubles, appartenans à un tas de pauvres gens, emportés,
« sans que lesdicts pauvres en aient esté aucunement récom-
« pensés ; et plusieurs autres noises et assemblées qu'il a faictes,
« qui seroient longues à raconter. »

Il résulte de la déclaration de plusieurs témoins que, le jour
des Innocents (28 décembre) 1499, François de l'Esperonnière revenant de la messe avec Marie Audayer, femme de
Regnault de Meulles, se prit de querelle avec elle au sujet de
certaines terres nouvellement acquises par le sieur de Meulles,
près le bourg de Nueil-sous-les Aubiers. « Et disoit ledict de
« l'Esperonnière, en parlant rigoureusement à ladicte dame,
« jurant et blasphémant le Sang-Dieu et autres jurements
« dont à présent elle ne se récorde, qu'elle n'en auroit pas le
« produict, que luy et ses gens viendroient coupper le fro-
« ment, la menaça de la battre, de lui faire voller sa coëffe,
« luy mit le poing au menton, luy secoua tellement qu'il fit
« entamer la balèvre de dessous [1], la prit au nez ; son chape-
« ron de velours tomba à terre. Elle ne sonna mot et ne dict
« aucune parole, sinon qu'elle appela qui la suivoient en tes-
« moignaige ; elle se banda la bouche et le visage, bien cour-
« roucée et bien marrie. Survint son beau-frère de Meulles,
« auquel elle dict : « Mon frère, j'aimasse mieux que eussiez
« esté en ma compaignie, je n'eusse pas esté outragée comme
« l'ai esté. » Sans dire pour quoy, parce que demoiselle de

---

1. Lèvre inférieure.

« l'Esperonnière s'en alloit devant; puis elle rentra au Fresne.

« Au jour de Saint-Hilaire, patron de l'esglise de Nueil,
« François de l'Esperonnière, voulant empescher ledict de
« Meulles d'aller offrir le pain bénit, y procéda si impétueu-
« sement en donnant un soufflet sur la joue dudict de Meulles
« que le panier de celuy qui portoit le pain bénit tourna sur
« le visage dudit porteur et le gasteau sur la teste dudict de
« Meulles, et la croix que tenoit le vicaire tomba à terre.

« Le mesme jour, se rencontrant, après la grand'messe, à Tour-
« nelay, ledict François, qui avoit une dague au costé, vint
« rigoureusement se prendre à la personne dudict de Meulles,
« qui étoit monté sur une petite mule, en icelle façon que,
« n'eussent été les gens qui estoient en sa compaignie, il eust
« esté en danger de faire de grands excès.

« Le jour de Quasimodo 1501, comme Regnault de Meulles
« et sa femme alloient, à cheval, de l'hostel du Fresne à
« l'esglise parroissiale de Nueil, accompaignés de Guérineau
« et autres serviteurs, ledict François de l'Esperonnière, ses
« alliés et complices qui, de propos délibéré, portoient faux
« visages et habits dissimulés, les espièrent sur le chemin,
« prirent la dame du Fresne, la tirèrent par les cheveux,
« tirèrent son accoustrement de teste, attaché sous la gorge,
« si rudement que peu s'en fallut qu'ils ne la fissent estrangler;
« la jetèrent à terre, la battirent; finalement, à force de prières
« et requestes qu'elle leur faisoit, leur demandant qu'ils ne
« luy fissent aucun mal, parce qu'elle étoit grosse d'enfant, ce
« qui étoit vrai, ils la laissèrent comme toute esvanouie, pasmée
« et demi-morte.

« Non contents de ce, desbandèrent quatre arbalestes sur
« ledict de Meulles, qui ne l'atteignirent point, et sur ledict
« Guérineau, le blessèrent et navrèrent tellement qu'il est
« tout impotent de ses membres. Un trait entra par l'épaule,
« un coup en la teste et autres coups sur plusieurs parties de
« son corps, et il fut comme mort. Le barbier ne voulut fourrer
« la main en ses plaies qu'au premier il ne fust confessé. En
« outre, despouillèrent ledict serviteur tout nud et le mirent
« *in vestibus albis,* luy ostèrent robe, pourpoint, bonnet, cha-

« peau, chausses, souliers et sa gibecière, en laquelle il y avoit
« grande somme d'argent, qu'ils emportèrent à la Sorinière. ».

A la suite de toutes ces violences, des poursuites furent commencées contre François de l'Esperonnière. Le 6 mai 1501, André de Vivonne, sénéchal de Poitou, ordonna de saisir les coupables, « *hors lieu sainct et religieux, et iceux amener à Poitiers* ». Un sergent alla porter l'assignation à la Sorinière et un autre à la Roche-Bardoul.

François de l'Esperonnière avait été condamné à payer 500 livres de dommages-intérêts à Regnault de Meules, 200 livres à Guérineau et aux dépens ; mais il refusa de se soumettre à ce jugement. Un sergent saisit alors les meubles de la Sorinière et les fit vendre à Argenton.

François de l'Esperonnière ne se tint pas pour battu : il en appela au Parlement de Paris, qui rendit son jugement au mois de février 1502. Ce jugement confirmait la sentence de Poitiers, avec cette différence cependant que Regnault de Meules était condamné aux dépens, ce qui fait supposer que tous les torts n'étaient pas du côté de François de l'Esperonnière. Ce jugement ne fut sans doute pas exécuté, car, au mois de juillet de cette même année 1502, des arbitres choisis par les deux parties : messire René de Sanzay, sgr dudit lieu et de Saint-Marsault ; Jean Bouchet, sgr de la Chassée, aux Aubiers ; Guillaume Jourdain, sgr du Puy-Jourdain, à Saint-Amant, réglèrent un arrangement qui fut accepté et à la suite duquel 115 livres furent remises par François de l'Esperonnière à Regnault de Meules pour indemniser celui-ci des frais que les débats de cette affaire lui avaient occasionnés.

C'est ainsi que se termina cette longue querelle.

Nous ne chercherons pas à excuser les violences de François de l'Esperonnière ; nous ferons seulement remarquer que, dans l'*information* que nous venons de reproduire, il n'est pas dit un mot des griefs de François de l'Esperonnière contre Regnault de Meules et sa femme. On ne se laisse pas aller sans motifs sérieux à des actes pareils.

François de l'Esperonnière rendit aveu au château de la Flocellière, le 12 décembre 1511. (Beauchet-Filleau.)

DE L'ESPERONNIÈRE

ANJOU, POITOU ET BRETAGNE.

Armes : *d'hermine, fretté de gueules, au chef losangé d'or et de gueules.*

Lettre initiale de l'Aveu et Dénombrement de la terre et seigneurie de la Sansonnière, rendu, le 8 juin 1529, par Guillaume de l'Esperonnière à François de Villeprouvée, baron de Trèves.

Cet acte débute par ces mots : *De vous noble et puissant seigneur Françoys de Villeprouvée, baron de Trèves, seigneur de Villeprouvée, etc. Je Guillaume de l'Esperonnière, escuier, seigneur de la Sansonnière, congnois estre vostre homme de foi lige, etc.; à cause et par raison de mon houstel, terres et appartenances et deppendances dudict lieu de la Sansonnière,* etc. (Archives de Maine-et-Loire. E. 1332.)

Il mourut probablement en 1527, peu avant le partage de sa succession entre ses deux fils, Antoine et Guillaume, le 14 décembre 1527.

Il s'était allié, par contrat du 15 avril 1482, reçu par Raillonet et Hamon, notaires en la cour de Bressuire, à damoiselle Jehanne de Sanzay, dame du Chastelier-Berle [1], veuve de Jehan Le Mastin [2], sgr du Chastelier-Berle et de la Rochejacquelein, et fille de Jehan de Sanzay (XXIII, p. 133), chlr, sgr dudit lieu. (*Arch. du chât. de la Saulaye.* Parch. orig.)

DE SANZAY : *d'or, à trois bandes d'azur, à la bordure de gueules, qui est de Poitou ; à l'écusson en abîme, échiqueté d'or et de gueules*, qui est de Sanzay.
DEVISE : *Sanzay sans aide.*

De cette alliance vinrent :

1º *Jehan*, qui mourut avant son frère Antoine et dont l'article suit.

2º *Antoine*, qui continue la descendance et dont l'article viendra après celui de son frère Jehan.

3º *Guillaume* de l'ESPERONNIÈRE, écuyer, seigneur de la Sansonnière, partagea avec son frère Antoine, le 14 décembre 1527. Cet acte lui donna la maison noble de la Sansonnière, que son frère Antoine avait d'abord reçue en dot.

Il est inscrit pour une contribution de VIII livres VII sols VI deniers sur le *Rôle du ban et arrière-ban des nobles d'Anjou* de 1567. (*Archives Nationales.* Reg. MM. 685, fol. 185. Voir l'analyse de ce registre, page 14.)

Le 8 juin 1529, il rendit aveu et dénombrement de son hôtel et terre de la Sansonnière, qui dépendait de la baronnie de Trèves, à noble et puissant sgr François de Villeprouvée, baron de Trèves, sgr de Villeprouvée, de la Bigeotière, de Courseriers et de la Ferrière. Cet aveu, conservé aux Archives Départementales de Maine-et-Loire sous la cote E. 1332, débute par un D majuscule [3] peint en azur sur fond d'or, et dans lequel sont figurées en couleurs les armoiries de l'Esperonnière : *d'hermine, fretté de gueules, au chef losangé d'or et de gueules* [4]. Ces armoiries sont reproduites en pleine page au feuillet 13 dudit aveu.

---

1. Châtelier-Berne (le), comm. Chambroutet (Deux-Sèvres).
2. Le Mastin (Anjou) : *d'argent, à la bande de gueules fleurdelisée et contrefleurdelisée d'azur de six pièces.*
3. On trouvera ci-joint un fac-similé de cette lettre initiale.
4. Nous croyons devoir rappeler que ce chef losangé d'or et de gueules fut introduit par les l'Esperonnière dans leur blason par suite de l'alliance de Jehan de

4° *Julie-Renée* de l'Esperonnière, qui épousa, par contrat du 2 juillet 1505, *René* de Chevigné[1], sgr d'Anet, de la Sicaudaye et de Lessart, fils de Gilles de Chevigné, IIe du nom, chlr, sgr d'Anet, et de noble Eustache Hay, qui avaient été mariés par contrat du 18 juin 1456. (Saint-Allais, *Nobil. Univ.*, t. VII, p. 357.)

5° N. de l'Esperonnière, qui fut la femme du sgr de Pontdélouan.

6° N. de l'Esperonnière, mariée à un sgr de Chasteigner.

7° *Marie* de l'Esperonnière, qui fut unie, par contrat du 28 mars 1510, reçu par d'Olivet, à *Nicolas* de Villeneuve, écuyer, sgr de Laspais et de Saint-Généroux, fils de François de Villeneuve et de Marguerite Jousseaume.

Elle est inscrite au fol. 185 dudit *Rôle du ban et arrière-ban des Nobles d'Anjou en* 1567, pour une contribution de XI l. III s. IIII d., comme dame de Bonnet et de Geay, par. de Saint-Généroux[2] et de la Garenne. De son mariage avec Nicolas de Villeneuve vint Marie de Villeneuve, femme de Louis de Liniers, sgr d'Amaillou[3], dont Antoine de Liniers, écuyer, sgr d'Amaillou et de Puyregnard, qui épousa Claude Guindron, dont il eut : René et Claude de Liniers d'Amaillou, qui furent tous deux reçus chevaliers de Malte au diocèse de Poitiers, en 1577.

---

l'Esperonnière, IIe du nom, avec Isabeau Flory de la Sansonnière, en 1455. (Voir page 22.) Mais, depuis longtemps, les l'Esperonnière sont revenus à leurs armes primitives, qui sont : *d'hermine, fretté de gueules.*

1. La famille de Chevigné (Bretagne) a fait ses preuves de noblesse en 1785, devant Chérin, généalogiste du Roi, pour les honneurs de la Cour. Armes : *De gueules, à quatre fusées d'or accolées en fasce et accompagnées de huit besants du même, 4 en chef et 4 en pointe.*

2. Deux-Sèvres, cant. Airvault, arr. Parthenay.

3. De Liniers d'Amaillou : *d'argent, à la fasce de gueules, à la bordure de sable, chargée de 8 besants d'or.*

SIXIÈME DEGRÉ

VI. *Jehan* de l'Esperonnière, IIIe du nom, écuyer, seigneur de la Roche-Bardoul, mourut avant le 14 décembre 1527, date à laquelle Antoine et Guillaume de l'Esperonnière, ses frères, se partagèrent la succession de leurs père et mère.

Il n'avait pas eu d'enfants de son mariage avec damoiselle *Loyse* du Mesnil [1] (veuve de Pierre de Thibivilliers [2], vivant écuyer, sgr des Noyers, en Vendômois), à laquelle il s'était allié par contrat du 23 juillet 1506, passé devant Barthélemy Pérault et Jehan Le Séneschal [3], notaires du Roi au Châtelet de Paris, et scellé du sceau de la prévôté de Paris par Jacques d'Estouteville, chlr, sgr de Beyne et de Blainville, baron d'Ivry et de Saint-Andry, en la Marche, conseiller chambellan du Roi et garde de la prévôté de Paris. Loyse du Mesnil apporta en dot à son conjoint la sgrie de Monstereul au Gault en Sologne, les terres de la Brosse et de Serrigny, par. de

---

1. Nous avons lieu de penser que Loyse du Mesnil appartenait à la maison du Mesnil-Simon (Vexin-Français, Berry et Orléanais), dont La Thaumassière a donné la généalogie dans son *Histoire du Berry*, p. 483. Armes : *D'argent, à 6 mains dextres écorchées de gueules, les doigts en bas, 3, 2 et 1.* Supports : *Deux sauvages.* Cimier : *Une hure de sanglier.* Devise : *L'effroi des Sarrasins*

S'il faut en croire une tradition, trois frères de cette famille, qui suivirent Louis VII en Palestine, furent pris par les Sarrasins, qui leur écorchèrent les mains, afin qu'ils fussent dans l'impossibilité de porter les armes à l'avenir.

2. Thibivilliers. Normandie et Blaisois : *de gueules, à la croix d'argent, accompagnée de quatre merlettes de même.*

Par acte passé devant Prégent, notaire à Blois, le 27 avril 1495, Pierre de Thibivilliers, écuyer, transigea avec Pierre de Montalembert, écuyer, sgr de Ruaudin (Sarthe), et damoiselle Marguerite de Beauvilliers, femme de ce dernier, au sujet de la succession de damoiselle Marie de Corvay. (Bibl. Nat., *Trésor généalogique de dom Villevieille.*) 23 août 1493, James de Thibivilliers, gentilhomme de l'hôtel du Roi. 1587 et 1599, Antoine de Tibivillier, écuyer, sgr du Belleux (Seine-Inférieure), époux de Madeleine de Pimont.

3. Successeur actuel (1889) : Mᵉ Guérin, rue Jacob, 48, Paris.

Cour-Cheverny, la sgrie de Malives, par. de Saint-Dyé-sur-Loire, la sgrie de la Bellinière, par. de Huisseau-sur-Cosson, la métairie de la Courtvoisie, par. de Saint-Simon en Beauce, — qu'elle tenait de son premier mari. (*Arch. du chât. de la Saulaye.* Parch. orig. scellé.)

SIXIÈME DEGRÉ (bis)

VI bis. *Antoine* de l'ESPERONNIÈRE, Ier du nom, écuyer, d'abord seigneur de la Sansonnière, puis de la Roche-Bardoul, épousa, par contrat reçu par Richart et J. Martin, notaires à Vezins et à Montsabert, le 22 août 1519, damoiselle *Marguerite* de VILLENEUVE, fille de feu noble homme Jehan de Villeneuve, sgr dudit lieu, et de Catherine de Sainte-Flayve [1], femme en secondes noces d'Hervé d'Aubigné, sgr de la Jousselinière et de la Tousche, qu'elle avait épousé en octobre 1509. Parmi les témoins de ce contrat, qui porte la signature du futur époux et de son père, l'on remarque : noble et puissant messire Estienne de Sanzay, chlr, Jehan de la Hune, etc. Antoine de l'Esperonnière reçut en dot la terre de la Sansonnière, et Marguerite de Villeneuve, qui était héritière, pour un tiers, de son père, Jehan de Villeneuve, les fruits et revenus du domaine de la Tousche, jusqu'à la majorité de son frère Jehan de Villeneuve, avec lequel elle serait alors tenue de bailler partage. (*Arch. du chât. de la Saulaye. Papier orig.*)

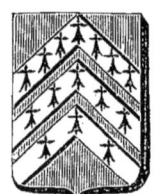

DE VILLENEUVE : *de gueules, à trois chevrons d'argent, chargés de quinze mouchetures d'hermine de sable, posées sept sur le premier chevron, cinq sur le deuxième et trois sur le troisième.*

Par acte passé devant Richart et Collasseau, notaires à Chemillé, le 14 décembre 1527, Antoine de l'Esperonnière céda en partage à son frère Guillaume, moitié en propriété, moitié en usufruit, la sgrie de la Sansonnière, avec ses appartenances et dépendances, vignes et bois taillis. (*Arch. du chât. de la Saulaye. Parch. orig.*)

Le 16 mars 1539, Antoine de l'Esperonnière fit la déclaration par-devant le lieutenant général de la sénéchaussée d'An-

---

1. Catherine de Sainte-Flayve était fille de Guy, chlr, sgr de Sainte-Flayve en Poitou, et de Robinette de Conigan. (Père Anselme, t. II, p. 453.) Sur les Conigan, voir *Jehan Chandos, connétable d'Aquitaine et sénéchal de Poitou*, par Benjamin Fillon. Londres et Fontenay, 1856.

jou, à Angers, en vertu des lettres patentes du Roi données à Compiègne le 15 octobre 1538, des domaines, fiefs et arrière-fiefs nobles, qu'il tenait et possédait en ladite sénéchaussée d'Anjou, tant de son chef qu'à cause de Marguerite de Villeneuve, son épouse, savoir : la maison noble de la Roche-Bardoul, par. de Chemillé; la métairie de la Peloterie, même par.; le bordage de la Tréchelorière, par. de Saint-Pierre de Chemillé; la métairie du Vau des Conilles et le bordage de la Bardouglerie, même par.; la métairie de la Grande-Libregière, par. de Mélay, tenue à foi et hommage lige du baron de Maulévrier, sous lequel hommage Gilles de Vaugirault, sr de Chazay, était homme de foi simple pour sa métairie appelée aussi la Grande-Libregière; la métairie de la Petite-Libregière et le moulin de Gordes, même par.; le bordage de la Gouesnardrie, par. de Cossay, tenu à foi et hommage simple de Jacques Clérambault, sgr de la Gourdonnière; le bordage de la Roche-sur-Cossay, par. de la Tour-Landry; la métairie de la Simonnière, le bordage de la Vieille-Brosse et le bois taillis du Joncheray, par. de Gonnord; le fief de Chavagnes; la métairie de Montail, par. de Souvigné; le fief et sgrie de la Richardrie, par. de Chaubroignes [1]; la maison de l'Espinaye [2], par. de Saint-Hilaire-du-Bois, et dont damoiselle Catherine de Sainte-Flayve, mère de l'avouant, avait l'usufruit. (*Archives de Maine-et-Loire.* E. 3173.)

Antoine de l'Esperonnière figure, avec la qualité d'écuyer, sur le *Rôle du ban et arrière-ban d'Anjou*, dressé le 15 septembre 1542, parmi les « *hommes d'armes qui tiennent fief de trois à quatre cents livres, chargés de faire homme de cheval et habillement de cheval légier* ». (*Bibl. d'Angers*, Manuscrit 981.)

Il était mort en 1543. Sa veuve, Marguerite de Villeneuve, vivait encore le 14 janvier 1547, date à laquelle elle eut un procès. (*Arch. du chât. de la Saulaye.*)

Ils avaient eu de leur union :

---

1. *Saint-Pierre-des-Échaubrognes*, cant. Châtillon-sur-Sèvre (Deux-Sèvres).
2. *L'Épinay*, ferme, comm. Saint-Hilaire-du-Bois, cant. Vihiers (Maine-et-Loire). Ancienne maison noble, relevant du Coudray-Montbault et de Vezins. (C. Port.)

1° *Jehanne* de l'ESPERONNIÈRE, qui s'allia, par articles du 6 avril 1536 avant Pâques, passés à Chemillé, en la maison noble de la Roche-Bardoul, à *Jehan* de VAUGIRAULT, sr du Bois-Chemin, fils aîné de noble personne Jehan de Vaugirault et de damoiselle Françoise de Torchard, sr et dame de Bouzillé, par. de Méiay.

Sa dot se composa des métairies de la Lézardière [1] et de la Garrotinière [2], du moulin Blouyn [3], ainsi que de quinze setiers de seigle de rente annuelle, sur le lieu du Carteron [4], par. de Trémentines, sous l'hommage lige que ses père et mère devaient au baron de Maulévrier. Ce contrat fut dressé en présence de nobles personnes Jehan de Brie, sr de la Sorinière, Jehan Chenu, sr du Bas-Plessis, Gilles de Vaugirault, sr de la Guérinière, René d'Aubigné, sr de la Jousselinière, Jehan Rouartays, sr de la Mothe, Estienne de Torchard et noble, vénérable et discret Me Alexandre de Torchard, prieur du May [5]. (*Arch. du chât. de la Saulaye.* Papier orig.)

De ce mariage vint René de Vaugirault, qui épousa Gabrielle de la Béraudière, fille de Thibault de la Béraudière, sgr de la Bussonnière, et de Catherine de la Cressonnière.

2° *François*, qui suit.

3° *René* de l'ESPERONNIÈRE, seigneur de Montail [6], du Reivroux [7] et de Druillé [8], archidiacre d'Angers, fit la déclaration, le 2 avril 1540, par-devant le lieutenant général de la sénéchaussée d'Angers, des fiefs et arrière-fiefs qu'il possédait en Anjou, savoir: la maison seigneuriale du Reivoux ou Reivroux, par. de Saint-Martin de Joué, tenue à foi et hommage simple du sgr de la Trimouille; la métairie de Druillé, tenue sous la même redevance du sgr de la Trottière. (*Archives de Maine-et-Loire.* E. 3173.)

Le dernier février 1551, au nom et comme procureur de son frère aîné François, il fit un accord, au château de Beaupréau, avec Charles de Bourbon, prince de la Roche-sur-Yon, et dame Phélipes de Montespedon, épouse de ce prince. (Voir p. 47.)

---

1. La Lizardière, hameau, comm. Saint-Georges-du-Puy-de-la-Garde (Maine-et-Loire).
2. La Garrotinière, hameau, même comm.
3. Le Moulin Blouin, même comm.
4. Le Carteron, comm. Trémentines, même dépt.
5. Le May, cant. Beaupréau, arr. Cholet (Maine-et-Loire).
6. Montail ou Monteil, comm. de Martigné-Briand, cant. Doué, arr. Saumur (Maine-et-Loire). Ancien fief et sgrie avec maison noble dans le village de Sousigné. Le Montay, 1598. (C. Port.)
7. Le Reivroux, par. de Saint-Martin-de-Joué, réunie au bourg d'Étiau et formant la comm. de Joué-Étiau (Maine-et-Loire).
8. Il s'agit sans doute de Dreuillé, hameau, comm. du Champ, cant. Thouarcé (Maine-et-Loire).

Le 10 juillet 1553, il présenta à Angers, au ban et arrièreban d'Anjou, le dénombrement que son frère aîné François avait baillé des domaines, fiefs et arrière-fiefs nobles qu'il possédait en Anjou. (Voir p. 47.)

4° *Laurent* de l'ESPERONNIÈRE, écuyer, seigneur du Puis, de la Sansonnière, de la Barillonnière et de l'Ourcellière [1], rendit aveu, le 11 septembre 1559, de «*son houstel, terres, vignes, appartenances et dépendances de la Sansonnière*», qui relevaient de la baronnie de Trèves, à noble et puissante dame Guyonne de Vilprouvée, baronne de Trèves et de Neufville. (*Archives de Maine-et-Loire*. E. 1332.) Il avait épousé, le 23 novembre 1555, Hélène RIGAULT [2], dame de Millepied en Poitou, fille de François Rigault, écuyer, sgr dudit Millepied et de l'Ourcellière, et de damoiselle Jehanne de Villeneuve. Il passa bail avec sa femme, le 3 février 1572 ; elle lui survécut. Ils avaient eu de leur union :

A. *Charles*, qui suit :

B. *Marguerite* de l'ESPERONNIÈRE, qui fut la femme de *René* de l'OISELIÈRE [3], écuyer, sgr de Fontenay, en Touraine ; le 10 juin 1606, il était veuf et tuteur de leur fille, Hippolyte de l'Oiselière, qui épousa Vincent Le Febvre, lequel, étant veuf, passa bail d'avinage, le 8 novembre 1635 ; ils eurent pour fils : Charles Le Febvre.

C. *Perrine* de l'ESPERONNIÈRE, femme de *Claude* Le FEBVRE, écuyer, sgr de la Ramée, par. de Trèves-en-Vallée ; le 10 juin 1606, elle partagea avec son frère et ses sœurs la succession de leur mère.

A. *Charles* de l'ESPERONNIÈRE, écuyer, seigneur de la Sansonnière, de la Boullerie et de la Frelandière, par contrat passé devant Phélipeau, notaire à Beaufort, le 16 octobre 1603, partagea avec ses sœurs la succession de leur père ; le 10 juin 1606, il partagea aussi avec ses sœurs la succession de leur mère.

---

1. L'Ourcellière, hameau, comm. Faye (Maine-et-Loire). Ancien fief et sgrie, avec maison noble à partir du XVII° siècle, relevant de Thouarcé. En est sieur François Rigault, 1521. Laurent de l'Esperonnière, mari d'Hélène Rigault, 1573. (C. Port.)
2. Rigault de Millepied : *d'argent, à trois tourteaux de sable.* Olivier Rigault, écuyer, fils de messire Jacques Rigault, chlr, sgr de Millepied, de la Tramblaye et de Barlot, et de Gilberte de Vaugirault, fut reçu chlr de Malte au grand prieuré d'Aquitaine, diocèse d'Angers, le 22 avril 1669.
3. René de l'Oiselière, sgr dudit lieu, en Anjou (1567). René de l'Oiselière, l'un des vingt arquebusiers du comte René de Sanzay, en garnison au château de Nantes, le 10 mai 1572. (Bibl. Nat., *Pièces originales*, reg. 2631.)

Le 18 juin 1607, il rendit aveu de sa sgrie de la Sansonnière à haute et puissante dame Jacqueline de Clérambault, baronne de Trèves et dame du Plessis-Forestz-Clérambault, de la Bigeotière, de la Plesse et du Grand-Monstreveau. (*Arch. de Maine-et-Loire.* E. 1332.)

Il épousa par dispense damoiselle *Renée* de l'ESPERONNIÈRE, sa parente, qui obtint confirmation de noblesse devant les élus de l'élection de Saumur, le 17 septembre 1634.

Le 21 octobre 1630, Renée de l'Esperonnière, comme veuve de Charles de l'Esperonnière et tutrice de leurs enfants mineurs, avait reçu, à cause de la sgrie de la Frelandière, dont elle était dame, l'aveu de la terre de l'Esglandière, rendu par Michel Billon, époux de damoiselle Marthe de Bouchereau; ledit aveu passé en la cour de la Frelandière, devant François Sorieu, licencié en droit, juge sénéchal de ladite cour. (Archives de MM. Beauchet-Filleau.)

Un autre aveu, dans lequel se trouvent les noms des vavasseurs, fut rendu par le même à la même, le 19 novembre 1631. (Mêmes Archives. Original.)

Le 2 septembre 1639, devant Chesneau, notaire à Angers, Renée de l'Esperonnière donna procuration à Jean Odiau, s^r de la Vallée, son gendre, pour terminer un procès qu'elle avait eu, au sujet de la sgrie de la Boullerie, avec feu René du Chesne, écuyer, s^r de l'Oncheraye[1], gentilhomme ordinaire de la Chambre du Roi, mari de Françoise de Broc.

Charles de l'Esperonnière avait eu de son mariage avec Renée de l'Esperonnière :

A. A. *Henry*, qui suit.

B. B. *Marie* de l'ESPERONNIÈRE, qui épousa, en l'église paroissiale de Crosmières (cant. de La Flèche, Sarthe), le 27 novembre 1638, noble *Jean* ODIAU, fils de Jean Odiau, sieur de la Vallée. Furent présents : le père de l'épouse, Louise Richer, grand'mère de l'épouse; Julien Odiau, religieux de l'ordre de Sainte-Croix.

En 1640, devant Chesneau, notaire à Angers, Jean Odiau vendit la métairie de la Moinye, par. de Massan, près de Thouars, à messire Jonas de Baranger, chlr, sgr de la Guitaye, demeurant en sa maison du Lys, par. du Puy-Notre-Dame (Maine-et-Loire). (*Archives de Maine-et-Loire.* E. 3173.)

---

1. L'Oncheraie, village, comm. La Jaille-Yvon, cant. du Lion-d'Angers (Maine-et-Loire).

Les armes de Marie de l'Esperonnière sont ainsi enregistrées, d'une façon inexacte, dans l'*Armorial Officiel de Touraine* de 1696, page 1391, bureau d'Amboise : *De sable, à une fasce d'or, chargée de trois molettes d'éperon de gueules.*

A. A Henry de l'ESPERONNIÈRE, écuyer, seigneur de la Sansonnière, de Sallebeuf et de la Frelandière, fut baptisé en l'église paroissiale de Crosmières, le 5 septembre 1624 ; il eut pour parrain : Jean de Forateau, écuyer, sieur de Girardet, et pour marraine : demoiselle Renée Aubert, dame du Tremblay et de la Potardière. Il assista, en 1651, à l'assemblée de la Noblesse réunie à Poitiers. Le 18 août 1658, devant Raymond et Brémond, notaires de la cour de Lapitaux et du Puy-de-Nesran, il reçut l'aveu de la terre de la Frelandière, de Léon Mériaudeau, s^r de Jourdain, à cause de dame Marie Billon, femme de l'avouant.

Il avait épousé damoiselle Jeanne de MENOU [1], avec laquelle il passa bail à ferme, le 22 mars 1664, et dont il eut :

A. A. A. Henry de l'ESPERONNIÈRE, écuyer, seigneur de la Sansonnière, est inscrit pour ses terres relevant d'Angers, de La Flèche et de Saumur, parmi les vassaux de Louis de Bourbon, duc de Condé. (Béthancourt, *Noms Féodaux,* p. 161.)

Ses armoiries sont ainsi enregistrées dans l'*Armorial Officiel de Touraine* de 1696, page 163, bureau de Saumur : *D'hermine, fretté de gueules, et un chef aussi de gueules losangé d'or.*

Il avait épousé, le 19 décembre 1690, en l'église Saint-Denis d'Angers, damoiselle Marie Davy [2], fille de feu Clément Davy, écuyer, s^r du Chiron, conseiller du Roi au siège présidial d'Angers, et de damoiselle Anne de Raye. Furent présents à la cérémonie : le père de

---

1. De Menou, s^{rs} du Boussay, de la Forge, de Pont-Château, dont plusieurs croisés, des commandants dans les provinces et les places fortes, un amiral de France, des conseillers et chambellans, des ambassadeurs, des généraux, un évêque de La Rochelle, des chlrs de Malte, de Saint-Michel et de Saint-Louis, des abbés et des prieurs, etc.
ARMES : *De gueules, à la bande d'or.*
SUPPORTS : Deux anges vêtus des couleurs de l'écu, tenant chacun une lance au bout de laquelle est une cornette de cavalerie : celle de dextre, d'hermine plein, qui est de Bretagne; celle de sénestre, de France ancien.
CIMIER : Un ange naissant, tenant d'une main une épée flamboyante, la garde d'or, et de l'autre main une bannière aux armes de Menou. (Denais.)
2. Davy, s^{rs} du Chiron (Anjou) : *d'azur, à trois cygnes d'argent, posés 2 et 1, et un chef d'argent, chargé d'une croisette pattée de gueules.*

l'époux; messire Claude Davy, sr du Chiron, chanoine de l'église d'Angers, conseiller du Roi; dame Antoinette Falloux; Philippe de Saint-Offange, chlr, et delle Marie de Brossard. On a lieu de penser qu'il ne vint pas d'enfants de ce mariage.

B. B. B. *Marie-Henriette* de l'Esperonnière, qui fut ondoyée à Saint-Saturnin-sur-Loire, le 12 décembre 1655, et reçut le supplément des cérémonies du baptême dans l'église paroissiale de Saint-Denis-d'Angers, le 26 avril 1664; sa marraine fut: damoiselle Charlotte Goddes, épouse de messire Antoine de l'Esperonnière, chlr, sgr de la Roche-Bardoul, lieutenant de la Vénerie du Roi.

C. C. C. *Marie-Anne* de l'Esperonnière, qui épousa, par contrat du 25 juillet 1683, passé devant Normand, notaire à Saumur, *François* du Ligondès, écuyer, sgr de Conives et du Plessis, fils aîné de messire Charles du Ligondès-Boisbertrand, chlr, sgr de Domay, de Saint-Avit et de Conives, et de Marguerite de la Marche. De cette alliance vint: Marie-Anne-Thérèse du Ligondès[1], qui s'allia, le 22 janvier 1713, à Robert du Bouex, sgr de Villemort, en Poitou, colonel du régiment de Villeneuve et chlr de Saint-Louis. (D'Hozier, *Armorial* (imprimé). 1er registre, 1re partie, p. 87.)

5º *Gabrielle-Françoise* de l'Esperonnière[2], qui épousa :

1º *Pierre* de Meulles[3], écuyer, sgr du Fresne-Chabot, de la Roche-de-Cerizay et de Nueil-sous-les-Aubiers, fils de Regnault de Meulles, qui eut de si vifs démêlés avec François de l'Esperonnière, et de Marie Audayer; cette alliance scella la réconciliation des deux familles.

Pierre de Meulles testa en faveur de sa femme, le 21 fé-

---

1. Du Ligondès : *d'azur, semé d'étoiles d'or et un lion de même, lampassé de gueules.*

2. Cinquième enfant d'Antoine de l'Esperonnière, Ier du nom, et de Marguerite de Villeneuve. (Voir p. 39.)

3. De Meulles : *d'argent, à sept croix pattées de gueules, posées 3, 1, 2 et 1, mêlées de cinq tourteaux de sable, posés 2, 2 et 1.*

François de Meulles, fils de Pierre de Meulles, chlr de l'ordre du Roi, sgr du Fresne-Chabot, de la Forêt de Montpensier et de la Durbellière, et de feue Renée de Rorthays, épousa, par contrat du 13 février 1642, Marie du Buat, fille de François du Buat, écuyer, sgr du Teillay, et de Périnelle du Chastelet.

vrier 1553, devant Gaymaut et Mallet, notaires à Bressuire. (*Arch. du chât. de la Durbellière*. Production des titres de noblesse de MM. de Meulles par-devant Me Colbert, intendant du Roi en Poitou, le 24 mars 1665.)

Gabrielle-Françoise de l'Esperonnière était veuve de Pierre de Meulles, le 11 août 1554; à cette date, comme tutrice ordonnée par justice de la personne et des biens de Jean de Meulles, écuyer, leur fils aîné, elle rendit aveu de la châtellenie du Fresne à la baronnie de Mauléon. Le 28 octobre 1554, comme tutrice dudit Jean de Meulles et de son frère cadet, René, elle rendit aussi aveu à Pierre des Housses, écuyer, sgr du Paly. Le compte de tutelle de Jean et de René de Meulles fut arrêté le 28 janvier 1575, devant René Gauvaing, sénéchal de la sgrie de Cerizay. (*Arch. du chât. de la Durbellière. Idem.* Note XXIV, p. 134.)

2º *René* de SAINTE-MAURE[1], sgr de la Guiraye, fils puîné de Léon de Sainte-Maure, IIe du nom, chlr, baron de Montausier[2], sgr de Puigné, et d'Anne d'Appelvoisin[3], dame de Puigné et de la Guiraye, fille et héritière de Guillaume d'Appelvoisin, sgr de Chaligny, de Puigné et de la Guyraye, et d'Iseul de Linières. Léon de Sainte-Maure avait épousé Anne d'Appelvoisin en 1480, et leur fils René susdit reçut en partage la terre de la Guyraye. (Père Anselme, t. V, p. 22.)

René de Sainte-Maure, comme tuteur et curateur de la personne et des biens de Jean de Meulles, fils de feu Pierre de Meulles, et de Gabrielle-Françoise de l'Esperonnière, rendit aveu à noble homme René Carion, s^r de Nerlu, à cause de l'hôtel et sgrie de Nerlu. (*Arch. du chât. de la Durbellière.*)

Gabrielle-Françoise de l'Esperonnière et Josias de Sainte-Maure, son fils, vendirent certains héritages à Olivier Richeteau, vers 1585.

---

1. De Sainte-Maure : *d'argent, à la fasce de gueules.*
2. La baronnie de Montausier, dans l'Angoumois, passa, en 1325, dans la maison de Sainte-Maure, par le mariage de Guy de Sainte-Maure, chlr, avec Marguerite, dame de Montausier, fille et unique héritière de Foucaud, sgr de Montausier, et de Pétronelle de Mosnac, dame de Jonzac.
Elle fut érigée en marquisat par lettres du mois de mai 1644, et en duché-pairie par autres lettres du mois d'août 1664.
3. Appelvoisin : *de gueules, à la herse d'or.*

SEPTIÈME DEGRÉ

VII. *François de l'*Esperonnière, IIIᵉ du nom, écuyer, seigneur de la Roche-Bardoul, de la Sorinière en Poitou, de Sallebeuf[1] et de la Lande, fit un accord, le dernier février 1551, au château de Beaupréau, avec Monseigneur Charles de Bourbon, prince de Bourbon, et dame Phélipes de Montespedon, son épouse, au sujet de prérogatives dans les églises de Chemillé et de Cossay, et pour les terres de la Roche-Bardoul et de la Tousche-Baranger. (xxv, p. 135.)

Le 8 juillet 1553, il bailla au lieutenant général d'Anjou le dénombrement des domaines, fiefs et arrière-fiefs nobles qu'il possédait en Anjou, et notamment de la maison noble de la Roche-Bardoul. (xxvi, p. 137.)

Le 22 janvier 1561, il partagea avec son frère puîné, René de l'Esperonnière, sgr du Montail.

En 1562, au commencement des guerres de religion, il servait sous les ordres de Loys de Bourbon, duc de Montpensier, pair de France, lieutenant général pour le Roi en Anjou. Par certificat de ce prince, du 14 mai 1562, il fut exempté de la contribution qu'il devait au ban et arrière-ban d'Anjou. (xxvii, p. 140.) Cette exemption fut confirmée et étendue à Antoine de l'Esperonnière, son fils, qui était alors retenu auprès du roi de Navarre, par lettres de Clément Louet, lieutenant général du maréchal d'Anjou, du 15 mai 1562. (xxviii, p. 141.)

Le 26 mai 1567, François de l'Esperonnière rendit foi et hommage lige à très haute et puissante dame Phélipes de Montespedon, princesse de La Roche-sur-Yon et comtesse de

---

1. *Salbeuf*, château, comm. Chemillé (Maine-et-Loire). Ancien fief et sgrie, avec château fort, relevant de Chanzé. (C. Port.)

— 48 —

Chemillé, des sgries de la Roche-Bardoul, de la Tousche-Baranger, de Sallebœuf et de la Lande. (XXIX, p. 142.)

Il est inscrit pour une contribution de IIII l. III s. IX d. sur le *Rôle du ban et arrière-ban d'Anjou* de 1567. (Arch. Nat., MM. 685, f° 66.)

En 1574, il acquit de Jacques L'Oiseau le fief de la Grande-Ballerie [1].

Du Pineau : *d'or, à trois pommes de pin de gueules, la pointe en haut, posées deux et une.*

Il avait épousé, par contrat du 30 novembre 1543, reçu par Jasson, notaire à Chemillé, damoiselle *Renée* du Pineau, fille aînée et principale héritière de défunt noble homme René du Pineau (XXX, p. 144), en son vivant sgr du Pineau en Thouarcé, et de damoiselle Marguerite Guesdon, dame des Forges, veuve dudit René du Pineau et de feu noble homme Gilles du Vau. Outre les biens dont elle avait hérité de son père, Renée du Pineau reçut de sa mère « *cent écus d'or soleil* »; celle-ci s'engagea en outre « *à bailler à sa fille accoustrement honneste selon son estat et comme il convient à fille de bonne maison* ». Les témoins de cet acte furent : nobles hommes René d'Aubigné, sr de la Jousselinière; René de l'Esperonnière, frère du futur époux; frère François du Pineau et Pierre du Pineau, sr des Gardes, oncles de la future épouse; René du Vau, prieur du Coudray; Jehan de la Rivière, sr du Deffais [2]. (*Arch. du chât. de la Saulaye.* Parch. orig.)

Devenu veuf de Renée du Pineau, François de l'Esperonnière épousa, en secondes noces, par contrat du 6 avril 1587, passé devant Sébastien Le Proust et François Préau, notaires à La Flèche, damoiselle *Louise* Richer, fille de François Richer, sgr du Port, et de damoiselle Hardouine du Four. Furent présents : damoiselle Françoise du Four, dame de la Boullerye, et Renée du Four.

---

1. La Grande-Ballerie, ferme, comm. Mélay (Maine-et-Loire). Le fief relevait de Bouzillé, et la lande de Chemillé. En 1544, honorable homme Vincent Quentin l'acquit de Nicolas Prieur. (C. Port.)

2. Le Deffais, ferme, comm. Saint-Aubin-de-Luigné, cant. Chalonnes-sur-Loire (Maine-et-Loire).

Étant veuve de François de l'Esperonnière, le 11 mai 1611, Louise Richer, en sa qualité de dame du fief et sgrie de la Boullaye, par. de Crosmières, présenta à Mgr l'Évêque d'Angers, comme desservant de la chapellenie de Saint-Blaise, messire Georges Manchon, prêtre du diocèse d'Angers, en remplacement de messire Pierre Gaignard, décédé.

On lit dans le *Dictionnaire des Familles du Poitou* par MM. Beauchet-Filleau que François de l'Esperonnière mourut assassiné.

Il eut de son second mariage avec Louise Richer :

1º *Marie* de l'ESPERONNIÈRE, qui se trouve mentionnée avec sa sœur Renée dans une sentence du présidial d'Angers du 19 février 1594; elles étaient alors toutes les deux sous la curatelle de Pierre Richard, avocat. (*Parch. orig.*) Marie de l'Esperonnière épousa, le 19 août 1614, Anselme de GUYARD, écuyer, sieur de Courtandon, fils de René Guyard et de Charlotte de Chartres, de la par. de Neau, pays du Maine. De cette alliance vint : Louise Guyard, qui fut baptisée à Crosmières, le 23 novembre 1616.

2º *Renée* de l'ESPERONNIÈRE, dame de la Boulerie, qui, le 5 mai 1624, fut la marraine d'Urbain du Tremblay en l'église paroissiale de Crosmières.

François de l'Esperonnière avait eu de son premier mariage avec Renée du Pineau :

1º *Antoine*, qui continue la filiation.

2º *Françoise* de l'ESPERONNIÈRE, qui fut mariée, par contrat du 24 février 1572, reçu aux lieu et maison noble du Bas-Plessis, par. de Chaudron-en-Maulge, par Mathurin Binet et Jehan Guyet, notaires jurés en cours de Chemillé et de Saint-Florent-le-Vieil, avec noble homme *Loys* SURIETTE [1], écuyer, sgr de l'Aubraye, fils aîné de feu noble homme Mathurin Suriette, sgr de l'Aubraye et d'Autigny, et de damoiselle Charlotte Roigné [2], et petit-fils de Robert Suriette, chlr, sgr d'Autigny, et de Marie de la Trimouille, de Bresches, en Touraine. Furent présents à cet acte : nobles, vénérables et discrets Me Pierre Chenu, prieur de

---

1. Suriette de l'Aubraye : *de gueules, à l'aigle à deux têtes couronnée d'argent.*
Christophe Suriette, frère de Loys Suriette, fut reçu chlr de Malte au diocèse d'Aquitaine, en 1543.

2. Roigné : *d'argent, à un olivier de sinople.*

Tourmentines (*Trémentines*), et René de l'Esperonnière, sieur du Montail, archidiacre en l'église d'Angers, oncle de l'épouse; nobles personnes messire Claude Chenu, sieur du Bas-Plessis; Antoine de l'Esperonnière, sieur du Pineau, frère de l'épouse; René de Vaugirault, sgr du Bois-Chauvigné, et Gabriel Le Pauvre, sieur de la Vachière. (*Arch. du chât. de la Saulaye.* Copie originale du 12 mai 1592.)

Loys Suriette fut plus tard chlr de l'ordre du Roi, gentilhomme d'honneur de la Reine, baron de Mareil et de la Vieille-Tour, sgr de Châteauroux. Il eut de son mariage avec Françoise de l'Esperonnière : Louise Suriette, qui fut la femme de Louis Boju [1], sgr de la Menollière, fils de Jean Boju, sgr de la Menollière, et de Marguerite Bohal; elle en eut : Charles Boju de la Ménollière, qui fut reçu chlr de Malte au diocèse de Luçon, en 1638 [2].

3° *Marguerite* de l'ESPERONNIÈRE, qui épousa Claude Chenu [3], chlr de l'ordre du Roi, sgr du Bas-Plessis, fils de Jean Chenu (xxxi, p. 146), écuyer, sgr du Bas-Plessis, et de Jacqueline de Coué, et petit-fils de Jean Chenu, sgr du Bas-Plessis, et de Marguerite de Villeneuve.

De ce mariage vinrent : Georges et Charles Chenu du Bas-Plessis, reçus chlrs de Malte au diocèse d'Angers, en 1597 et 1601.

4° *Marthe* de l'ESPERONNIÈRE, qui épousa Pierre Chenu, chlr de l'ordre du Roi. Pierre Chenu, en 1602, transigea avec son suzerain, Charles Turpin, comte de Montrevault, au sujet de sa sgrie du Bas-Plessis, par. de Chaudron.

---

1. Boju de la Menollière : *d'azur, à trois quintefeuilles d'argent.*

2. Au bas d'un *Inventaire de pièces pour servir à faire des preuves de chevalier de Malte,* conservé au château de la Saulaye, se trouvent quelques lignes manuscrites datées du 18 août 1634, par lesquelles Charles Boju, chevalier de la Menollière, confesse avoir reçu de monsr de la Rochebardoul les pièces énumérées dans cet inventaire pour faire ses preuves de chevalier de Malte, et s'engage à rendre lesdites pièces dans deux mois.

Le contrat de mariage de Jehan de l'Esperonnière, 1er du nom, avec Jehanne Pérou, du 3 septembre 1415, est le seul qui manque aux archives du château de la Saulaye, depuis 1357. M. de la Bintinaye, qui mit en ordre les archives des l'Esperonnière à la fin du XVIIIe siècle, a laissé une note indiquant que ce contrat de mariage a été prêté à la famille de la Ménollière, « *à qui il faudra le redemander* ». C'est ainsi que cette pièce importante a été égarée. Ledit mariage se trouve, du reste, prouvé par diverses pièces du château de la Saulaye, entre autres par le contrat de mariage de Jehan de l'Esperonnière, fils desdits Jehan de l'Esperonnière et Jehanne Pérou.

3. Chenu du Bas-Plessis : *d'hermine, au chef d'or chargé de cinq losanges de gueules.*

HUITIÈME DEGRÉ

VIII. Antoine de l'Esperonnière, IIe du nom, écuyer, seigneur de la Roche-Bardoul, du Pineau, de la Chaperonnière [1], etc., servit dans sa jeunesse sous les ordres du roi de Navarre [2]. En 1562, parce qu'il était retenu auprès de ce prince, il fut dispensé de la contribution au ban et arrière-ban d'Anjou. (xxviii, p. 141.) Comme son père, il combattit dans les rangs catholiques pendant les Guerres de Religion.

Le 20 janvier 1569, il donna quittance d'un quartier d'appointements militaires comme guidon d'une compagnie de cinquante lances des ordonnances du Roi sous la charge de Monsieur des Roches-Baritault. (xxxii, p. 149.)

Le 19 septembre 1573, devant Mathurin Grudé, notaire à Angers, il céda et transporta à François Bitault [3], s^r de la Raimberdière, demeurant à Angers, une somme de 4,000 livres, qu'il avait empruntée, le 13 juin précédent, à Jeanne Bretin, veuve de Me Guillaume Herbereau, demeurant à Vihiers.

Le 18 octobre 1574, par-devant le même notaire, il acquit pour la somme de 2,050 livres, payable à Noël prochain, de damoiselle Marguerite de Cheviré, veuve de noble homme René du Pineau, tous les droits que celle-ci possédait, à cause de son douaire, sur les domaines de Coincé [4], de la Fontaine [5], du Grolay [6] et de la Plaine.

---

1. *La Chaperonnière*, comm. du Champ (Maine-et-Loire), autrefois de la par. de Thouarcé. Ancien fief, avec maison noble dans le bourg de Thouarcé; réuni à la terre du Pineau. (C. Port, I, p. 622.)
2. Antoine de Bourbon, roi de Navarre, père de Henri IV; il finit par embrasser la foi catholique. En 1562, à la tête de l'armée royale, il lutta contre Condé et prit Blois, Tours et Rouen, où il fut mortellement blessé.
3. François Bitault, sr de la Raimberdière, né à Angers en 1532, fut élu échevin de cette ville le 15 décembre 1564, et maire le 1er mai 1582. Cette charge lui fut continuée en 1583. Il mourut en mai 1602. (C. Port, I, p, 353.)
4. *Coincé*, comm. Feneu, cant. Briolay, Maine-et-Loire. Ancien fief, avec manoir et chapelle; appartenait, en 1540, à Simon du Pineau. (C. Port, I, p. 724.)
5. *La Fontaine* (de Coincé), ferme, comm. Feneu (Maine-et-Loire).
6. Grolay (Le), ferme, comm. Feneu (Maine-et-Loire). *Groleium*, en 1111. (*Epit.*

— 52 —

Le 22 octobre 1575, devant ledit Grudé, il acquit pareillement, pour la somme de 800 livres, de damoiselle Ysabeau du Pineau, paroissienne de Saint-Denis-d'Angers, tous les droits appartenant à celle-ci sur la succession de défunt noble homme René du Pineau, sr de Coincé.

Le 22 avril 1592, Antoine de l'Esperonnière fit partie d'un conseil de famille qui se réunit pour nommer un tuteur aux enfants mineurs de feu François de Rorthays, écuyer, sgr de la Durbellière, et de Jacqueline de la Châteigneraye ; en firent aussi partie : révérend messire Urbain de Rorthays, abbé commendataire de Beaulieu, et Pierre de Rorthays, sgr de Meuflet, oncles paternels desdits mineurs ; messire Jean de Villeneuve, sgr dudit lieu, chlr de l'ordre du Roi ; messire Claude Chenu, sgr du Bas-Plessis, aussi chlr de l'ordre du Roi ; René de Vaugirault, écuyer, sgr de Bouzillé. (*Arch. du chât. de la Durbellière. Bibl. Nat.* Fonds latin 18383, pièce 53.)

Antoine de l'Esperonnière mourut vers 1620.

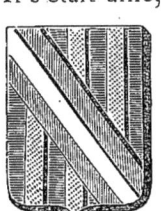

ROUXELLÉ ou ROUSSELLÉ : *d'azur, à trois pals d'or, à la bande de gueules, brochant sur le tout, chargée d'une cotice d'argent.*

Il s'était allié, par contrat du 8 août 1566, reçu au lieu noble de la Treille, par R. Loriost, notaire à Cholet, à damoiselle Jehanne Rouxellé [1], fille aînée de noble homme François Rouxellé (XXXIII, p. 150) et de damoiselle Renée Savary, sgr et dame de la Treille [2] et de la Bellonnière. Jehanne Rouxellé reçut en dot une somme de 15,000 livres tournois et la métairie de la Meltière, par. de Mélay ; François de l'Esperonnière assura à son fils la sgrie de Salbeuf, par. de Chemillé, valant 500 livres tournois de rente et où demeurait alors Marguerite de Villeneuve, grand'mère

---

St-Nic., p. 86.) Avec ancien bois appartenant au sgr de Feneu, qui se le réserva en donnant le reste de la terre aux moines de Saint-Nicolas d'Angers ; elle appartenait au XVIIIe siècle aux Goddes de Varennes. (C. Port, II, p. 314.)

1. Elle avait un frère : René de Rouxellé, qui fut baron de Sachay et épousa Marguerite de Montmorency, fille de François de Montmorency, baron de la Rochemillay, et de Louise du Gebert. De ce mariage vint René de Rouxellé de Sachay, chlr de Malte au diocèse de Tours en 1609.

2. La Treille (fief et sgrie, par. de Cholet) avait son enfeu dans l'église Saint-Pierre de Cholet et droit de chasse à courre dans la garenne du château de Cholet,

— 53 —

du futur. Celle-ci devait continuer à jouir de Salbeuf sa vie durant, mais par usufruit seulement. René de l'Esperonnière, s^r du Monteil, archidiacre d'Angers et y demeurant, figure parmi les témoins de ce contrat. (*Arch. du chât. de la Saulaye. Papier orig.*)

Le 31 janvier 1586, une transaction eut lieu au manoir noble du Pineau, par-devant L. Jehannet, notaire, entre Antoine de l'Esperonnière et son père François, au sujet des revenus de ladite sgrie de Salbeuf. Furent présents à cet acte : René de Vaugirault, sgr de Bouzillé, et Pierre Grellerin, ce dernier demeurant audit Pineau. (*Idem. Copie orig. sur pap.*)

Le 19 février 1594, Jehanne Rouxellé obtint au présidial d'Angers une sentence qui fut rendue par Philippe Goureau, conseiller du Roi, maître des requêtes de son hôtel, pour la restitution d'une partie de ses deniers dotaux contre les héritiers de son beau-père. Elle mourut avant son mari, et le partage de ses biens eut lieu, le 18 avril 1619, entre son mari et leurs fils, François et Gilles. (Voir p. 57.)

Antoine de l'Esperonnière épousa en secondes noces, à Angers, damoiselle *Perrine* d'AMPOIGNÉ, dame de Pacience [1], par. de Saint-Gemmes-sur-Loire ; il n'en eut que deux filles :

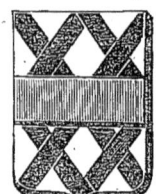

AMPOIGNÉ : *d'argent, fretté de sable de six pièces, à la fasce de gueules brochant sur le tout.*

1° *Antoinette* de l'ESPERONNIÈRE, qui fut mariée par articles du 13 novembre 1616, reçus en la maison sgriale du Pineau, par André Aulbin, notaire en la cour de Thouarcé, avec Mathurin de Jarzé [2], sieur de Millé-les-Loges [3], fils aîné de feu Jehan de Jarzé (XXXIV, p. 151), écuyer, aussi sieur de Millé-les-Loges, et d'Anne de Boussiron, petit-fils de N. de Jarzé et de Marie Jullait, et frère aîné de César

---

les veilles de la Toussaint, de Noël et de Pâques. François de Rousselé vendit la Treille, en 1662, à Claude de Beauveau, marquis de Tigné. Les Rouxellé étaient aussi sgrs du Pontreau, par. de Saint-Léger du May, — qu'ils acquirent en 1621.

1. *Patience*, actuellement closerie, comm. Saint-Gemmes-sur-Loire, cant. des Ponts-de-Cé (Maine-et-Loire).

2. De Jarzé : *d'azur, à trois jaks d'or.*

3. Millé-les-Loges, village, comm. Chavagnes-les-Eaux. Ancienne sgrie ayant appartenu à la famille de Jarzé de 1478 au XVIIIe siècle. (C. Port.)

de Jarzé, écuyer, sr de la Jubaudière, qui signa le contrat avec la mère de la future et Charles Lançonneur, écuyer, sr de Chambrac, demeurant en la maison sgriale de Pringé, par. de Chavagnes. (*Archives de Maine-et-Loire.* E. 2917.)

2° *Marie* de l'ESPERONNIÈRE, qui épousa, par contrat du 15 février 1627, messire *François* Le BASCLE[1], chlr, sgr du Fresne[2], par. de Faye, près de Thouarcé.

Antoine de l'Esperonnière avait eu de son premier mariage avec Jehanne de Rouxellé :

1° *Jehanne* de l'ESPERONNIÈRE, qui épousa, par contrat du 23 février 1593, *Pierre* de DURCOT[3], écuyer, sgr de l'Estang; du consentement de François, son frère, elle reçut la sgrie de Coincé, par. de Feneu. En 1599, Antoine de l'Esperonnière et Pierre de Durcot, son gendre, vendirent pour la somme de 4,000 livres et avec faculté de rachat, à honorable homme Jean Huet, sieur de la Bassetière, ladite sgrie de Coincé.

2° *François*, qui continue la descendance.

3° *Gilles* de l'ESPERONNIÈRE, écuyer, sgr de Salbeuf, fit un accord, le 18 avril 1619, avec Antoine de l'Esperonnière, son père, dame Perrine d'Ampoigné, sa belle-mère, et François de l'Esperonnière, son frère aîné.

Il épousa, le 30 avril 1629, damoiselle Anne des Landes[4], en l'église de Saint-Maurille d'Angers.

Il figure, avec la qualification d'écuyer et de sieur des Gardes, parmi les gentilshommes de la province d'Anjou qui furent convoqués et qui s'assemblèrent dans la grande salle du Palais-Royal de la ville d'Angers, le 29 juin 1651, « pour eslire et
« nommer députez tant pour dresser les cahiers de ce qu'ils
« avoient à proposer et représenter au Roy, concernant le bien
« public de cette province, que pour porter lesdits cahiers et

---

1. *Le Bascle,* srs du Pin, du Fresne, de Monnet, du Marais, d'Argenteuil; — dont Jean, taxé un écu pour la rançon du roi Jean, en 1360, et François, chlr de Malte en 1603. ARMES : *De gueules, au chevron d'or, accompagné de trois macles de même, posées 2 et 1.* CIMIER : *Un léopard tenant une macle de l'émail de l'écu en chacune de ses pattes.* SUPPORTS : *Deux lions léopardés d'or.* (Denais.)

2. Le Fresne, ancienne terre noble avec château-fort, appartenait, en 1603, à François Le Bascle, mari de Fleurance de la Rivière. (C. Port, II, p. 210.)

3. DURCOT DE L'ESTANG ET DE LA ROUSSIÈRE : *d'azur, à trois pommes de pin renversées* (la pointe en haut) *d'or, aliàs de sinople.*

4. LANDES (des) : *d'azur, à un écusson d'or, chargé d'une rose de gueules.*

« assister en l'assemblée et tenuë des Estats Généraux du
« Royaume, assignée en la ville de Tours au huictième sep-
« tembre (1651), suivant les lettres de Sa Majesté du troisième
« avril dernier. »

Le clergé d'Anjou avait été convoqué pour les mêmes motifs au palais épiscopal d'Angers, le jour précédent (28 juin). (*Bibl. Nat. Rôle de la Noblesse d'Anjou en* 1651. (L m²) 4, p. 31.)

NEUVIÈME DEGRÉ

IX. *François* de l'ESPERONNIÈRE, IVᵉ du nom, écuyer, seigneur de la Sorinière, du Plessis-Mozay, puis de la Roche-Bardoul, du Pineau, de Vritz, de la Saulaye, du Breil, de la Boulairie, de la Tousche-Baranger, de la Chaperonnière, etc., chevalier de l'Ordre du Roi et gentilhomme ordinaire de la chambre du Roi, épousa, par contrat du 16 septembre 1612, reçu par Sidracq, Le Rat et Louis du Bois, et délivré par Druault, tous notaires à Saumur, damoiselle Renée Simon (xxxv, p. 153), fille de défunt Claude Simon [1], vivant écuyer, sgr de la Saulaye et de Vritz, et de damoiselle Anne Davy [2], dame de la Duracerie, mariée en secondes noces avec Antoine Le Gras, écuyer, sieur de la Fresnaye. Antoine de l'Esperonnière donna à son fils François, en avancement de ses droits successifs, le fief et sgrie de la Sorinière, sis en la par. de Nueil-sous-les-Aubiers, et le fief et sgrie du Plessis-Mozay [3], qui provenait de la succession de Jehanne de Rousselé, mère de François. En outre, Antoine de l'Esperonnière invita les deux conjoints à « aller faire leur résidence et demeure, avec leurs gens, serviteurs, meubles et chevaux, au château du Pineau, pour y être nourris avec lui et à ses dépens. » Renée

SIMON: *d'or, à la rose double de gueules, boutonnée d'or.*

---

1. Le 31 mai 1571, Claude Simon acquit de noble homme René de Juigné le fief du Grand-Tesseau (actuellement ferme, comm. de Freigné (Maine-et-Loire) avec le fief de Juigné qui en dépendait. (C. Port.)

2. DAVY (Anjou) : *d'azur, à trois canettes d'or cantonnées et une croisette de même au canton sénestre.* Preuves de noblesse en 1666 à Angers, devant M. Voysin de la Noiraye, intendant du Roi en la généralité de Tours.

3. Le Plessis de Mozé, hameau, comm. Mozé (Maine-et-Loire). W. de Plaxitio, 1,200 *circà* (2ᵒ cartul. de Saint-Serge d'Angers, p. 263). Relevait de Vezins. En est sieur François Rousselé, écuyer, 1539. Thib. Rousselé, 1554. (Port, II, p. 116.)

Simon, qui demeurait, à l'époque de son mariage, à Paris, chez son oncle, noble homme Robert Thévin, conseiller du Roi au Parlement de Paris et président aux Enquêtes, eut en dot la terre de la Saulaye (xxxvi, p. 159), la châtellenie de Vritz (xxxvii, p. 166), la sgrie de la Boulairie[1] et divers autres biens, qui passèrent ainsi dans la maison de l'Esperonnière.

Renée Simon fut assistée à ce contrat par dame Jeanne Davy, sa tante, dame de la Mazure, femme dudit Robert Thévin ; François du Bois, sieur de la Ferté ; da^{elle} Renée Roussellé, femme de ce dernier et fille de Jean Roussellé ; da^{elle} Françoise Simon, aussi tante de la future ; noble homme René Chenu et da^{elle} Jeanne de Bailleur, sa femme ; noble François Simon, s^r de la Lussière ; vénérable et discret Claude Simon, religieux de l'abbaye de Saint-Georges ; noble homme François Simon, sieur de la Jugerie ; da^{elle} Julienne Simon, fille de feu François Simon, oncle paternel de la future ; noble homme Jean du Breil et da^{elle} Françoise Simon, sa femme ; da^{elle} Louise Le Mareschal, dame de la Rigaudière, et Charles de l'Espinière, écuyer, sieur de la Sansonnière, par. de Saint-Georges-des-Sept-Voies. (*Arch. du chât. de la Saulaye.* Parch. orig.)

Un accord, à cause du partage des biens de Jehanne Rouxellé, eut lieu, le 18 avril 1619, entre messire Antoine de l'Esperonnière, chlr, sieur du Pineau, et dame Perrine d'Ampoigné, sa seconde femme, d'une part, et messire François de l'Esperonnière, chlr, sgr de la Roche-Bardoul, et Gilles de l'Esperonnière, écuyer, sieur de Sallebeuf, fils aîné et puîné dudit Antoine, d'autre part, devant Julien Deillé et Noël Drouin, notaires à Angers, dans la maison de Me Guillaume Ménage, premier et ancien avocat du Roi au siège présidial d'Angers, et en présence de Michel d'Escoubleau[2],

---

[1]. La Boulairie, ferme, comm. la Cornuaille (Maine-et-Loire). Ancien fief et sgrie qui relevait de la Burelière. En est sieur Jehan de la Saulaye en 1441. La Boulairie passa aux Simon en même temps que la Saulaye. Les Pères Augustins de Candé, en raison des dîmes qu'ils prélevaient sur la Boulairie, devaient célébrer tous les ans, le jour de la Saint-Hilaire, une grand'messe à l'intention du sgr de la Saulaye et de la Boulairie, et faire un service solennel pour le repos de l'âme dudit sgr aussitôt après son décès. La Boulairie appartient, depuis 1864, à M. Jules Veillon de la Garoullaye.

[2]. D'Escoubleau : *parti d'azur et de gueules, à la bande d'or brochant sur le tout.*

écuyer, sr de la Tousche-d'Escoubleau et de la Sorinière, par. de Saint-Pierre de Chemillé, Claude Chenu, écuyer, sieur de la Brinière [1], par. de Jallais ; proches parents des parties. (*Arch. du chât. de la Saulaye.* Parch. orig.)

A cette époque, François de l'Esperonnière était gentilhomme ordinaire de la Chambre du Roi ; il passa une partie de sa vie à la cour de Louis XIII.

Dans un arrêt du Conseil d'État du 12 février 1620, relatif à la sgrie de Vritz, il est qualifié chevalier de l'ordre du Roi. (XXXVIII, p. 177.)

Le 12 juin 1619, il avait acquis la terre, fief et sgrie du Breil, par. de Freigné (Maine-et-Loire), de Marie Conseil, épouse de Jean Dalleboust, écuyer, sr de Vaumort, et de Marguerite Conseil, femme de noble homme Gilles de Gennes, toutes deux filles de Jean Conseil, sr de la Paquière. (XXXIX, p. 178.)

Le 17 juillet 1627, par-devant Hilaire Bertran, notaire à Angers, il transigea avec Mathurin de Jarzé et François Le Bascle du Fresne, ses beaux-frères, en la maison presbytérale de Thouarcé, en présence de Loys de l'Estoile, écuyer, sieur de Bouillé et de l'Espinay, demeurant en la maison sgriale de l'Espinay, et de Monsieur André Aulbin, notaire de Thouarcé. (*Arch. du chât. de la Saulaye.* Papier orig.)

Le 7 mars 1644, par acte devant Jean Pollier et Étienne Theurel, notaires de la châtellenie de Vritz, Jacques Rigault, mari de Julianne Gault, rendit aveu à François de l'Esperonnière, chevalier de l'Ordre du Roi, pour ce qu'il tenait au lieu de l'Islot, par. de Vritz. (*Idem.* Papier orig.)

En 1645, François de l'Esperonnière eut un procès contre les chanoines et le chapitre de Saint-Léonard de Chemillé au sujet d'un droit de dîme sur une pièce de terre dite *Petit Champ Blanc,* sise dans le fief de la Tousche-Baranger. Les chanoines réclamaient la dîme du champ contentieux comme dépendance du lieu de Beauvais, et ils eurent gain de cause en premier ressort, par arrêt de la Cour de Parlement du 15 juil-

---

1. Cant. Beaupréau (Maine-et-Loire). Le château de la Brinière appartient actuellement (1889) à la famille Pinson de Valpinson.

let 1645. (*Bibl. Nat. Cabinet des Titres. Dossier bleu* 10571. Factum imprimé de 4 p. in-4º.)

Le 13 février 1656, par acte passé devant Pierre Barou, notaire à Angers, François de l'Esperonnière et dame Renée Simon, son épouse, afin que leur petit-fils, Antoine, pût trouver un parti plus avantageux lorsqu'il serait en âge de se marier, lui donnèrent la maison noble de la Roche-Bardoul, du consentement de François de l'Esperonnière, son père, présent et acceptant; ledit acte signé par P. Buscher, notaire royal à Angers, garde des minutes dudit Barou. (*Arch. du chât. de la Saulaye.* Papier orig.)

François de l'Esperonnière mourut le 18 janvier 1662, à l'âge de plus de 80 ans. Le 20 janvier, jour de son inhumation, les cloches de Notre-Dame de Beaulieu, près Candé, sonnèrent de 8 heures du matin à 4 heures du soir. Comme il était décédé au château du Pineau, qui avait été sa principale résidence, il fut enterré dans la chapelle de la Pice, près du Pineau. Cette chapelle existait depuis le XVIe siècle, et François de l'Esperonnière l'avait fait rebâtir en 1646 sous le vocable de Notre-Dame, avec une sacristie et un cimetière. Le 29 janvier 1656, il y fonda un revenu suffisant pour y entretenir un chapelain, qui devait y célébrer la messe le mercredi et le dimanche.

François de l'Esperonnière et Renée Simon furent présents aux contrats de mariage de leurs fils des 12 mai 1649 et 3 août 1652. Ils eurent de leur mariage :

1º *Antoine*, dont l'article suit.

2º *Renée* de l'ESPERONNIÈRE, qui fut baptisée en l'église paroissiale de Saint-Denis d'Angers, le 1er juin 1618; elle épousa, par contrat du 17 février 1634, reçu par Hilaire Bertran, notaire à Thouarcé, *François* de la HAYE-MONTBAULT [1], sgr du Coudray-Montbault, fils aîné de Philippe de la Haye, sgr du Coudray-Montbault [2] (XL, p. 179), et de Suzanne du Puy du Fou. Renée

---

1. DE LA HAYE-MONTBAULT : *d'or, au croissant de gueules, à six étoiles de même en orle.*

2. Le Coudray-Montbault, château, comm. de Saint-Hilaire-du-Bois, cant. Vihiers (Maine-et-Loire). Ancienne terre et sgrie. (Pour plus de détails, voir C. Port, II, p. 698.)

de la Haye, sœur dudit Philippe, avait épousé, en 1613, David de Fesques, sr de la Cacaudière ; ils étaient tous deux issus du mariage d'Alexandre de la Haye avec Catherine de Saint-Amadour.

Le 23 juin 1643, devant René Moreau, notaire à Angers, François de la Haye-Montbault confessa avoir reçu, de François de l'Esperonnière et de Renée Simon, la somme de 57,000 livres tournois, restant à payer des 60,000 livres tournois de la dot de sa femme, Renée de l'Esperonnière. Furent présents à cet acte : messire Gilbert Jousseaume, chlr, sgr de la Rainerie, et Me Antoine Brillet, sieur de la Chauvière, avocat au siège présidial d'Angers. (*Arch. du chât. de la Saulaye*. Pap. orig.)

Renée de l'Esperonnière vivait encore le 22 juin 1647 ; elle eut de son mariage avec François de la Haye :

A. *François-Abel* de la HAYE, chlr, sgr du Coudray-Montbault, qui épousa : 1° par contrat du 14 mars 1663, reçu par Ragot et Charron, notaires, l'un à Thouars, l'autre à Angers, damoiselle Renée-Claire Sochet ; 2° en 1672, Suzanne Carion, fille de messire Pierre Carion, chlr, sgr de l'Esperonnière, et de Marie de la Haye.

3° *François*, dont l'article suivra celui de son frère Antoine.

DIXIÈME DEGRÉ

X. *Antoine* de l'Esperonnière, IIIe du nom, chevalier, marquis de la Roche-Bardoul, seigneur de la Saulaye, du Breil, de Vritz, des Gardes, du Pineau, etc., chevalier des ordres du Roi, lieutenant de la Grande Vénerie de France, entra très jeune au service. A l'âge d'environ vingt ans, par lettres de commission du roi Louis XIII, données à Chantilly, le 15 août 1635, il fut nommé capitaine de cavalerie *du nombre de cent hommes armés d'un pot à la hongroise, de deux pistolets et d'une cuirasse.* Le 21 septembre de la même année, le Roi lui donna l'ordre d'aller joindre l'armée royale à Boulancourt, en Picardie, avec sa compagnie de cavalerie hongroise.

Par acte passé, le 5 mai 1645, devant Marion, notaire au Châtelet de Paris, un accord eut lieu entre François de l'Esperonnière et dame Renée Simon, son épouse, au sujet d'une somme de 64,000 livres, produit de la vente d'une maison sise rue de Seine, à Paris, et ayant appartenu à Renée Simon. Cette somme devait être partagée, après le décès de Renée Simon, entre messire Antoine de l'Esperonnière, chlr, sgr de la Saulaye, fils aîné des précédents, et François de l'Esperonnière, baron de Vritz, conseiller et premier chambellan de Son Altesse Royale, fils puîné.

Le 9 février 1640, Antoine de l'Esperonnière fut reçu à faire au Roi un acte de foi et hommage pour le fief du Pineau aux Gardes, dont son père lui avait fait don le 15 janvier 1631. Le 28 décembre 1643, il rendit aveu et dénombrement au Roi du même fief et sgrie. (*Archives Nationales.* Reg. P. 355¹, pièces 87 et 88. Preuve XLI, p. 181.)

Le 18 août 1645, messire François Rousselé, chlr, marquis de Château-Regnault, donna, à Paris, sa démission de lieutenant de la Vénerie du Roi *sous le bon plaisir du Roy et de* la Reyne Régente sa mère, au profit de messire Antoine de l'Esperonnière, chevalier, seigneur de la Saulaye, et à non aultre, priant et requérant Leursdites Majestés et Monseigneur le Chancelier de faire expédier audit sieur de la Saulaye toutes lettres de provisions à ce nécessaires. Deux jours après, par lettres du 20 août 1645, données à Paris, Antoine l'Esperonnière fut investi de la charge de lieutenant de la Vénerie de France. A partir de cette époque, il passa la plus grande partie de sa vie à la cour de Louis XIV. (Arch. du chât. de la Saulaye. Parch. originaux.)

Par lettres royaux données à Paris au mois d'avril 1654 et enregistrées au Parlement le 20 du mois suivant, Antoine de l'Esperonnière, en considération des services qu'il avait rendus aux rois Louis XIII et Louis XIV, fut autorisé à fortifier, à l'encontre des gens de guerre et des voleurs, son château de la Saulaye, où il résidait habituellement. (*Idem*. Parch. orig. Preuve XLII, p. 187.) Cette autorisation fut confirmée par lettres du 13 avril 1654, données à Paris par Henri Chabot, duc de Rohan et de Fontenay, pair de France, prince de Léon, comte de Porhoët, marquis de Blein, gouverneur de l'Anjou. (XLIII, p. 189.)

Les travaux de fortification commencèrent aussitôt. En même temps, le château de la Saulaye était restauré ; une chapelle était établie dans l'une des tours et dédiée à l'Immaculée Conception. Le 22 février 1655, elle fut bénite par le curé de Freigné et par le prieur de Beaulieu. Le pont-levis et le portail d'entrée du château furent établis la même année.

En 1655, devant Jacques Lory, notaire à Angers, Antoine de l'Esperonnière et Charlotte Goddes, sa femme, confessèrent avoir reçu de René Fourier, conseiller président, juge prévôt de Saumur, la somme de 3,600 livres, à valoir sur celle de 9,000 livres, produit de la vente d'une maison sise audit Saumur.

Par lettres d'Antoine de l'Esperonnière du 3 avril 1656, Me Pierre Coiscault est investi de l'office de notaire de la châtellenie de Vritz. (*Idem*. Parch. orig.)

Le 2 mai 1661, messire Antoine de l'Esperonnière,

chlr, marquis de la Roche-Bardoul, se démit, en faveur de son fils François, de sa charge de lieutenant de la Grande Vénerie de France, devant Jean-Baptiste Le Tellier, notaire du Roi à Fontainebleau[1]. Il conserva néanmoins jusqu'à sa mort le titre et les honneurs attachés à cette charge. Un *Extrait de l'estat des officiers de la Grande Vénerie de France, faict et arresté en l'année mil six cent soixante-dix-sept, pour jouïr, par les y dénommez, des priviléges, immunitez et exemptions, à eux attribuez par les édits et déclarations du Roy, et reçus au greffe de la Cour des Aydes,* contient le passage suivant : *Lieutenance. Anthoine de l'Esperonnière, marquis de la Rochebardoul.*

Dans le *Rapport sur l'Anjou* fait au Roi par C. Colbert en 1664, on lit, à l'article *État militaire, Noblesse : Le sieur de l'Esperonnière, seigneur de la Rochebardou, lieutenant de la Vénerie, riche de 20,000 livres de rente au moins, sans dettes. Ses terres sont : Rochebardou, une autre dans le Craonnais et d'autres en Bretagne.*

Barthélemy Roger, dans son *Histoire d'Anjou*, cite *Messieurs de l'Esperonnière et de Vriz*[2], *frères, parmi ceux qui ont bien servi le roi Louis XIV aux Pays-Bas et Franche-Comté, et pendant tout son règne.*

Antoine de l'Esperonnière est qualifié chevalier des ordres du Roi dans divers actes provenant de la châtellenie de Vritz, entre autres dans un aveu qui lui fut rendu, le 6 septembre 1657, devant C. Huchedé et M. Le Gaingneux, notaires de la cour de Vritz, par René Masson, mari de Michelle Piétin, pour des héritages situés au village des Mortiers, par. de Vritz. (Parch. orig.)

Ce fut lui qui le premier porta le titre de marquis, qu'il obtint vers 1660.

Le 19 janvier 1663, par acte passé devant Nouel Drouin,

---

1. Tous les actes que nous utiliserons, à partir de celui-ci, pour la rédaction de cette notice, font partie, sauf indication contraire, des Archives du château de la Saulaye.

2. François de l'Esperonnière, baron de Vritz, frère puîné d'Antoine, et dont l'article suit.

notaire royal à Angers, dame Renée Simon, veuve de messire François de l'Esperonnière, fit abandon à Antoine de l'Esperonnière, leur fils aîné, de tous les droits qu'elle pouvait avoir sur les terres de la Roche-Bardoul et du Plessis-Mozay, ainsi que sur les autres biens laissés par son mari. (Parch. orig.)

En 1665, Antoine de l'Esperonnière eut un procès contre Louis de Maillé de la Tour-Landry [1], sgr châtelain de Bourmont, son suzerain, auquel il contestait le droit de chasser sur les terres de la sgrie du Breil, mouvante de la sgrie de Bourmont, en s'appuyant sur un aveu du 22 mai 1534, rendu par le sgr du Breil à celui de Bourmont; il réclamait aussi le droit de haute, moyenne et basse justice dans l'étendue de la sgrie du Breil; et pour justifier ce droit il rappelait que les sgrs du Breil ont tenu leurs plaids et assises dans le bourg de Beaulieu [2]. Par arrêt du Parlement de Paris du 16 mai 1665, rendu en premier ressort, Antoine de l'Esperonnière fut maintenu en la possession des droits honorifiques de l'église de Beaulieu; ces droits consistaient en: 1° l'apposition d'un banc dans le lieu le plus éminent de ladite église; 2° les prières nominales (droit d'être nommé aux prières du prône); 3° avoir le pre-

---

1. Geoffroy de la Tour-Landry, chlr, sgr de la Tour-Landry[*], de Bourmont[**], de la Cornuaille[***], etc., mari de Jeanne de Rougé, vivant en 1371 et 1372, est l'auteur d'un manuscrit que M. Anatole de Montaiglon a publié sous ce titre : *Le Livre du chevalier de la Tour-Landry pour l'enseignement de ses filles*. Paris, P. Jannet, 1854.

Un de ses descendants, Louis de la Tour-Landry, n'eut que deux filles, dont l'aînée, Françoise, épousa, en 1494, Hardouin de Maillé, qui releva le nom et les armes de la Tour-Landry. Plus tard, par autorisation de François Ier, les Maillé furent autorisés à ajouter à leur nom celui de la Tour-Landry. C'est ainsi que Bourmont appartint, après les la Tour-Landry, aux de Maillé de la Tour-Landry, dont une fille, Marie-Hélène, épousa, en 1697, Marie-Henri de Ghaisne, dont les descendants possédèrent Bourmont.

2. Beaulieu, actuellement faubourg de Candé (Maine-et-Loire), faisait autrefois partie de la par. de Freigné. « Par une fondation du 2 février 1390, due au sgr de Bourmont ou à celui de la Fresnaie, un couvent de religieux de Saint-Gildas, en Bretagne, fut établi à Beaulieu. » (C. Port, *Dictionnaire de Maine-et-Loire*, t. I, p. 250.) Beaulieu était compris dans le fief de la Saulaye. (*Arch. du chât. de la Saulaye*. Aveu rendu, en 1622, par François de l'Esperonnière, IVe du nom.) L'église de Beaulieu a été démolie en 1840 et sur son emplacement s'élève actuellement une maison bourgeoise.

---

[*] La Tour-Landry, comm., cant. Chemillé (Maine-et-Loire).
[**] Bourmont, château, comm. Freigné (*Idem*).
[***] La Cornuaille, comm., près Candé (*Idem*).

mier le pain bénit. Il résulta de cet arrêt que le sgr du Breil était sgr foncier et haut justicier du bourg et de l'église de Beaulieu. Louis de Maillé, qui avait été condamné à ôter son banc de l'église de Beaulieu un mois après la signification de l'arrêt, fit appel, et ce fut alors qu'Antoine de l'Esperonnière fit imprimer et distribuer, pour les besoins de sa cause, le factum in-4° de 3 pages, où nous avons pris les détails qui précèdent. (*Bibl. Nat. Cab. des Titres. Dossier bleu* 10571.)

Par jugement souverain rendu à Tours, le 5 août 1667, par M. Voisin de la Noiraye, intendant du Roi en Touraine, Anjou et Maine, Antoine de l'Esperonnière fut maintenu dans sa noblesse d'ancienne extraction, et il lui fut donné acte des titres justificatifs de sa noblesse, qu'il avait présentés. (*Idem. Idem,* vol. 277, pièce 18.)

Par acte du 27 juin 1674, il vendit à vénérables et discrets messires Jean Angevin, François Héard, prêtres, Urbain-François Mézières, acolyte, stipulant pour eux et pour vénérables et discrets Jean Gallard, prêtre, Mathurin Vérité, diacre, René et Claude Foreau, Joseph Sabin, ecclésiastiques, une vieille maison sise à Angers, près de l'église de Saint-Mainbœuf, que François de l'Esperonnière, père du vendeur, avait acquise par contrat passé devant Julien Deillé, le 4 janvier 1628, de MM. du chapitre de l'église de Saint-Mainbœuf; ladite vente faite pour la somme de 5,600 livres, sur laquelle 3,000 livres seraient baillées à noble homme N... Maillard, s^r de la Princerye, et à d^{elle} N... Cordon, sa femme, et 1,000 livres à Pierre Joubert, prêtre, curé de Saint-Évroul, en amortissement de rentes dues par le vendeur auxdits Maillard et Joubert. (*Arch. de Maine-et-Loire.* E. 3173.)

Le 18 avril 1680, par acte passé au château du Pineau, devant Claude Vimond, notaire du marquisat de Thouarcé, Antoine de l'Esperonnière, sgr du Pineau en Thouarcé, présenta à Mgr l'Évêque d'Angers, comme chapelain de la chapelle du château du Pineau, vénérable et discret maître Louis Bauldin, prêtre du diocèse d'Angers, en remplacement du précédent chapelain démissionnaire, à la charge par ledit

Bauldin d'obtenir des lettres de provisions de Mgr l'Évêque d'Angers et de célébrer la messe tous les jours de fête et dimanches en ladite chapelle, lorsque ledit seigneur ou madame sa femme seront au château. (*Idem*. E. 3173.)

Pendant son séjour à la Cour, Antoine de l'Esperonnière obtint deux arrêts du Conseil des 15 juin 1675 et 26 juin 1684, qui l'autorisèrent à poursuivre le recouvrement de ses créances. Le second de ces deux arrêts est ainsi conçu :

« Louis, par la grâce de Dieu Roy de France et de Navarre,
« au premier nostre huissier ou sergent sur ce requis, salut.
« De la partye de nostre amé et féal Antoine de Lespronierre,
« chevallier, seigneur marquis de la Rochebardoul, l'un des
« quatre lieutenants de nostre Vénerie, estant à cause de ce en
« nostre protection et sauvegarde, Nous te mandons que
« toutes les debtes à lui deubes, tu les luy fasses payer, en
« contraignant ses débiteurs par les voyes deubes et raison-
« nables, et en cas de reffus, opposition ou deslay, assigner
« les opposans, refusans et délincans, redebvables de deux
« cens livres et au dessus, par devant nos amez et féaux
« conseillers, les maistres ordinaires de nostre hostel et les
« gens tenans les requestes de nostre Palais, au choix et
« option de l'exposant ; et, pour les sommes au dessoubs,
« par devant les juges qui en doibvent connoistre, etc. »
(Parch. orig. Sceau en cire jaune aux armes de France.)

Le 14 mars 1682, par-devant Gilles et Pillault, notaires au Châtelet de Paris, Me Antoine Huchedé, avocat au Parlement, intendant de la maison du maréchal d'Estrades, constitua son procureur son frère, Me Joseph Huchedé, substitut du procureur général en la Cour des Aides au grenier à sel de Candé, pour recevoir, en son nom, de messire Antoine de l'Esperonnière, une somme de 330 livres, en remboursement d'une somme pareille, payée par ledit Antoine Huchedé audit de l'Esperonnière pour le prix de l'office de sénéchal de la châtellenie de Vritz, suivant un traité notarié passé, le 23 juin 1671, entre ledit de l'Esperonnière et Me René Huchedé, prêtre et aumônier de la ville de Candé, frère desdits Antoine et Joseph Huchedé. (Papier orig.)

Antoine de l'Esperonnière fut représenté par procureur à la nomination par acte passé à Doué, le 30 mars 1677, d'un curateur aux enfants mineurs de feu Pierre Cuissard, écuyer, sgr de Mareil.

Par ses services, par la charge importante dont il fut revêtu à la Cour (XLIV, p. 190) et par sa fortune considérable, Antoine de l'Esperonnière occupa une haute situation. Son fils lui succéda dans sa charge et ses honneurs, et sa fille fut la mère d'un des marins les plus célèbres que l'Anjou ait produits.

Il s'était allié, par contrat du 3 août 1652, passé devant Moreau et Drouin, notaires à Angers, à damoiselle *Charlotte* GODDES, fille de défunt messire Charles Goddes (XLV, p. 192), sgr de la Perrière, conseiller du Roi au Parlement de Bretagne, et de dame Marie d'Agonet, demeurant à Angers, par. de Saint-Maurille.

DE GODDES : *d'argent, à la fasce de gueules, accompagnée en chef de deux étoiles de sable et en pointe d'une hure de sanglier de sable, défendue d'argent.*

Antoine de l'Esperonnière reçut en dot, en avancement de succession, les terres et sgries de la Saulaye, du Breil et de la Boulairie, ainsi que la baronnie de Vritz, avec droit de faire abattre et prendre des bois de haute futaie en telle quantité que bon lui semblerait. Comme les biens ci-dessus étaient des propres de Renée Simon, François de l'Esperonnière donna à celle-ci, en dédommagement, la moitié de la valeur de ses biens personnels, la terre du Pineau exceptée.

Furent présents et signèrent au contrat : messire François de l'Esperonnière, chlr, et dame Renée Simon, père et mère du futur ; messire François de la Haye, chlr, sgr du Couldray-Monbault, et dame Renée de l'Esperonnière, sa femme, sœur du futur ; messire Charles d'Andigné, chlr, sgr baron d'Angrie, cousin du futur ; messire Jean Gabard, chlr, sgr de la Moricière, dame Renée Bonneau, sa femme, cousine de la future épouse ; messire Charles François d'Andigné, chlr, sgr baron de Pordic ; François Goddes, chlr, sgr de Varennes, conseiller du Roi, oncle de la future, — en la maison duquel fut passé le contrat, et François Goddes, écuyer, sieur de la Perrière, fils du précédent. (Papier orig.)

Le mariage religieux fut célébré en l'église Saint-Maurille d'Angers, le 14 août suivant.

Antoine de l'Esperonnière mourut au château de la Saulaye, le 1er janvier 1685, et fut inhumé dans l'église de Vritz.

Par deux actes des 20 janvier et 29 mars 1685, reçus, l'un par Denis Pottier, notaire royal, tabellion et garde-notes du Roi en la sénéchaussée d'Anjou, résidant à Candé; l'autre par Pierre Bory, notaire royal à Angers, Charlotte Goddes renonça à la communauté des biens avec sondit feu mari, sans préjudice de ses droits.

Antoine de l'Esperonnière et Charlotte Goddes eurent deux enfants :

1° *François*, époux de Catherine Constantin, dont l'article sera rapporté après celui de son oncle François.

2° *Marie-Françoise* de l'ESPERONNIÈRE, qui fut baptisée en l'église paroissiale de Saint-Denis d'Angers, le 25 juillet 1654; elle eut pour parrain : François de l'Esperonnière, chlr, baron de Vritz, son oncle, et pour marraine : d^{elle} Marie Colin. Elle mourut au château de la Saulaye, et fut inhumée dans l'église de Vritz, le 26 avril 1685.

Elle avait épousé, par contrat du 3 mai 1678, reçu au château de la Saulaye, par Nouël Drouin, notaire à Angers, messire Henry des Herbiers, chlr, sgr de l'Estanduère, capitaine commandant un des vaisseaux du Roi, demeurant en son château de l'Estanduère, par. des Herbiers[1], fils aîné de défunts messire Charles des Herbiers, chlr, sgr de l'Estanduère, et de dame Marie d'Escoubleau de Sourdys. Ledit contrat dressé de l'avis et consentement : du côté de la future épouse, de messire Pierre des Herbiers, chlr, sgr de la Morandière et du Ponchet, son oncle paternel, et de messire Alexis Charbonneau de l'Echasserye, chlr, sgr de Saint-Symphorien, son oncle maternel, à cause de dame Gabrielle-Brigitte d'Escoubleau de Sourdys, demeurant à Montaigu, épouse de ce dernier. Marie-Françoise de l'Esperonnière était assistée de ses père et mère et de son oncle paternel, messire François de l'Esperonnière, baron de

---

1. Les Herbiers, ch.-l. de cant.; arr. la Roche-sur-Yon (Vendée).

Vritz. Elle reçut en avancement de ses droits successifs : le fief du Plessis-Mozay, avec les métairies du Plessis et de la Jonchère qui en dépendaient; le fief et sgrie des Gardes, par. de Saint-Georges du Puy-de-la-Garde, non compris le droit de fondation du couvent des Augustins des Gardes, attaché à la sgrie du Pineau, droit qu'Antoine de l'Esperonnière et Charlotte Goddes se réservèrent, avec la faculté de reprendre les terres susdites en payant aux époux la somme de 30,000 livres, à laquelle le prix desdites terres fut estimé. Furent aussi présents au contrat : messire Antoine Simon [1], chlr, sgr de la Lussière [2], cousin de la future; dame Renée Regniau, femme de François de l'Esperonnière, baron de Vritz, susdit; delle Catherine de Savonnières; delle Renée-Éléonore de l'Esperonnière, fille dudit baron de Vritz et cousine germaine de la future; dame Claude Rousseau, femme dudit sgr de la Lussière; vénérable maître Bertrand Gilberge, prêtre, demeurant au prieuré de Beaulieu; François Guichard, sieur du Fresne, valet de chambre du sgr de la Roche-Bardoul, père de la future.

Le mariage religieux fut célébré dans l'église de Notre-Dame de Beaulieu.

De ce mariage vint, entre autres enfants :

Henri-François des HERBIERS de l'Estanduère, marin célèbre, chef d'escadre (1682-1750). (XLVI, p. 193.)

---

1. Antoine Simon, chlr, sgr de la Lussière, étant à la chasse, accompagné d'un valet, rencontra les deux fils de l'avocat François Le Royer, sgr du fief voisin de la Sauvagère, et se prit de querelle avec eux. Le plus jeune l'abattit mort d'un coup de fusil, mais aussitôt le valet, vengeant son maître, tua le meurtrier. (C. Port, II, p. 558.)

Ce drame eut lieu le 8 octobre 1685.

2. La Lussière ou Lucière, hameau, comm. de Vern, cant. du Lion-d'Angers (Maine-et-Loire). Ancien fief et sgrie avec château.

Antoine Simon, curé de Brain-sur-Longuenée, vendit la terre de la Lussière, en 1770, à Joseph Le Marié de la Crossonnière. (C. Port, II, p. 558.)

DIXIÈME DEGRÉ (bis)

X bis. *François* de l'ESPERONNIÈRE, écuyer, fils puîné de François de l'Esperonnière et de Renée Simon, fut baron de Vritz, sgr de la Sorinière, conseiller et premier chambellan de Son Altesse Royale Gaston d'Orléans, frère de Louis XIII.

Comme son frère Antoine, il servit avec distinction sous le règne de Louis XIV, et Barthélemy Roger le cite dans son *Histoire d'Anjou*. Il porta habituellement le titre de baron de Vritz. Il habitait la Sorinière.

Le 15 février 1679, par-devant Boullet, notaire de Saint-Nazaire, il rendit aveu du manoir noble de Henleix-Pommerais, qu'il tenait ligement, à cause de dame Renée Regnyo, sa compagne, de haut et puissant messire Jean-Toussaint de Carné, chlr, sgr comte de Henleix, vicomte de Cohignac et de Saint-Nazaire, baron de Marsaint, etc. Ledit manoir noble était échu à l'avouant par le décès de noble homme Bonaventure Regnyo, vivant sieur de la Ville-ès-Mollé, père de ladite Renée Regnyo. (*Arch. de la Loire-Inférieure*. E. 573.)

François de l'Esperonnière fut maintenu dans sa noblesse d'ancienne extraction par jugement souverain de M\u1d63 Barentin, intendant du Roi dans la généralité de Poitiers.

Il épousa en premières noces, par contrat du 12 mars 1649, reçu par René Moreau, notaire royal à Angers, dame *Marie* JOUSSEAUME, veuve de défunt Charles de Rougé, chlr, sgr des Rues, de la Bellière, de Lorrière, etc., chlr de l'ordre du Roi et gentilhomme ordinaire de sa Chambre, auquel elle avait été mariée par contrat du 10 août 1637, passé en la cour de la vicomté de Tiffauges, fille de défunt messire René Jousseaume [1], chlr, sgr de la Frébaudière, de la Charibaudière et de Launay, et de dame Anne

JOUSSEAUME : *de gueules, à trois croix pattées d'argent, posées deux et une, à la bordure d'hermine.* SUPPORTS : *deux lions.*

---

[1]. JOUSSEAUME, marquis de la Bretêche, seigneurs de Launay, de Tiffauge, du

Serezin, et petite-fille de Louis Jousseaume, écuyer, s^r du Courboureau, et de Jeanne Tourtereau [1]; de l'avis et consentement, savoir : du côté du futur époux, de ses père et mère; du côté de la future, de messire Gilbert Jousseaume, chlr, sgr de la Raynerie, son oncle. François de l'Esperonnière reçut en dot, en pleine propriété, pour lui, ses hoirs et ayants cause, la sgrie de la Sorinière, sise par. de Nueil-sous-les-Aubiers et comprenant la métairie de la Noveronde, la Fontaine-à-mer, le Pré Sec, la Morpenère, le Petit Saullay, etc. ; ses père et mère lui firent don également de la somme de 14,000 livres, dont ils avaient payé sa charge de chambellan de Son Altesse Royale, frère du Roi. Ledit contrat passé à Angers, en la maison de la future épouse, en présence de messire Henri Le Cornu, chlr, sgr du Plessis de Cosme, neveu dudit défunt Charles de Rougé, messire Claude de la Crossonnière [2], chlr, sgr dudit lieu, nobles hommes Urbain Racault et Jacques Davy, sieur du Chiron, avocat au siège présidial d'Angers. (*Arch. du chât. de la Saulaye.* Papier orig. Voir aussi de Courcelles, *Histoire des Pairs de France*, tome XI, article *de Rougé*, p. 29.)

Devenu veuf de Marie Jousseaume, en 1658 ou 1659, François de l'Esperonnière épousa en secondes noces, en l'église paroissiale de la Trinité d'Angers, le 13 juin 1660, damoiselle *Renée* REGNYO [3], fille de noble homme Bonaventure Regnyo, sieur de la Ville-ès-Mollé et du Henleix-Pommerais, en Bretagne. Le contrat avait été signé le 10 avril

---

Courboureau, de Sazé, de Coulombier, du Coudray. Esprit Jousseaume, lieutenant général des armées du Roi, gouverneur de Poitiers et de Hombourg en 1698; Armand Jousseaume, général vendéen, conseiller général en 1821. (Voir Denais et Beauchet-Filleau.)

1. TOURTEREAU : *de gueules, à trois tourterelles d'or*.
2. Denais mentionne une famille Le Marié, s^{rs} du Plessis de Chivray et de la Crossonnière.
3. Isaac Regnault, s^r du Palhuau, demeurant par. de Mauzé (Deux-Sèvres), portait *d'azur, à 3 pommes de pin d'or*. Or, la par. de Mauzé étant voisine de celle de Nueil-sous-les-Aubiers, berceau de Renée Regnyo ou Regniau, il n'y aurait rien d'invraisemblable à ce que les Regnault ou les Regnyo ne fissent qu'une même famille. On a vu des variantes aussi grandes dans l'orthographe de beaucoup de noms propres, mais je n'admets cette identité que sous toutes réserves. (Note communiquée par M. Pol Potier de Courcy.)

précédent, devant Le Cours, notaire royal à Angers. De ce mariage vinrent :

1º Louis-Augustin de l'ESPERONNIÈRE, chlr, sgr de Vritz, reçut le baptême en l'église paroissiale de Nueil-sous-les-Aubiers. Il fut maintenu dans sa noblesse d'ancienne extraction, le 19 mai 1699, par jugement souverain de M. de Maupeou d'Ableiges, surintendant du Roi en Poitou.

Ses armes sont ainsi blasonnées dans l'*Armorial officiel de Poitou* de 1696, page 269, bureau de Thouars : *d'hermine, fretté de gueules de six pièces.*

Il épousa, par contrat du 2 décembre 1690 et en l'église abbatiale de Saint-Serge d'Angers, le 11 des mêmes mois et an, damoiselle Gabrielle Boylesve [1], fille de feu messire Marin Boylesve, chlr, sgr de la Morousière [2], conseiller du Roi, et de dame Magdeleine Lasnier.

Il eut de ce mariage :

A. *Marie-Anne-Magdeleine-Victoire* de l'ESPERONNIÈRE, qui fut baptisée en l'église Saint-Michel-du-Tertre, à Angers, le 12 août 1696; elle eut pour parrain : messire François de l'Esperonnière, chlr, sgr de la Roche-Bardoul, époux de Catherine Constantin, son cousin. Elle fut la femme de messire *Jacques-Marie* de VILLIERS [3], chlr, sgr du Teil, par. du Gué-Déniau, près de Baugé.

---

1. BOYLESVÉ (De), srs de Gillière, de Soucelle, du Saulay, de la Brisarderie, de Noyrieux, de Goismard, des Roches, de Princé, de la Maurousière, du Planty, de Chamballan, de Malnoue, de la Bauche, du Sollain, du Plessis, de la Moricière, des Aulnais, des Noulis, de la Galaisière, de Tauvay ; — dont René, maire d'Angers en 1632; plusieurs conseillers au Parlement de Bretagne et au Parlement de Paris ; François, échevin perpétuel de la ville d'Angers; Marin, lieutenant-général au siège présidial d'Angers, 1590, créé chlr en 1597; Mathurin, conseiller du Roi, juge audit présidial; Gabriel, abbé de Saint-Georges en 1650, et évêque d'Avranches, mort en 1667; un brigadier de cavalerie en 1747; François, avocat à la sénéchaussée d'Angers en 1560. ARMES : *D'azur, à trois sautoirs alésés d'or, posés deux et un.* (Denais.)

2. La Morousière, château moderne construit par la vicomtesse de Pérusse des Cars, qui le possède actuellement (1889); comm. de Neuvy, cant. Chemillé (Maine-et-Loire). Ancienne terre sgriale relevant de la Chaperonnière. En 1574, noble homme René Masson vendit cette terre à François Boylesve, lieutenant de la sénéchaussée d'Angers. En est sieur Maurice Boylesve, son fils, 1612. (C. Port, II, p. 746.)

3. VILLIERS (De), srs du Teil, de Fourmeslay, de la Menuiserie, de Manquelle, de Gaufouilloux, de la Meriguière, de la Graffinière, de l'Auberdière ; — dont trois chlrs de Malte : Claude, en 1647; Jean, en 1531; Charles, en 1661; François, abbé de Toussaint d'Angers, 1513, ARMES : *D'argent, à la bande de gueules, accompagnée à sénestre du chef d'une rose de même.* (Denais.)

B. *Augustin-François* de l'Esperonnière de Vritz, prêtre, demeurant à la Sorinière.

2° *Renée-Éléonore* de l'Esperonnière, qui fut mariée, par contrat du 9 février 1685, reçu par Savereau, notaire à Maule-en-Poitou (sic), à *Jean-Baptiste* de la Haye-Montbault, chlr, fils de feu messire Antoine de la Haye-Montbault, sgr des Hommes, et de dame Suzanne de Mesnard, laquelle était fille de messire Christophe Mesnard, chlr, sgr de la Vergne et de Préaux, et de Catherine Gallier.

De ce mariage vint :

François-Antoine de la Haye-Montbault, né et baptisé le 17 juin 1690, reçu page du Roi dans sa Petite Écurie, le 30 août 1708.

François de l'Esperonnière avait eu de son premier mariage avec Marie Jousseaume :

1° *Antoine* de l'Esperonnière de Vritz, écuyer, sans alliance.

2° *François* de l'Esperonnière, qui fut reçu chevalier de Malte au diocèse de la Rochelle, prieuré d'Aquitaine, le 10 juillet 1659.

L'aîné de ces deux enfants, Antoine, faillit devenir sgr de la Roche-Bardoul. En 1656, Antoine de l'Esperonnière et Charlotte Goddes, mariés depuis quatre ans, n'avaient pas encore de postérité. C'est alors que, par un acte du 13 février 1656 (voir p. 59), François de l'Esperonnière et sa femme, Renée Simon, donnèrent à leur petit-fils Antoine, premier-né de François de l'Esperonnière et de Marie Jousseaume, la maison noble de la Roche-Bardoul, à la condition que, si le fils aîné de ces derniers, Antoine de l'Esperonnière, avait un enfant mâle avant dix ans, il pourrait reprendre ladite terre de la Roche-Bardoul à son neveu, en échange d'une indemnité de 8,000 livres. Cette condition était remplie en 1663. A cette date, Antoine de l'Esperonnière et Charlotte Goddes avaient en effet deux enfants mâles : François, qui épousa Catherine Constantin, et un autre fils, qui mourut au berceau. Ils purent en conséquence reprendre la Roche-Bardoul, et le règlement de cette affaire fut signé, le 5 juin 1663, devant Nouel Drouin, notaire à Angers. Il est question dans cet acte, conservé au château de la Saulaye, d'une somme de 4,500 livres, qui fut dépensée pour l'admission, dans l'ordre de Saint-Jean-de-Jérusalem, de François de l'Esperonnière, fils puîné de François de l'Esperonnière et de Marie Jousseaume.

ONZIÈME DEGRÉ

XI. François de l'Esperonnière, V^e du nom, marquis de la Roche-Bardoul, seigneur de Vritz, du Breil, de la Saulaye, chevalier des ordres du roi, lieutenant de la Grande Vénerie de France, fils aîné d'Antoine de l'Esperonnière et de Charlotte Goddes, naquit en 1660.

Antoine de l'Esperonnière ayant donné, le 2 mai 1661, sa démission de lieutenant de la Grande Vénerie de France en faveur de François de l'Esperonnière, son fils, celui-ci fut investi de cette charge en survivance, par lettres données à Fontainebleau le 21 desdits mois et an [1].

Comme nous l'avons dit, Antoine de l'Esperonnière n'en continua pas moins à exercer sa charge et à jouir des honneurs et prérogatives y attachés. Un an après la mort de son père, François de l'Esperonnière, le 30 août 1686, obtint, de la Cour des Aides, des lettres de confirmation, en vertu desquelles il remplaça son père dans ladite charge de lieutenant de la Grande Vénerie de France [2].

Le 6 avril 1685, par-devant Pierre Bory, notaire royal à Angers, un partage noble eut lieu entre François de l'Esperonnière, d'une part, et messire Henri des Herbiers, chlr, sgr de l'Estanduère, et Marie-Françoise de l'Esperonnière, son épouse, d'autre part, du consentement de Charlotte Goddes, mère dudit François, et de ladite Marie de l'Esperonnière, et de l'avis de François de l'Esperonnière, chlr, sgr et baron de Vritz, leur oncle paternel. A Marie-Françoise de l'Esperon-

---

1. Le prince de Guéménée, duc de Montbazon, était alors grand veneur de France.
2. François de La Rochefoucauld était alors grand veneur de France, en remplacement de son père, François de La Rochefoucauld, l'auteur des *Maximes*.

nière échurent les sgries du Pineau, du Plessis de Mozé et des Gardes [1]; François de l'Esperonnière eut pour sa part les sgries de la Roche-Bardoul, de la Saulaye, de Vritz, du Breil, les fiefs et rentes du Raindron et la métairie de Mélay.

Le 15 mai 1688, devant Pierre Bory, notaire à Angers, François de l'Esperonnière vendit, pour la somme de 9,500 livres, le fief sgrie du Grand Raindron [2], par. de Blaizon, à messire Louis de Cheverue, prêtre, protonotaire du Saint-Siège, sgr de la Boutonnière, demeurant à Tiercé. (*Archives de Maine-et-Loire.* E. 3173.)

Constantin de Varennes et de la Lorie : *d'azur, à un rocher d'or, mouvant des ondes d'une mer d'argent mouvante.*

François de l'Esperonnière épousa, par contrat du 20 janvier 1689, reçu par Pierre Bory, notaire à Angers, damoiselle Catherine Constantin, fille de messire Gabriel Constantin (XLVII, p. 200), chlr, sgr de Varennes et de la Lorie, conseiller du Roi, prévôt de la maréchaussée de Touraine, Anjou et Maine, et d'Anne Le Pelletier, fille de René Le Pelletier, écuyer, sgr de la Lorie, conseiller maître d'hôtel ordinaire du Roi, et de Jacqueline Bault. (*Arch. du chât. de la Saulaye.* Papier orig. Voir aussi d'Hozier, *Armorial* imprimé, 2ᵉ registre, 1ʳᵉ partie, page 371.) Les témoins de ce contrat furent : messire Robert Constantin, chlr, sgr de Monriou [3], conseiller du Roi au Parlement de Bretagne, oncle paternel de la future; messire Jean-Baptiste Le Pelletier, prieur de Sainte-Gemme, près Segré, et de la Madeleine de Pouancé, oncle maternel; messire Gabriel Constantin, frère de la future, et dame Perrine-Renée Le Clerc, épouse de ce dernier; damoiselles Anne et Jacquine Constantin, sœurs de la future; dame Anne Le Jeune, veuve de messire Armand Le Pelletier, grand prévôt d'Angers, tante maternelle de la future. Le mariage religieux

---

1. C'est ainsi que ces sgries sortirent de la famille de l'Esperonnière pour devenir la propriété des Herbiers de l'Estanduère.
2. Ancien fief censif, sans mouvance ni domaine. Suzanne Clausse, femme de Jean d'Aubigné, le vendit, en 1603, à Ch. Goddes. (C. Port.)
3. Monriou, château, comm. de Feneu (Maine-et-Loire). (Voir C. Port à ce mot, t. II, p. 731.)

fut célébré le samedi 29 janvier 1689, dans la chapelle Sainte-Anne de l'église Saint-Pierre d'Angers.

Les armoiries de François de l'Esperonnière furent enregistrées, de la façon suivante, dans l'*Armorial Officiel de France*, dressé en vertu de l'édit de novembre 1696, par Charles-René d'Hozier, juge d'armes de France et garde dudit armorial : *d'hermine, fretté de gueules.* Bibliothèque Nationale, registre de Tours, page 84, bureau de Tours [1]; et un certificat desdites armoiries fut délivré à François de l'Esperonnière, le 22 août 1698, à Paris, par Charles-René d'Hozier. (*Arch. du chât. de la Saulaye.* Parch. orig.)

François de l'Esperonnière est qualifié de *chevalier des ordres du roi* dans plusieurs actes, entre autres un aveu qui lui fut rendu, le 27 septembre 1686, par Joseph Le Royer, licencié ès lois et avocat au Parlement, et dans plusieurs pièces de la châtellenie de Vritz.

En 1701, il vendit à Louis Robichon le fief de la Meltière [2].

Dans les dernières années de sa vie, il se démit de sa charge de lieutenant de la Grande Vénerie de France. Jusque-là son existence s'était partagée entre la Cour et son château de la Saulaye, où il fit faire diverses réparations et constructions, au commencement du XVIIIe siècle. C'est lui qui fit bâtir la chapelle actuelle, à l'angle sud-est des douves, et sur l'emplacement, dit-on, de la poudrière, qui sauta en 1591, pendant le siège que subit la Saulaye. Cette chapelle fut consacrée le 7 octobre 1720. Divers remaniements avaient été faits précédemment. Dans les travaux qu'a fait exécuter, en 1883, M. le comte René-Marie-Antoine de l'Esperonnière, on a trouvé, sur le palâtre établi entre les portes des deux salons, la date de 1707 écrite au crayon.

François de l'Esperonnière mourut au château de la Saulaye,

---

1. Le même registre, page 1267, bureau de Tours, attribue par erreur à Catherine Constantin, femme dudit François de l'Esperonnière, les armes suivantes : *de gueules, à neuf molettes d'éperon d'or, posées 3, 3 et 3.*

2. La Meltière, hameau, comm. Mélay (Maine-et-Loire). Ancienne maison noble, relevant de Bouzillé; elle appartenait, en 1463, à noble homme Jean Pellault, en 1575, à Antoine de l'Esperonnière. (C. Port.)

au mois de septembre 1726, et fut inhumé, le 6 de ce mois, dans l'enfeu des l'Esperonnière, en l'église de Vritz, par J. Lebecq, prieur dudit Vritz.

Il avait eu de son mariage avec Catherine Constantin :

1º *Antoine, qui suit.*

2º *Anne-Sophie* de l'Esperonnière, née vers 1691, religieuse de la Visitation, supérieure et fondatrice du premier couvent de cet ordre à Madrid. (XLVIII, p. 203.)

3º *Gabriel-Auguste* de l'Esperonnière, baptisé en l'église de Saint-Pierre d'Angers, le 9 janvier 1694; il eut pour parrain : son grand-père maternel, Gabriel Constantin de la Lorie, grand prévôt d'Anjou, et pour marraine : Lucy Le Clerc, épouse de François Goddes, sr de Varennes, gouverneur de Landrecies.

4º *Anne-Julie* de l'Esperonnière, baptisée en l'église paroissiale de Freigné, le 17 septembre 1699; elle eut pour parrain : messire Pierre-Jacques Ferron, chlr, sgr de la Ferronnays, mestre de camp d'un régiment de cavalerie, et pour marraine : damoiselle Jacquine de Constantin. Cet acte est signé par Martineau, recteur de Freigné.

DOUZIÈME DEGRÉ

XII. *Antoine* de l'ESPERONNIÈRE, IVe du nom, chevalier, marquis de la Roche-Bardoul, seigneur de la Saulaye, du Breil, de Vritz et autres lieux, naquit au château de la Saulaye, le 22 décembre 1690, et fut ondoyé le lendemain dans la chapelle de Beaulieu, près Candé, dépendante de l'église de Freigné ; il reçut un an plus tard le baptême dans la même chapelle, le 23 décembre 1691 ; il eut pour parrain : messire Robert de Constantin, chlr, sgr de Monriou, conseiller du Roi en son Parlement de Bretagne, et pour marraine : haute et puissante dame Marie Colin, épouse de messire Charles d'Andigné, chlr, sgr marquis de Vezins. Cet acte porte la signature de J. Chevalier, recteur de Freigné.

Au mois de mai 1705, Antoine de l'Esperonnière fit des preuves de noblesse devant Charles-René d'Hozier, généalogiste du Roi, pour être reçu page du Roi dans sa Grande Écurie, sous le commandement du comte d'Armagnac, grand écuyer de France ; il y fut admis, et Charles-René d'Hozier, dont les annotations manuscrites couvrent les documents qui composent actuellement les archives du château de la Saulaye, lui délivra un certificat de noblesse ainsi conçu :

« Nous, Charles d'Hozier, conseiller du Roi, généalogiste
« de sa maison, juge général des armes et des blazons, garde
« de l'*Armorial de France* et chevalier des ordres militaires
« de Saint-Maurice et de Saint-Lazare de Savoie, certifions
« au Roi et à son Altesse Monseigneur Louis de Lorraine,
« comte d'Armagnac, de Brione et de Charni, pair et grand
« écuyer de France, commandeur des ordres du Roi, grand
« sénéchal de Bourgogne, gouverneur d'Anjou et gouver-
« neur des villes et chasteaux d'Angers et des Ponts de Cé,
« qu'Antoine de l'Esperonnière de la Roche-Bardoul a la

« noblesse nécessaire pour être reçu au nombre des pages que
« Sa Majesté fait élever dans sa Grande Écurie, comme il est
« justifié par les actes qui sont énoncés dans ceste preuve,
« laquelle nous avons vérifiée et dressée à Paris, le dixième
« jour de may de l'an mil sept cent cinq. *Signé* : D'HOZIER. »
(*Bibl. Nat., Cabinet des Titres,* vol. 277, pièce 18.)

A l'âge de dix-neuf ans, Antoine de l'Esperonnière, par
lettres datées de Marly, le 7 mai 1709, fut nommé lieutenant
de la compagnie de Brébàn dans le régiment de cavalerie de
la Ferronnays. Il devint capitaine dans le même régiment,
par brevet du 5 décembre 1718.

Tant qu'il fut au service et jusqu'à la mort de son père, il
porta le nom de Vritz.

Il épousa, par contrat du 28 janvier 1716, reçu par Bardoul
et Benoist, notaires royaux à Angers, en la
maison de madame de Contades, damoiselle
Marie-Renée Nepveu, fille mineure de défunts
messire Thomas Nepveu (XLIX, p. 206), chlr,
sgr d'Urbé, conseiller au Parlement de Bretagne, et de dame Marie du Pont d'Oville[1],
ladite future sous l'autorité de son curateur,
noble homme maître Le Rat, sieur de la Noë,
avocat au siège présidial d'Angers.

NEPVEU D'URBÉ :
*d'azur à trois besants
d'or, chargés chacun
d'une croix de Malte
de gueules.*

Furent présents et signèrent au contrat : messire Gabriel
Constantin, chlr, sgr de la Lorie ; messire Alexis-Augustin
des Herbiers, sgr de l'Estanduère[2], et dame Marie-Anne de
la Haye-Montbault, son épouse ; messire Jean-Claude de
Beaumont d'Autichamp, lieutenant de Roi au gouvernement
de la province d'Anjou et commandant pour le Roi au château d'Angers ; messire Joseph de Goddes de Varennes,
prêtre, archidiacre et chanoine de l'église d'Angers ; messire

---

1. DU PONT D'OVILLE OU D'OUILLE : *d'argent, à la fasce voûtée de sable, chargée au milieu d'une molette d'éperon d'or et accompagnée de trois roses de gueules, deux en chef et une en pointe.*
2. Premier-né à la Saulaye, le 29 juin 1680, du mariage de Henri des Herbiers de l'Estanduère avec Marie-Françoise de l'Esperonnière.

Charles de Longueil, chlr, sgr de la Grande Devansaye; Thomas Nepveu, écuyer, sgr d'Urbé, mineur, frère de la future épouse ; dame Jeanne-Marie-Madeleine Crespin, épouse de messire Georges-Gaspard de Contades, chlr, sgr de Montgeoffroy, grand'croix de l'ordre de Saint-Louis, maréchal de camp des armées du Roi, gouverneur de Schlestadt et major des Gardes Françaises; messire Jean-Baptiste-Urbain de Laurens, chlr, sgr de Joreau, Saint-Georges et autres lieux; messire Antoine d'Orvaux, chlr, sgr de la Beuvrière, etc. Le mariage religieux fut célébré à l'église paroissiale de Chazé-sur-Argos, le 4 février 1716.

Bien que cette charge lui eût été promise par un article de son contrat de mariage, Antoine de l'Esperonnière ne remplaça pas son père dans les fonctions de lieutenant de la Grande Vénerie de France. Dans les dernières années de sa vie, ce dernier vendit cet office pour la somme de 20,000 livres.

Par acte du 7 décembre 1731, reçu au château de la Lorie par René Gombier, notaire apostolique du diocèse d'Angers, Antoine de l'Esperonnière nomma et présenta à la chapelle du Champ[1], qui avait été fondée par François de l'Esperonnière son père, Me François Livenais, prêtre du diocèse de Nantes, en remplacement de Me Aignan Coustard, décédé, dernier titulaire de ladite chapelle, avec prière à Mgr l'Évêque d'Angers d'accorder audit Livenais les lettres de provisions sur ce requises et nécessaires. (*Arch. de Maine-et-Loire*. E. 3173.)

Antoine de l'Esperonnière mourut à l'âge d'environ quarante-quatre ans, au mois d'octobre 1734. Comme son père et son

---

1. Chapelle de la Pice, comm. du Champ (Maine-et-Loire).

Il existait près du village du Champ, dès le XVIe siècle, sur une pièce de terre appelée *la Gilberdrie*, une petite chapelle dite *de la Pice*. François de l'Esperonnière, sgr du Pineau, la fit reconstruire en 1646, sous le vocable de Notre-Dame, avec une petite sacristie et un cimetière, et y fonda, le 29 janvier 1656, un revenu suffisant pour entretenir, avec un petit logis sur le chemin de Chemillé, un chapelain, chargé de la desservir d'une messe, le dimanche et le mercredi, à l'usage des nombreux villages d'alentour, que la difficulté des chemins et des ruisseaux éloignait de Thouarcé. Une petite cloche, qui y fut bénite en 1748, est aujourd'hui dans l'église de Chanzeaux.

La loi du 19 octobre 1791 sépara de Thouarcé le territoire du Champ et l'érigea en commune. (Célestin Port.)

grand-père, il fut inhumé dans l'église de Vritz, en présence de J. Lebecq, prieur de Vritz, le 23 octobre 1734.

Il avait eu cinq enfants de son union avec Marie-Renée Nepveu d'Urbé, savoir :

1º *François* de l'ESPERONNIÈRE, né à la Saulaye, le 22 novembre 1716, et baptisé à Freigné le 9 décembre suivant; il eut pour parrain : son grand-père, François de l'Esperonnière, et pour marraine : haute et puissante dame Jeanne-Marie-Madeleine Crespen susdite. Il mourut à l'âge de cinq mois et fut inhumé dans l'enfeu des l'Esperonnière, en l'église de Vritz, le 29 avril 1717.

2º *Perrine-Victoire-Marie-Anne-Sophie* de l'ESPERONNIÈRE, née à la Saulaye au mois de décembre 1719, et baptisée par le recteur de Freigné, le 24 décembre 1719; elle eut pour parrain : messire Pierre-Jacques Ferron de la Ferronnays, capitaine de cavalerie dans le régiment de la Ferronnays, et pour marraine : sa tante, Julie de l'Esperonnière. Elle épousa, en 1746, messire Prudent-Antoine-César de Santo-Domingue [1], chlr, sgr du Plessis. De ce mariage vint : Antoine de Santo-Domingue [2], qui épousa, en 1787, d^{elle} N... Roger de Campagnolle, dont postérité.

3º *François* de l'ESPERONNIÈRE, né à la Saulaye, le 5 novembre 1721, fut baptisé par le recteur de Freigné, le 24 novembre suivant, et eut pour parrain : haut et puissant sgr Gaspard de Contades, sgr de Montgeoffroy, major des Gardes Françaises, gouverneur de Schlestadt, et pour marraine : sa grand'mère Catherine de Constantin de la Roche-Bardoul. Il mourut à Paris, âgé de quelques mois.

---

1. Vente de la terre d'Urbé par ledit en 1751. (*Arch. de la Loire-Inférieure.* E. 1211.)

2. De Santo-Domingue, Santo-Dominguo ou Santo-Domingo. ARMES : *D'azur, à la bande* (aliàs à *la bande engrêlée*) *d'or, engoulée de deux têtes de dauphin de même*.

François de Santo-Domingo, originaire de Burgos (Espagne), s'établit en Bretagne, où il épousa, en 1533, Élisabeth de la Plesse. Jean de Santo-Domingo, échevin de Nantes en 1587, épousa Marie Marquès. Leurs descendants possédèrent les sgries de la Prevòstière, de la Rouvrais, de la Villeneuve, de la Petite-Rivière. Ils furent confirmés dans leur noblesse en 1665 et maintenus en 1668. Jean-François de Saint-Domingue fit enregistrer ses titres au Conseil Supérieur de l'île de Saint-Domingue, le 16 mai 1771. (Borel d'Hauterive, *Annuaire de la Noblesse de France* de 1869.).

4° *Jacques-Thomas*, qui devint fils aîné par la mort de ses frères, et dont l'article suit.

5° N... de l'Esperonnière, né à la Saulaye le 30 août 1724. Il mourut quelques jours après sa naissance et fut enterré dans l'église de Vritz, le 14 septembre 1724. N'ayant pu être qu'ondoyé, il fut inhumé sans nom de baptême.

TREIZIÈME DEGRÉ

XIII. *Jacques-Thomas* de l'Esperonnière, chevalier, seigneur de Vritz, de la Saulaye, des Malnutes, de la Boulairie, du Breil, conseiller en la Grande Chambre du Parlement de Bretagne, naquit à la Saulaye le 13 mai 1723 et fut ondoyé le lendemain dans la chapelle du château. Il reçut les cérémonies du baptême le 30 août de la même année. Voici son acte d'ondoiement, extrait des registres de la par. de Freigné :

« Le quatorzième jour du mois de mai 1723, par permis-
« sion de Monseigneur de Nantes, datée du 4 du présent
« mois, et signée Gautron de la Late, vicaire général, un
« enfant sorti du légitime mariage de haut et puissant seigneur
« Antoine de l'Esperonnière, et de haute et puissante dame
« Marie-Renée Nepveu d'Urbé, son épouse, fut ondoyé
« dans la chapelle du château de la Saulaye, par moi prêtre
« recteur soussigné, en présence de haut et puissant seigneur
« François de l'Esperonnière, seigneur de Vriz, la Roche-
« Bardoul, la Saulaye, etc., et de haut et puissant seigneur
« Pierre-Jacques Ferron, seigneur de la Ferronnays, briga-
« dier des armées du Roi.

« Ledit enfant, né des père et mère ci-dessus dénommés,
« reçut les cérémonies du baptême le vendredi 30 du mois
« d'août 1723, et fut nommé Jacques-Thomas par haut et
« puissant seigneur Thomas Nepveu, seigneur d'Urbé, con-
» seiller au Parlement de Bretagne, en présence de damoi-
« selle Jacquine de Constantin, tous lesquels ont signé.

« F. Luard, *recteur de Freigné.* »

A l'âge de quatorze ans, par brevet donné à Versailles, le 3 décembre 1737, Jacques-Thomas de l'Esperonnière, qui portait alors le nom de *chevalier de Vriz*, fut promu lieutenant en second de la Compagnie de Fontbrune, dans le régiment d'infanterie d'Auvergne, que commandait Mr de Contades. Six mois après, le 21 juin 1738, il fut nommé enseigne en la compagnie colonelle du même régiment. Quatre ans plus tard, par brevet donné à Versailles, le 27 août 1742, il eut le grade de lieutenant de la compagnie de Sasselange, même régiment d'Auvergne.

La même année 1742, Jacques-Thomas de l'Esperonnière, alors âgé de dix-neuf ans, et sa sœur, Perrine-Victoire-Marie-Anne-Sophie de l'Esperonnière, âgée de vingt-deux ans et demi, furent émancipés par lettres données à Paris, le 28 juillet 1742.

Jacques-Thomas de l'Esperonnière reçut du roi Louis XV, le 15 septembre 1743, le commandement de l'une des compagnies d'Auvergne-infanterie. Sa commission de capitaine, datée de Fontainebleau, signée : Louis, *et par le Roi* : D'Argenson, lui enjoignait « de lever et mettre sur pied, le plus
« diligemment qu'il lui serait possible, une compagnie de
« quarante hommes (les officiers non compris), des plus vail-
« lants et aguerris qu'il pourrait trouver, et de commander,
« conduire et exploiter ladite compagnie sous son autorité
« et sous celle de M^r le duc de Duras, colonel dudit régi-
« ment d'Auvergne ».

On était alors en pleine guerre de la succession d'Autriche. Le régiment d'Auvergne fut envoyé dans les Pays-Bas, où il séjourna longtemps. Jacques-Thomas de l'Esperonnière assista à la bataille de Fontenoy, le 11 mai 1745, et quelques jours après, le 23 mai, à la prise de Tournai. Il entretint pendant cette guerre une intéressante correspondance avec ses parents et amis, entre autres avec son ancien colonel, qui devint, quelques années plus tard, le maréchal de Contades[1]. Sa liaison avec celui-ci datait de sa jeunesse et dura toute sa vie.

---

1. DE CONTADES : *d'or, à l'aigle éployée d'azur, becquée, membrée, lampassée et éclairée de gueules.*

Peu après le traité d'Aix-la-Chapelle (18 oct. 1748), qui termina la *Guerre de la succession d'Autriche*, Jacques-Thomas de l'Esperonnière fut nommé par le Roi chevalier de Saint-Louis ; il était alors « *capitaine de cavalerie des dragons du Roi* ». (Mazas et Anne, *Histoire de l'ordre royal et militaire de Saint-Louis*, t. Ier, p. 576.)

Le 17 novembre 1745, par l'avis et conseil de Me André Goutard, avocat au siège présidial d'Angers, un acte de partage avait été signé, à Angers, par Jacques-Thomas de l'Esperonnière et sa sœur Perrine-Victoire-Marie-Anne-Sophie de l'Esperonnière ; cet acte réglait la succession de leurs parents, leur mère s'étant démise de ses biens.

Le premier lot, attribué à Jacques-Thomas de l'Esperonnière, comprenait :

« Tous les meubles et objets mobiliers, consistant tant en
« meubles meublans, qui sont au château de la Saulaye, qu'en
« fruits, grains et bestiaux, qui sont tant audit lieu que sur
« ladite terre et sur celles de Vriz, des Malnutes, du Breil et
« de la Boulairie, arrérages de services, rentes, devoirs, etc.

« Pour préciput : le château de la Saulaye, chapelle, et les
« logements y attenants, cours, jardins et vergers.

« La terre de Vriz, située paroisse du même nom, en la
« province de Bretagne, fiefs et seigneurie de paroisse, nomi-
« nation aux offices, dixmes, droits honorifiques, justice,
« hommes, vassaux et sujets, métairies, maisons et moulins en
« dépendants, y compris la métairie de la Tauperie, sur
« laquelle ledit seigneur de l'Esperonnière aîné prend les
« logements et jardins pour préciput.

« La terre de la Saulaye, consistant en le domaine, situé
« paroisse de Freigné, fief, moulins, métairies et closeries en
« dépendants.

« Les fiefs de Juigné et des Malnutes et la seigneurie de
« la Masure[1], avec les droits honorifiques en l'église dudit lieu.

---

1. La Masure était l'église de Notre-Dame de Beaulieu, près de Candé, et qui dépendait de Freigné. On se servait autrefois de cette expression *masure* ou *fillette* pour désigner cette sorte de chapelles.

« La terre, fief et seigneurie du Breil, avec les métairies, « closeries, bois et moulins en dépendants.

« La terre, fief et seigneurie de la Boulairie et les métairies « qui en dépendent, et généralement tout ce qui compose « lesdites terres, situées paroisses de Vriz, Freigné et la Cor- « nuaille.

« La valeur du préciput que Jacques-Thomas de l'Espe- « ronnière pourrait prétendre sur la métairie de la Pivoterie, « située paroisse d'Antoigné et dépendante de la terre d'Urbé,

« A la charge pour Jacques-Thomas de l'Esperonnière de « payer à la dame d'Urbé, sa mère, une rente annuelle de « dix-huit cents livres. ».

Le deuxième lot, qui fut le partage de Sophie de l'Esperonnière, était ainsi composé :

« La terre, fief et seigneurie de la Roche-Bardoul [1], située « paroisse de Saint-Pierre de Chemillé, et autres circonvoi- « sines, hommes, sujets et vassaux.

« La terre d'Urbé, située paroisse d'Antoigné, à la charge « pour ladite damoiselle de l'Esperonnière de payer chaque « année à la dame d'Urbé, sa mère, une rente de douze cents « livres. »

Jacques-Thomas de l'Esperonnière remit à sa sœur tous les titres concernant le lot qui lui était échu, et il conserva les titres qui regardaient le premier lot, à lui attribué.

Ce partage fut ratifié le 19 février 1749, au château de la Saulaye, par Jacques-Thomas de l'Esperonnière, qui venait d'atteindre sa majorité, et par sa sœur qui, depuis 1745, avait épousé Prudent-Antoine-César de Santo-Dominguo.

Jacques-Thomas de l'Esperonnière se maria deux fois.

---

1. C'est ainsi que la sgrie de la Roche-Bardoul sortit de la famille de l'Esperonnière, à laquelle elle appartenait depuis quatre cents ans. Elle passa à la famille de Santo-Dominguo par le mariage de Sophie de l'Esperonnière avec Antoine de Santo-Dominguo (vi, p. 114).

En premières noces, il épousa, par contrat du 21 octobre 1746, reçu au château de la Motte-Glain[1], par Mathieu Robin et Sébastien Aufray, notaires royaux à Anetz et à Saint-Herblon, damoiselle *Louise-Marie-Françoise* ROBINEAU DE ROCHEQUAIRIE[2], fille mineure de défunt haut et puissant sgr messire Joachim Robineau[3], chlr, sgr de Rochequairie et de haute et puissante dame Louise-Françoise-Pélagie Le Lou de la Motte-Glain, demeurant au château de la Motte-Glain, par. de la Chapelle-Glain, évêché de Nantes, fille de messire Michel Le Lou, chlr, sgr de la Motte-Glain, et de dame Renée de Guichardy de Martigné. Furent présents au contrat et signèrent: messire Jérôme-Joachim-Michel Robineau de Rochequairie, chlr, sgr marquis de la Motte-Glain; damoiselle Sophie de l'Esperonnière, sœur du futur époux, et messire Prudent-Antoine-César de Santo-Dominguo, son mari; messire Louis-Henry de Ghaisne, chlr, sgr comte de Bourmont, et dame Marie-Catherine de Valory, sa femme; messire Antoine Dupont, chlr, sgr de Saint-Sigismond et de Villemoisant, etc.

ROBINEAU DE ROCHEQUAIRIE : *de gueules, à la croix ancrée d'argent, au chef aussi d'argent, chargé de 5 tourteaux de gueules, posés en fasce.*

Deux filles seulement naquirent de cette union, dont la durée ne fut que de onze ans et demi.

Louise-Marie-Françoise Robineau de Rochequairie mourut le 8 avril 1758.

Après son mariage, Jacques-Thomas de l'Esperonnière donna sa démission de capitaine au régiment d'Auvergne-infanterie, et, le 10 août 1752, il fut nommé conseiller en la Grande Chambre du Parlement de Bretagne. Il succédait dans

---

1. La Motte-Glain, comm. de la Chapelle-Glain (Loire-Inférieure); château appartenant actuellement au marquis de la Rochequairie.
2. La famille Robineau de Rochequairie appartient à l'ancienne noblesse du Bas-Poitou; elle tire son origine de la maison noble du Plessis-Robineau, par. de Venansault, dans la mouvance de la principauté-pairie de la Roche-sur-Yon, dont elle relevait à foi et hommage et devoir de rachat. La filiation de cette famille s'établit à partir de Jean Robineau, Ier du nom, écuyer, sgr du Plessis-Robineau vers 1350.
3. Né le 31 décembre 1690; il fut capitaine au régiment de Touraine-infanterie, ensuite capitaine général garde-côtes de l'île de Bouin.

cette charge à M. Le Chat de Vernée, et l'acheta de la veuve de celui-ci, Mme de Vernée, pour la somme de 19,459 livres. En sa qualité d'Angevin, il fit partie des conseillers non originaires, et reçut 1,080 livres par an. Jacques-Thomas de l'Esperonnière conserva cette charge jusqu'à la fin de sa vie. Il se trouva ainsi mêlé à la lutte qui éclata entre le Parlement de Bretagne et le gouvernement de Louis XV, et dont La Chalotais fut le héros et la victime. Divers papiers qu'il a laissés portent la trace de ces ardentes querelles.

Fort bien d'ailleurs avec le duc d'Aiguillon, gouverneur de Bretagne, il avait accepté de celui-ci la surveillance de la grande route de Châteaubriant à Candé, dont les travaux étaient exécutés par les par. de Saint-Sulpice-des-Landes, du Pin, de Rochementru, de Vritz et de Maumusson. Plusieurs ordres furent donnés par le duc d'Aiguillon aux syndics, députés et corroyeurs de ces paroisses, d'obéir à tout ce qui leur serait commandé par Jacques-Thomas de l'Esperonnière. Celui-ci envoyait au duc d'Aiguillon des mémoires qui le tenaient au courant de l'état des routes et de la situation des esprits dans cette partie de la Bretagne. Le duc d'Aiguillon remerciait Jacques-Thomas de l'Esperonnière de ses services par la lettre suivante, écrite de Paris et datée du 23 juin 1764 :

« Je suis extrêmement sensible à l'offre que vous avez la
« bonté de me faire de tâcher de rétablir dans la paroisse
« d'Erbray le bon ordre et la concorde, et je ne puis que l'ac-
« cepter avec beaucoup de reconnaissance.

« Je vois, avec la plus grande satisfaction, par le mémoire
« clair et précis que vous avez dressé sur la situation présente
« des tâches des cinq paroisses de votre département, que
« leurs travaux s'exécutent avec intelligence et activité, au
« moyen du bon ordre que vous y avez mis et de l'attention
« suivie que vous donnez à tous les détails qui les con-
« cernent.

« Je vous prie d'être persuadé que j'applaudirai toujours,
« avec autant de sincérité que d'empressement, au zèle pour le
« bien public dont vous donnez des preuves essentielles, et

« que je ne cesserai point d'être aussi sensible que je le dois
« à la bonne volonté avec laquelle vous vous portez à m'aider
« dans cette partie de mon administration.

« Je compte même, en entrant en Bretagne, lorsque j'y
« retournerai, aller, en visitant votre route, vous témoigner
« de vive voix et vous marquer toute ma reconnaissance de
« vos soins et de vos attentions.

« J'ai l'honneur d'être, Monsieur, votre très humble et très
« obéissant serviteur.

« Le duc d'AIGUILLON. »

Deux ordres de Louis XVI, datés de Versailles et relatifs au Parlement de Bretagne, furent donnés à Jacques-Thomas de l'Esperonnière, les 3 et 5 décembre 1774.

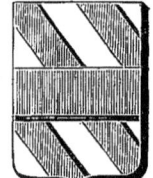

DE LA BINTINAYE :
d'argent, à trois bandes
de gueules, à la fasce
de même, brochant sur
le tout.

Jacques-Thomas de l'Esperonnière épousa en secondes noces, par contrat du 29 mai 1781, passé au château de la Rivière, par. de Tréfumel, devant Trochu et Barthomeuf, notaires royaux à Rennes, damoiselle *Marie-Rose-Céleste* DE LA BINTINAYE [1], fille majeure de haut et puissant sgr messire Gilles-François de la Bintinaye, chef de nom et d'armes, chlr, sgr de la Rivière, de la Ville-david et du Verger, vicomte de Rougé, et de haute et puissante dame Marie-Anne-Angélique Champion de Cicé, demeurant ordinairement en la ville de Rennes, près des Portes-Mordelaises, par. de Saint-Étienne.

Le mariage religieux fut célébré le 29 mai 1781, dans l'église de Tréfumel, au diocèse de Saint-Malo.

---

1. Famille de Bretagne. Jean de la Bintinaye, ambassadeur du duc de Bretagne en Angleterre, où il mourut en 1491. Vincent de la Bintinaye, gentilhomme ordinaire de la Chambre du Roi en 1588. Gilles de la Bintinaye, greffier en chef des États de Bretagne, vicomte de Rougé en 1767. Agathon de la Bintinaye, major des vaisseaux du Roi ; il était lieutenant de du Couëdic sur *la Surveillante*, au célèbre combat que cette frégate livra au navire anglais *le Québec* en 1779 ; Jean-Baptiste de la Bintinaye, chlr de Malte, fut admis, avec le précédent, à monter dans les carrosses du Roi, le 4 juin 1785. Augustin, vicomte de la Bintinaye, hérita, en 1810, de Mgr Jérôme Champion, comte de Cicé, archevêque d'Aix, son oncle, dernier représentant de cette antique famille, qui lui légua tous ses biens, titres et propriétés. (Bachelin-Deflorenne, *État de la Noblesse Française* de 1884.)

Jacques-Thomas de l'Esperonnière demeurait alors ordinairement à Rennes, en son hôtel de la rue de l'Hermine, par. de Saint-Germain.

Il décéda au château de la Saulaye, le 25 octobre 1784, et fut inhumé dans l'église de Vritz, en l'enfeu des l'Esperonnière.

Voici son acte d'inhumation, extrait des registres de Vritz :

« Le 27 octobre 1784, a été enterré par le soussigné, dans
« son enfeu, haut et puissant seigneur messire Jacques-Tho-
« mas de l'Esperonnière, chevalier, seigneur de cette paroisse,
« du Breil, de la Saulais, des Malnutes, la Boulairie et autres
« lieux, conseiller du Roi en son Parlement de Bretagne,
« décédé le 25 présent mois, au château de la Saulais, âgé de
« soixante-deux ans environ, époux, en secondes noces, de
« haute et puissante dame de la Bintinais.

« Cœur de Roy, *prieur de Vritz*. »

De son côté, le recteur de Freigné inscrivit sur les registres de cette paroisse la mention suivante :

« L'an 1784, le 27 d'octobre, du château de la Saulaie, en
« cette paroisse, où mourut hier haut et puissant seigneur
« Jacques de l'Esperonnière, veuf, par premier hymen, de dame
« de la Rochequairie, et, par second, de dame de la Bintinaye ;
« le corps fut transporté dans l'église de Vritz, dont il est
« seigneur et où est son enfeu, en présence d'une multitude
« d'honnêtes gens. Il laisse un fils de son second mariage et
« sa dame enceinte : il a du premier madame Robineau,
« qui a plusieurs enfants. Il est seigneur de partie de la pa-
« roisse de Freigné et jouit de tous les droits honorifiques de
« Beaulieu, prieuré de St-Benoît ; originaire de cette paroisse ;
« il est conseiller du Parlement de Bretagne.

« Morin, *recteur de Freigné* [1]. »

---

1. *En marge de cet acte est écrit* : Sépulture du Sgr de Vriz, 62 ans, homme de bien.

La veuve de Jacques-Thomas de l'Esperonnière, dame Marie-Rose-Céleste de la Bintinaye, mourut à l'âge de soixante-treize ans, en sa demeure, Portes-Mordelaises, à Rennes, le 23 août 1822. Elle fut enterrée à Rennes.

De son premier mariage avec damoiselle Louise-Marie-Françoise Robineau de Rochequairie, Jacques-Thomas de l'Esperonnière eut deux filles :

1º *Louise-Antoinette-Marie-Michelle* de l'Esperonnière, qui épousa, le 26 septembre 1770, messire Joseph-François Robineau [1], chlr, sgr de Bougon, dont, entre autres enfants : Désirée-Louise-Sophie Robineau, mariée à Christophe-Sylvestre-Joachim Juchault de la Moricière, dont : Christophe-Louis-Léon Juchault de la Moricière, né en 1806, mort en 1865, général de division, ministre de la guerre, qui épousa, en 1847, Mlle Amélie d'Auberville.

2º *Sainte-Antoinette-Sophie* de l'Esperonnière, morte à Rennes le 18 février 1822 ; elle ne se maria pas.

De son second mariage avec damoiselle Marie-Rose-Céleste de la Bintinaye, Jacques-Thomas de l'Esperonnière eut deux fils :

1º *Antoine-Marie-Jacques,* qui suit.

2º *François-Marie-Louis-Joseph* de l'Esperonnière, fils posthume et dont l'article viendra après celui de son frère aîné.

---

1. Robineau de Bougon : *d'azur, à deux pals d'argent, chargés chacun de trois étoiles de...* Couronne : *de comte.* Supports : *deux lions.* (Cachet communiqué par la famille.)
Denais décrit ainsi les armoiries de cette famille : *d'azur, semé d'étoiles d'or, à la bande d'or sur le tout* (Sceau).

QUATORZIÈME DEGRÉ

XIV. *Antoine-Marie-Jacques,* marquis de l'Esperonnière, naquit à Rennes le 15 janvier 1783. Il fut ondoyé le jour même de sa naissance et reçut le supplément des cérémonies du baptême en l'église Saint-Germain de Rennes, le 29 avril de la même année. Il eut pour parrain : très haut et très puissant sgr Antoine de Santo-Domingue, sgr du Plessis et autres lieux, capitaine de dragons au régiment de Conti, cousin-germain de l'enfant, et pour marraine : très haute et très puissante dame Marie-Rose de Varennes, comtesse de Cicé, bisaïeule de l'enfant au maternel. La cérémonie fut faite par Mgr Jérôme-Marie Champion de Cicé[1], conseiller du Roi en tous ses conseils, archevêque de Bordeaux, primat d'Aquitaine, abbé de la Grasse, grand-oncle de l'enfant au maternel. Soussignés : Varennes de Cicé ; de Santo-Domingue ; Cicé de la Bintinaye ; de la Bintinaye, aïeul ; Adélaïde de Cicé ; Louis-Toussaint de Champion de Cicé ; le chevalier de la Bintinaye ; † J. M., archevêque de Bordeaux ; J. de Montluc ; etc.

---

1. Jérôme-Marie Champion de Cicé, né à Rennes en 1735, mort en 1810, fut nommé évêque de Rodez en 1770, puis archevêque de Bordeaux en 1781. Il fut garde des sceaux de Louis XVI. Il émigra pendant la Terreur, et, à son retour en France, en 1802, fut promu à l'archevêché d'Aix. Son frère, J.-B. Marie Champion de Cicé, fut évêque d'Auxerre. Adélaïde-Émilie Champion de Cicé, sœur des deux évêques, mère temporelle des RR. PP. Capucins de Paris et sœur du Tiers-Ordre de Saint-François, morte en 1809, à l'âge de soixante-seize ans, fut l'amie de la marquise de Créquy, qui parle d'elle avec éloge dans ses *Mémoires*. Elle fut compromise, très injustement d'ailleurs, dans l'affaire de la machine infernale de la rue Saint-Nicaise, et condamnée à l'exil à cent lieues de Paris. Louis-Toussaint Champion de Cicé, dernier représentant de cette famille, mourut en 1792, ne laissant que des filles de son mariage avec Jeanne-Geneviève-Henriette Fusée de Voisenon, nièce de l'abbé de Voisenon, auteur des *Contes* et des *Anecdotes littéraires*, publiées en 1880 par M. D. Jouaust, l'éditeur bien connu, imprimeur de cette généalogie.

Champion de Cicé : *d'azur, à trois écussons d'argent, chargés chacun de trois bandes de gueules.* Devise : *Au plus vaillant le prix.*

Le 5 février 1785, par-devant messire Nicolas-Yves Borie, sénéchal de Rennes, et messire Drouin, conseiller du Roi, dame Marie-Rose-Céleste de la Bintinaye fut nommée tutrice honoraire de son fils, Antoine-Marie-Jacques de l'Esperonnière, âgé de vingt-deux mois, et en outre de l'enfant dont elle était enceinte. Cet acte fut passé avec l'agrément et en présence des parents dont les noms suivent : haut et puissant sgr Luc-Anne Dupont, sgr des Loges, Millé, etc., conseiller au Parlement de Bretagne; Étienne-Marie-François Ferron, sgr du Chêne, Boutron, Lanjuinais; Jérôme-Marie Champion de Cicé, archevêque de Bordeaux, demeurant en son manoir épiscopal de Bordeaux; Bonaventure de Santo-Domingue, lieutenant d'infanterie au régiment royal des vaisseaux; Augustin-Marie-Xavier de la Bintinaye, chlr, sgr du Verger; Jean-Baptiste-Marie Champion de Cicé, évêque d'Auxerre, demeurant à Paris; messire Gilles-François de la Bintinaye, chlr, sgr de la Rivière, vicomte de Rougé; messire Jean-Charles-Pierre de la Haye, sgr comte de Plouër, veuf de dame Françoise-Marie-Gertrude de Contades, demeurant à Dinan.

Le 26 janvier 1790, dame Marie-Rose-Céleste de la Bintinaye, en qualité de tutrice de ses enfants mineurs, signait avec messire Louis de Ghaisne, sgr de Bourmont, par-devant M° Bessin, notaire royal à Angers, un acte tendant à mettre fin à diverses contestations relativement à leurs droits respectifs sur les sgries sises en la par. de Freigné. Les deux parties convenaient de proroger d'un an les travaux qui devaient être exécutés par leurs arbitres selon une convention passée deux années auparavant, le 16 février 1788. Mais le peuple avait déjà détruit la Bastille, et la Noblesse, dans la nuit du 4 août 1789, avait généreusement fait abandon de tous ses privilèges. L'acte dont nous venons de parler, signé au château de la Saulaye, était destiné à n'être qu'un dernier souvenir de la Féodalité.

Antoine-Marie-Jacques de l'Esperonnière resta caché à Rennes, chez ses tantes, pendant la Terreur. Son jeune âge l'empêcha d'émigrer, et il put ainsi conserver ses biens. Lorsque le calme se rétablit en France, il rentra au château de la Sau-

— 94 —

laye, qui était resté inhabité pendant toute la Révolution, et partagea désormais son existence entre ce château et son hôtel de Rennes.

Ce fut dans cette ville qu'il épousa, par contrat reçu, le 16 juin 1813, en son hôtel Portes-Mordelaises, par Pierre Turquéty, notaire impérial à Rennes, sa cousine germaine, *Élisabeth-Marie-Céleste* DE LA BINTINAYE, née à Jersey, pendant l'émigration, le 4 mai 1792, fille majeure d'Augustin-Marie-Xavier de la Bintinaye, ancien conseiller au Parlement de Bretagne, et de feue Adélaïde Le Long du Dreneuc [1].

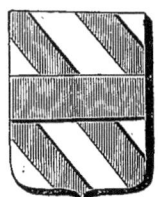

DE LA BINTINAYE : *d'argent, à trois bandes de gueules, à la fasce de même, brochant sur le tout.*

Signèrent au contrat : Cicé de la Bintinaye; E. de la Bintinaye; de la Villéon de Normény; du Boberil de Cherville; Visdelou de la Villetéhart; de la Noë de Mouchy; du Quesnoy; de la Motte de la Villarmois; Prévalaye de Coniac; Mintier de Léhélec; Charles de la Bourdonnaye-Montluc; du Halgouët; La Forest d'Armaillé; de Lesguern; Hay des Nétumières; † E. C. Enoch, évêque de Rennes; de Langle; A. de Farcy; du Plessis de Grénedan, etc.

Ce fut à partir de cette époque qu'on commença à donner à Antoine-Marie-Jacques de l'Esperonnière le titre de comte et qu'on l'appela plus habituellement *le comte de Vriz*.

Bien qu'il affirmât avec raison que c'était au titre de marquis qu'il avait droit, l'usage général finit si bien par prévaloir qu'il porta dans les actes le titre de comte et signa lui-même avec cette qualification [2].

---

1. LE LONG DU DRENEUC : *d'or, à la quintefeuille de sable* (sceau de 1273). Henri et Hamon se croisèrent en 1248. (Potier de Courcy. *Nobil. de Bretagne.*)

2. Le nom de Vriz, porté habituellement par Antoine-Marie-Jacques de l'Esperonnière, était un souvenir de l'une des plus importantes sgries que possédait la famille : la châtellenie de Vriz. Il en prit l'habitude dès son enfance, toujours appelé ainsi par ses parents de Rennes, qui, en leur qualité de Bretons, aimaient de préférence un nom de Bretagne.

D'ailleurs, depuis plusieurs générations, les fils se faisaient appeler *de Vriz, chevaliers de Vriz*, et ne prenaient leur nom patronymique de l'Esperonnière qu'après la mort de leur père, lorsqu'ils étaient devenus chefs de nom et d'armes.

Antoine-Marie-Jacques signa toujours, dans les actes, de ses deux noms : DE L'ESPERONNIÈRE, DE VRIZ, et il tint à ce que son fils, au moment de son mariage, reprît le nom patronymique de l'Esperonnière.

Il fut maire de la commune de Freigné du 12 octobre 1815 au 16 août 1830; il donna sa démission à cette époque.

Il fut aussi conseiller d'arrondissement pour le canton de Candé.

Il mourut au château de la Saulaye, le 23 juin 1864, à l'âge de quatre-vingt-un ans, et fut inhumé le 25 juin dans la chapelle de ce château.

Élisabeth-Marie-Céleste de la Bintinaye l'avait précédé dans la tombe, le 28 juin 1863; elle fut également inhumée dans la chapelle du château de la Saulaye.

Ils avaient eu de leur union :

1º *Alexandrine* de l'Esperonnière, née en 1814, mariée, le 28 novembre 1843, à *Jules* Veillon de la Garoullaye[1]; elle est morte au château de Combrée en 1872.

2º *Édouard-Marie*, marquis de l'Esperonnière, qui continue la descendance, et dont l'article viendra après celui de son oncle, François-Marie-Louis-Joseph de l'Esperonnière.

3º *Hermine* de l'Esperonnière, née en 1827, mariée, le 15 janvier 1850, à *Paul* Le Bault de la Rochecantin[2].

---

1. Veillon, s^{rs} de la Garoullaye ou Garoulaie, de la Basse-Rivière, de la Rivière-Cormier, comm. Combrée (Maine-et-Loire), de la Basse-Ville, de la Deniollaye, dont Marguerite, abbesse de Perray-aux-Nonains, 1508; une religieuse du Ronceray, en 1500; Jean, capitaine de la bastille du château de Saumur, en 1648; Maurice-Julien, qui prit part à l'assemblée de la noblesse d'Anjou, en 1789. (Denais.)

René Veillon, écuyer, sgr de la Basse-Rivière, par. de Saint-James, élection et bailliage d'Angers, justifia, en 1666, devant M. Voisin de la Noiraye, intendant du Roi en la généralité de Tours, de la possession du titre de noblesse depuis son quatrième aïeul, vivant en 1472.

Les armoiries de Jean Veillon, écuyer, s^r de la Garoullaye, et de René Veillon, s^r de la Deniollaye, sont ainsi blasonnées dans l'*Armorial officiel* de Tours de 1696, page 113, bureau d'Angers : *d'argent, à un bâton écoté et mis en pal de sinople, accosté à deux losanges de gueules, posés, l'un au canton dextre du chef, l'autre au canton sénestre de la pointe.*

2. Le Bault de la Morinière et de la Rochecantin : *d'argent, au cerf passant de gueules.*

QUATORZIÈME DEGRÉ (bis)

XIV bis. *François-Marie-Louis-Joseph* de l'Esperonnière, connu sous le nom de *chevalier de Vriz*, fils posthume de Jacques-Thomas de l'Esperonnière et de Marie-Rose-Céleste de la Bintinaye, naquit à Rennes, le 26 juin 1785, huit mois après la mort de son père. Il fut ondoyé le lendemain et reçut le supplément des cérémonies du baptême le 20 juillet suivant, à l'église Saint-Germain de Rennes.

Après le retour des Bourbons, en 1814, il entra dans les gardes du corps du comte d'Artois. Lorsque l'Empereur revint de l'île d'Elbe, il suivit le Roi en Belgique et resta près de lui pendant toute la durée des Cent-Jours. A la rentrée de Louis XVIII en France, il reçut, dès le 15 juillet 1815, le certificat suivant :

« Nous soussignés, officiers supérieurs, officiers de com-
« pagnie et gardes du corps de Son Altesse Royale *Mon-*
« *sieur, Comte d'Artois,* qui, sans avoir abandonné notre
« poste un seul instant, avons suivi LL. AA. RR. Mon-
« seigneur le Comte d'Artois et Monseigneur le Duc de Berry,
« à Ypres, en Belgique, le 25 mars dernier, puis à Gand, au-
« près de Sa Majesté, à Alost, etc., et sommes rentrés avec
« S. M. et LL. AA. RR. à Paris, le 8 juillet dernier;

« Certifions que Monsieur de l'Esperonnière de Vriz,
« François, sous-lieutenant, garde du corps de Monsieur, a
« constamment été au poste du devoir et de l'honneur, et
« que pendant la campagne ci-dessus il a donné de nouvelles
« preuves de son zèle, de sa fidélité et de son dévouement à la
« famille Royale, en se montrant, dans toutes circonstances,
« vrai, digne et loyal chevalier français.

« Fait à Paris, le 15 juillet 1815. »

(Suivent les signatures.)

François de l'Esperonnière reçut l'année suivante, du duc de Berry, un nouveau certificat ainsi conçu :

« Nous, Charles-Ferdinand, duc de Berry, Fils de France,
« colonel général des chasseurs à cheval et lanciers, comman-
« dant en chef de l'armée Royale en Belgique, etc.,
   « Certifions que Mr de l'Esperonnière de Vriz, garde de
« Monsieur, compagnie des Cars, a suivi le Roi en Belgique ;
« qu'il a fait partie du corps d'armée sous mon commande-
« ment, et qu'il y a donné des preuves de fidélité, de zèle et
« de son dévouement pour le service de Sa Majesté.
   « En foi de quoi nous lui avons fait expédier le présent
« certificat, que nous avons revêtu de notre signature, et
« auquel nous avons fait apposer le sceau de nos armes.

« Fait au château des Tuileries, le 1er janvier 1816.

« *Signé* : CHARLES-FERDINAND.

« Par son Altesse Royale,

Le Secrétaire général :

« Col. chlr DE FONTANES. »

L'année précédente, François de l'Esperonnière avait cessé de faire partie des gardes du corps du comte d'Artois et était entré dans la Garde Royale. Il reçut sa nomination de sous-lieutenant au 4e régiment d'infanterie de la Garde Royale le 22 novembre 1815, signée : le DUC DE FELTRE. Par décret royal du 14 août 1816, il fut nommé au grade de lieutenant dans le même régiment ; son brevet fut signé à Paris le 3 septembre 1816 par : *le maréchal duc de Feltre.*

Enfin, le 5 août 1820, François de l'Esperonnière reçut sa commission de capitaine dans la Garde Royale, ainsi conçue :

« Le Ministre secrétaire d'État au département de la
« guerre prévient Mr de l'Esperonnière de Vriz (François-
« Marie-Louis-Joseph), lieutenant au 4e régiment d'infan-
« terie de la Garde Royale, que, conformément à l'article 84

« de l'ordonnance du 2 août 1818, qui l'admet, en raison de
« l'époque de son entrée dans la Garde, à jouir du bénéfice de
« l'ordonnance du 5 novembre 1816, le Roi l'a reconnu, par
« décision du 26 juillet 1820, dans le grade de capitaine,
« pour prendre rang du 23 octobre 1819, époque à laquelle
« il a eu quatre ans révolus de service en qualité de lieute-
« nant.

« Paris, le 5 août 1820.

« *Signé* : Mis V. DE LATOUR-MAUBOURG. »

François de l'Esperonnière donna sa démission en 1830, immédiatement après la chute de Charles X.

Rentré dans la vie privée, il habita alternativement Rennes et une petite propriété, la Rousselaie, qu'il possédait auprès de cette ville. A la fin de sa vie, il se retira chez sa nièce, madame Veillon de la Garoullaye, au château de Combrée[1] (Maine-et-Loire); c'est là qu'il mourut le 9 septembre 1861, à l'âge de soixante-seize ans.

---

1. La sgrie de Combrée, au XVIII° siècle, relevait, partie de Pouancé, partie de la baronnie de Candé; elle comprenait : la maison seigneuriale du Plessis de Combrée, la métairie de la Gouzillière.

Le 24 avril 1727, messire Guy-Philippe des Vaux de Levaré, sgr de Loresse, rendit foi et hommage lige à la baronnie de Candé, à cause de sa sgrie du Plessis de Combrée; il prit dans cet acte la qualité de châtelain, sans opposition de la part du procureur fiscal.

Le 26 juin 1762, sa veuve, dame Pélagie Giffard de la Roche-Giffard, décéda en son château de Combrée; elle était fille de Georges Giffard et d'Anne Collichet et petite-fille de Louis Giffard et de Claudine Le Maire, sa seconde femme.

Par contrat passé à Angers, le 2 mai 1763, messire Ambroise d'Avoynes, chlr, acquit la sgrie de Combrée pour la somme de 56,150 livres. Il épousa, en 1764, Marie-Agnès Boissonnière, veuve Merceron, originaire de Saint-Domingue. De ce mariage vint une fille, qui épousa, le 31 juillet 1781, Julien-Maurice Veillon, chlr, sgr de la Garoullaye. (Arch. Nat. *Titres de Conti*. R^3 56 et 57.)

QUINZIÈME DEGRÉ

XV. *Édouard-Marie,* marquis de l'Esperonnière, fils aîné d'Antoine-Marie-Jacques de l'Esperonnière et d'Élisabeth-Marie-Céleste de la Bintinaye, est né à Rennes, le 29 mars 1818. Il a épousé, le 7 janvier 1845, au château des Noyers, comm. de Loiré, cant. de Candé (Maine-et-Loire), mademoiselle *Marie-Dieudonnée* du Buat (L, p. 207), née au château de la Touche,

Du Buat : *d'azur, à trois quintefeuilles d'or, posées deux et une.*

comm. de Saint-Germain-des-Prés (Maine-et-Loire), le 8 juillet 1826, fille de Magdelon-Hyacinthe du Buat (décédé à Loiré en 1843) et de Marie-Élisabeth de Jousselin[1]; elle est décédée au château de la Saulaye, le 24 septembre 1875.

De ce mariage sont issus :

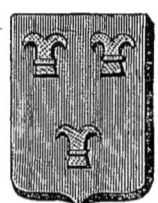

De Gaallon : *de gueules, à trois rocs d'échiquier d'or, posés deux et un.*

1º *René-Marie-Antoine,* comte de l'Esperonnière, né à Loiré, le 22 mars 1846. Il a épousé, le 7 août 1872, à Avranches (Manche), mademoiselle *Anne-Marie* de Gaallon (LI, p. 214), fille d'Auguste-Victor, comte de Gaallon, décédé à Avranches en 1872, et d'Adèle-Louise-Marie de Querhoënt (LII, p. 216), décédée au château de Beauchêne, comm. de Langrolay (Côtes-du-Nord), en 1879.

2º *Marthe-Marie-Madeleine* de l'Esperonnière, née le 22 mai 1848, non mariée.

---

[1] Marie-Élisabeth de Jousselin était fille de Louis-Charles-Emmanuel, marquis de Jousselin, chlr de Saint-Louis et de Saint-Ferdinand, et de Marie-Louise Hunault de la Chevallerie.

Le marquis de Jousselin naquit le 25 octobre 1774, à la Gaucherie-aux-Dames, par. de Montilliers (actuellement comm. du Voide, Maine-et-Loire). Il prit part à la guerre de Vendée, et la marquise de la Rochejaquelein, dans ses *Mémoires,*

3º *Xavier-Marie-Édouard* de l'ESPERONNIÈRE, né à Loiré, le 1ᵉʳ juin 1852, décédé à Loiré, le 3 juin 1855.

---

page 142, le cite parmi *les plus braves officiers de la grande armée vendéenne, qui commandaient indifféremment aux postes où on les mettait.* En pleine guerre de Vendée, il se maria, au château de Lavoir, comm. de Neuvy (Maine-et-Loire), et Mlle de la Chevallerie fut conduite à l'autel par Stofflet. En 1815, il reçut le brevet de colonel du 1ᵉʳ régiment des grenadiers à cheval de la Garde Royale, et fut nommé chlr de Saint-Louis.

DE JOUSSELIN : *d'azur, à la bande de (gueules?), accompagnée en chef d'un lion passant d'or et en pointe de deux fleurs de lis de même.*

PREUVES ET NOTES

PREUVES ET NOTES

I

(Voir page 3.)

Il a existé en Bretagne une famille de l'Esperonnière, s^{rs} de l'Esperonnière, par. de Princé, évêché de Rennes, — qui n'a aucun rapport de parenté avec les l'Esperonnière de l'Anjou, qui font l'objet de cette notice.

Cette famille de Bretagne, qu'on trouve en la par. de Princé, en 1513, et dont les armes sont : *d'or* (aliàs *d'argent*), *à trois molettes d'éperon de sable,* n'a pu prouver sa noblesse en 1671. Ses représentants à cette date : Jean de l'Esperonnière, sieur dudit lieu, et Jean son fils, prieur de Châteaubourg, furent interloqués par arrêt rendu, le 4 février 1671, au rapport de M. de Larlan, puis déclarés usurpateurs de noblesse et condamnés à quatre cents livres d'amende par arrêt rendu contradictoirement en la Chambre de la Réformation de Bretagne, le 24 mars 1671, au rapport de M. Huart. (*Bibl. Nat.* Fonds français 8314, p. 91.)

A cette famille appartenait également Arthur de l'Épronnière, s^r dudit lieu, qui résidait à Rennes au commencement du XVIIe siècle; il épousa d^{lle} Marie de Mesgaudais; ils ne vivaient plus lors du mariage de leur fille Claude, qui, par articles sous seing privé faits à Rennes le 2 mai 1611, épousa Georges de Cadelac[1], écuyer, s^r de la Motte, résidant en sa maison noble de Bonnelaye, par. de Saint-

---

[1]. Cadelac (De), famille d'ancienne extraction nobiliaire. ARMES : *D'azur, à la bande d'or, chargée de trois roses de gueules.* (Voir le *Nobiliaire de Bretagne* de Potier de Courcy.)

Aubin-des-Landes[1]. Ladite Claude de l'Épronnière était sœur de (noble?) et discret messire Jean de l'Épronnière, chantre et chanoine de Rennes, et de Guy de l'Épronnière, s^r de la Michellière; elle était aussi parente (nièce probablement) de Sarah Le Lymonnier qui, comme mère et tutrice de Jean de l'Épronnière, est nommée dans ledit contrat avec Jean et Guy de l'Épronnière. (*Archives de Maine-et-Loire.* E. 1879.)

Le document suivant, conservé aux *Archives de la Loire-Inférieure* sous la cote E. 225, nous paraît concerner également les l'Esperonnière de Bretagne, pour cette raison que le nom de l'Esperonnière n'y est accompagné d'aucun titre de noblesse :

Par acte du 27 janvier 1383, reçu par Jehan de la Chesnaye, notaire à Nantes, Thébaud Bouju, au nom et comme procureur de Catherine Bouju, sa sœur, vend aux frères Jehan et Guillaume de Lesperonnière, pour la somme de 110 francs d'or, une rente de 9 deniers à prendre sur chaque chaland remontant la Loire, chargé de *moëson*[2].

Renée Viel de Torbechet était dame de l'Esperonnière et de Princé au commencement du XVIIIe siècle; elle épousa Charles-Gilles des Nos, sgr de la Feuillée. De ce mariage vint : Charlotte-Suzanne des Nos de la Feuillée, qui s'allia, le 4 novembre 1725, à René-Joseph du Boisgelin, sgr dudit lieu, fils de Mathurin-Joseph du Boisgelin, sgr dudit lieu, et d'Anne-Jeanne Guérin de Saint-Brice. (D'Hozier, *Armorial* (imprimé). Reg. II, article *du Boisgelin*, p. 7.)

A la fin du XVIIIe siècle, on trouve un Esnaud de l'Esperonnière, conseiller du Roi et son lieutenant particulier au présidial de La Rochelle. Nous ne savons à quelle famille le rattacher. Ses armes sont ainsi enregistrées à l'*Armorial officiel de La Rochelle* de 1696 : *Écartelé : aux 1er et 4e, d'argent, à deux fasces de gueules; aux 2e et 3e, d'hermine, et sur le tout de gueules, à une fasce dentelée d'argent, surmontée d'une fleur de lis d'or.*

---

1. Saint-Aubin-des-Landes, cant. Vitré (Ille-et-Vilaine).
2. Redevance en grain payée par le fermier.

II

(Voir page 4.)

L'*Esperonnière* ou l'*Éperonnière* (berceau de la famille dont nous retraçons l'histoire), ancien fief avec manoir noble, en la par. de Vezins (Maine-et-Loire). C'est maintenant un village situé dans la comm. de Vezins, près Cholet, et dont la population est de 110 habitants.

Les l'Esperonnière en furent sgrs de toute ancienneté jusqu'à la fin du XVIe siècle.

Il appartenait en 1618 à Guy de Brioul, s^r du Quarteron, et à François d'Aubigné, son gendre, qui le vendirent, le 28 décembre 1618, à Gabriel Carion, s^r du Plessis, dont la famille le posséda pendant plus de cent cinquante ans.

Messire Pierre Carion, écuyer, sgr de l'Esperonnière, par. de Vezins, fut inscrit sur le rôle du ban et arrière-ban de la noblesse d'Anjou de 1635, commandé par messire Charles, marquis du Bellay. (*Bibl. d'Angers, mss* 981.)

Pierre Carion, écuyer, sgr de l'Esperonnière, fit des preuves de noblesse en 1666, devant M. Voysin de la Noiraye, commissaire du Roi en la généralité de Tours.

Gabriel Carion, écuyer, sgr de l'Esperonnière, épousa Renée de Meaulne, fille d'Urbain de Meaulne, chlr, sgr de Lancheneil et de Rouessé, et d'Anne Amelon; il en eut :

1° Anne-Renée Carion, qui fut la femme de Pierre de Collasseau, chlr, sgr du Houx. (Saint-Allais, *Nobil. Univ.*, t. I, p. 166.)

2° Renée-Suzanne Carion, qui fut baptisée le 22 octobre 1673, en l'église de Saint-Pierre de Vezins; elle eut pour parrain : Antoine de la Haye (qui signa de la Haye-Montbault), chlr, sgr des Hommes, et pour marraine : dame Claude-Marie Carion, dame des Fontaines, veuve de François Camus, chlr, sgr des Fontaines. (*Arch. du chât. de la Saulaye.* Extrait délivré sur papier, le 29 mai 1787, par Bouchet, curé de Vezins [1].)

---

[1]. 29 décembre 1689. Mariage de Gilbois de Martineau, sgr de la Gallonnière, avec Marie-Anne de Carion de l'Esperonnière. (Par. Saint-Michel-la-Palud d'Angers.)

N. Carion, écuyer, sgr de l'Esperonnière, épousa Marie-Henriette Audayer; étant veuve, celle-ci assista au partage des biens de David Guichard, écuyer, le 18 mai 1741.

La terre de l'Esperonnière passa ensuite dans la famille de Rougé[1]. Gabriel-François de Rougé[2] la vendit à Charles-Louis de Grignon, le 5 février 1779. Elle appartient actuellement au comte de Terves, neveu du marquis de Grignon.

Le château moderne remplace l'ancien manoir féodal, qui fut complètement incendié pendant la Révolution.

Nous croyons utile de donner maintenant, d'après divers auteurs et les notes que nous avons pu recueillir, quelques détails sur les différents fiefs, sgries et localités du nom de l'Esperonnière, qu'on trouve en Anjou et dans les provinces voisines, afin qu'ils ne soient pas confondus avec celui de la par. de Vezins.

1° L'*Éperonnière*, château, comm. de Rochefort-sur-Loire, cant. de Chalonnes-sur-Loire, arr. d'Angers (Maine-et-Loire). Ancien fief et sgrie relevant pour partie de Saint-Aubin-de-Luigné et de Rochefort. Sa mouvance s'étendait jusqu'à ce dernier bourg. Les Saint-Offange, qui devaient se distinguer pendant la Ligue, en furent sgrs depuis le XIVe siècle. François de Saint-Offange, sgr dudit l'Éperonnière en 1502, 1540; René de Saint-Offange, *idem*, en 1599, 1616. (C. Port.)

Cette terre appartint, au XVIIIe siècle, à une famille Collas[3], sur laquelle nous avons réuni les renseignements suivants :

29 août 1701. Mariage, à Rochefort-sur-Loire, de Jeanne-Marguerite Collas avec François Jourdan de Fleins.

François-Bernard Collas, chlr, sgr de l'Esperonnière, épousa N... dont il eut :

1° Charles-François Colas, chlr, sgr de l'Esperonnière, qui, le 2 avril 1756, rendit une déclaration au chapitre de Saint-Maurille pour des maisons sises rue du Pilori, à Angers. (*Arch. de Maine-et-Loire*. E. 2058.) Il épousa, le

---

1. 25 septembre 1657. Mariage de Gabriel Carion de l'Esperonnière avec Catherine de Rougé (Par. de la Trinité d'Angers).

2. Rougé (De) : *de gueules, à la croix pattée d'argent*. Supports : *deux lions*. Cimier : *un griffon issant d'un vol banneret*.

3. Denais, dans son *Armorial d'Anjou*, mentionne deux familles Collas :

1° Collas de la Mare : *d'argent, à une aigle à deux têtes de sable, le vol abaissé, becquée, onglée et couronnée de gueules*.

2° Collas de la Cointrie, de l'Esperonnière : *d'azur, au chêne de sinople, terrassé de même, au sanglier passant de sable, brochant sur le fût de l'arbre*.

4 mars 1737, en l'église Saint-Jean-Baptiste, *vulgo* Saint-Julien d'Angers, Louise-Claude Hernault de Montiron.

2º Félix-Augustin Collas de l'Esperonnière, prêtre, docteur en Sorbonne, doyen du chapitre royal de Saint-Martin d'Angers en 1741 (*Gallia Christiana*, t. XIV, p. 544) ; il fut baptisé à Rochefort-sur-Loire, le 7 septembre 1711 ; il décéda à Angers, le 19 décembre 1772, et fut inhumé dans l'allée des cloîtres de Saint-Julien de cette ville. Il fut remplacé comme desservant de la chapelle de la Chauvière, par. de Chalonnes, par Mre Guibret, vicaire de Saint-Germain-des-Prés, sur présentation faite par Mme de Cintré, dame de la Chauvière.

3º Nicole Collas de l'Esperonnière, qui fut la femme de messire Thomas-Étienne-Jacques Nepveu, sgr de la Hamardière.

Charles-François, Félix-Augustin et Nicole Collas de l'Esperonnière susdits se partagèrent la succession de Marie-Marguerite Collas de l'Esperonnière, veuve de messire Jacques-Alexandre de Villeneuve du Cazeau, chlr, sgr de la Coudre, qu'elle avait épousé en l'église de Saint-Michel du Tertre d'Angers, le 5 mai 1710. (*Arch. de Maine-et-Loire.* E. 2058.)

11 octobre 1763. Mariage, à Saint-Maurille-d'Angers, de Marie-Louise Collas de l'Esperonnière avec J.-B. de Cornullier, sgr du Vernay.

On lit dans les *Affiches d'Angers* de 1774 : Le 28 janvier 1774, fut inhumé en l'église de l'abbaye royale de Toussaint d'Angers, R. P. Alexandre-Olivier-François-de-Paule Collas de l'Esperonnière, prêtre, chanoine régulier de ladite abbaye, ordre de Saint-Augustin, congrégation de France, ancien prieur curé de Saint-Laon-sur-Dive [1], âgé de cinquante-huit ans.

2º *La Basse-Éperonnière*, ferme, comm. Vezins, près Cholet.

3º *La Basse-Éperonnière*, ferme, comm. Morannes, cant. Durtal, arr. Baugé (Maine-et-Loire). Ancien domaine des Ursulines d'Angers.

4º *La Haute* et la *Basse-Éperonnière*, hameau, comm. Miré, cant. Châteauneuf-sur-Sarthe, arr. Segré (Maine-et-Loire). Ancien fief et sgrie qui, en 1540, comprenait une métairie et un fief censif, appartenant à René de Baïf, écuyer. (Célestin Port.)

5º *L'Éperonnière*, 30 habitants, comm. Livré, cant. Craon, arr. Château-Gontier (Mayenne). Ancien fief et sgrie, vassal de la baronnie de Craon. A appartenu dès le commencement du XIVe siècle à la famille de Scépeaux [2].

---

1. Vienne, cant. Loudun.
2. De Scépeaux : *vairé d'argent et de gueules.* Supports : *deux lions.* Devise : *In spem contra spem.*

Macé de Scépeaux, chlr, sgr de Scépeaux au comté de Laval, de l'Isle d'Athée en Craonnais, de la Motte-Bouchans, de la Touche-Baron, et de la Motte-de-Ballots, fut aussi sgr de l'Esperonnière ; il vivait vers l'an 1300. Il épousa Marie d'Amboise, dont il eut :

Jean de Scépeaux, chlr, sgr de Scépeaux, de l'Isle d'Athée, de Saint-Brice, de Mausson et de Bouche-d'Usure en Craonnais, épousa Marie de Beaumont, fille de Jean de Beaumont et d'Isabeau d'Harcourt, dont il eut, entre autres enfants :

Jacques de Scépeaux, sgr de Scépeaux, eut en partage la terre de l'Esperonnière, dans la par. de Livré en Craonnais, et celle de la Cherbonnerie ; il laissa :

Sylvestre, dit Sauvestre de Scépeaux, sgr de l'Esperonnière et de la Touchardière, en 1406, ainsi qu'il résulte d'un aveu rendu, à cette date, par Jean de Scépeaux au sgr de Craon pour la Motte de Bouchans ; dans cet aveu, Jean de Scépeaux déclare au nombre de ses sujets Sauvestre de Scépeaux, son neveu, à raison de l'Esperonnière et de la Touchardière. Ledit Sauvestre épousa Marie Touchard, dame de la Touchardière, fille aînée et principale héritière de Geoffroy Touchard, sgr de la Touchardière, par. de Ballots. De ce mariage vint, entre autres enfants :

René de Scépeaux, sgr de l'Esperonnière et de la Touchardière, vivant le 2 décembre 1476, et qui fut père de :

Jacques de Scépeaux, sgr de l'Esperonnière et de la Touchardière en 1479 ; il épousa Catherine d'Angennes, fille de Jean d'Angennes, sgr de Rambouillet, et de Jeanne de Courtemblay. De cette union vinrent :

Jacques de Scépeaux, mort sans postérité, et Antoinette de Scépeaux, dame de l'Esperonnière et de la Touchardière, qui épousa, vers l'an 1500, Georges de Chauvigné. (*Père Anselme*, vol. VII, pp. 224 et 228.)

Cette sgrie de l'Esperonnière en Craonnais a ensuite appartenu aux familles de la Chevallerie, de Lantivy, de la Barre, et, en dernier lieu, à la famille de Pierres.

René de la Chevallerie, chlr, sgr de l'Esperonnière et de la Touchardière, épousa Louis-Pierre de Lantivy, chlr, sgr de la Lande, Bonchamps, etc. Il en eut :

Marie-Anne-Renée de Lantivy, dame de l'Esperonnière, qui fut la femme de René de la Barre, chlr, sgr de Préaux. De ce mariage vint :

René-Louis de la Barre, chlr, sgr de l'Esperonnière, page de la Reine, puis lieutenant au régiment de Bourbon-infanterie. Il épousa

Françoise-Ambroise de Vrigné, dont une fille unique : Françoise-Marie de la Barre, dame de l'Esperonnière, qui épousa, en 1782, messire Pierre-Jean-René de Pierres [1], chlr, sgr de Fougeray-Vigré, la Houssaye, Brétignolles, d'abord page du Roi en sa Grande-Écurie, puis officier de cavalerie au régiment du Roi en 1776. De ce mariage vint :

Eugénie de Pierres, qui prit alliance, par contrat passé, le 5 octobre 1805, devant Letort, notaire à Craon, avec son parent Gabriel-Théodore de Pierres, chlr, sgr de Narsay, de Nueil, etc., dont les descendants possèdent encore cette terre de l'Esperonnière en Craonnais. (Voir Saint-Allais, *Nobil. Univ*, t. I, pp. 157 et 158.) [2]

6° *L'Esperonnière*, 29 habit., comm. Chantonnay, arr. La Roche-sur-Yon (Vendée).

7° *L'Esperonnière*, château, comm. La Rouxière, cant. Varades, arr. Ancenis (Loire-Inférieure).

Pour épuiser le sujet, voici deux renseignements que nous n'avons pu appliquer aux localités ci-dessus :

1° Michel de Fesques, écuyer, sgr de l'Esperonnière, épousa, le 25 janvier 1637, Jeanne de Barville, fille d'Oudart de Barville, écuyer, sieur de Montemain, et de Jeanne Tascher. (D'Hozier, *Armorial* (imprimé). Reg. II, p. 234.)

2° Antoine Bazin de Puyfoucaud, chlr, sgr de l'Esperonnière, épousa, vers 1575, Jeanne de Montaignac, fille de Gaspard de Montaignac, écuyer, baron de l'Arfeuillère, capitaine de cent hommes d'armes, et d'Hélène de Brandelles de Saint-Marsault, lesquels avaient été mariés en 1553. (Marquis de Magny, *le Livre d'or de la Noblesse*. Reg. III, p. 313.)

---

1. DE PIERRES : *d'or, à la croix pattée et aléée de gueules*. DEVISE : *Pour soutenir loyauté*. CIMIER un ours issant, tenant une pierre en une de ses pattes, et ces mots : *Ours lance pierres*.
2. Mentionnons aussi dans la Mayenne, d'après le *Dictionnaire topographique de la Mayenne* par Léon Maître, archiviste de la Loire-Inférieure : 1° *L'Étang de l'Éperonnière*, comm. Juvigné-des-Landes ; 2° *L'Éperonnière*, fief, comm. Parné ; 3° *L'Éperonnière*, hameau, comm. Ruillé-le-Gravelais ; 4° *L'Éperonnière*, logis, comm. Saint-Michel-de-la-Roë.

III

(Voir page 5.)

SAINT-AMADOUR : *de gueules, à 3 têtes de loup arrachées d'argent, posées de profil, 2 et 1.*

Antérieurement à Jouffroy de l'Esperonnière on trouve Joachim de l'ESPERONNIÈRE qui, en 1156, épousa, en Bretagne, Éléonore de SAINT-AMADOUR[1], dont il paraît avoir eu Guy de l'ESPERONNIÈRE. On ne possède aucun renseignement sur ce dernier; on sait seulement qu'il vivait après Joachim.

Joachim et Guy de l'Esperonnière sont mentionnés, comme les premiers auteurs de la famille de l'Esperonnière, sur une généalogie ancienne conservée au château de la Saulaye.

IV

(Voir page 5.)

Renaud de Sainte-Flayve, chlr, fils de Guillaume et de Flandrine . . . ., fit une donation en 1248, du consentement de ses frères et sœurs, Marquise, P..., chlr, et . . . . . ., valet[2].

Guy de Sainte-Flayve, chlr, sgr de Languiller et de Sigournais, épousa Jehanne Goutier; il en eut :

Françoise de Sainte-Flayve qui épousa, par contrat du 3 janvier 1484, René de la Trémoille, sgr de l'Herbergement, en Poitou, fils de Jehan, bâtard de la Trémoille, et de Thomine Jousseaume. Jehan, bâtard de la Trémoille, fut anobli et légitimé en 1445. Son père lui

---

1. Saint-Amadour, sgrs dudit lieu en Anjou, — dont François, grand veneur et chambellan du duc de Bretagne, François II; mort en 1521. Jean, armé chlr de la main de Charles VIII à Fornoue, en 1495. (Voir Potier de Courcy.)
2. Écuyer.

permit de porter les armes de la Trémoille brisées d'un lambel de gueules; il assista à la bataille de Formigny, en 1450, fut ensuite gouverneur de Craon et de Châteauneuf, et mourut en 1490. (*Père Anselme*, t. IV, p. 166.)

Jacquette de Sainte-Flayve, femme de Jehan de Belleville, chlr, le 31 décembre 1517. (*Idem*, t. II, p. 453.)

V

(Voir page 5.)

Noble homme Hardouin de l'Esperonnière, sgr dudit lieu, et Guillemette de la Haye (sa seconde femme?), dame de la Haye et du bois de la Guibourderie [1], par. de Douces, à une date qu'on ne saurait préciser, fondèrent, en l'honneur de Dieu et du bienheureux Antoine, pour le repos de leurs âmes et de celles de leurs parents, dans le cimetière de l'église de Saint-Pierre de Vezins, diocèse de Maillezais, une chapelle appelée *Chapelle de Saint-Antoine*, alias *de l'Esperonnière*. Ils donnèrent au titulaire de cette chapelle certains privilèges, ainsi qu'une rente perpétuelle et annuelle de 10 setiers de froment et de 50 sols tournois, garantie sur les biens meubles et immeubles de ladite Guillemette de la Haye et sur son domaine du bois de la Guibourderie. En 1456, Pierre de la Cour, sr de la Guibourderie, ayant méconnu les droits de Jean Ogeron, titulaire de ladite chapelle, et ayant refusé de lui payer les arrérages de deux années, fut condamné, par sentence rendue, le 27 août 1456, par le juge conservateur de l'église d'Angers, et reçue par Jean Petit, licencié ès lois et notaire juré de l'église d'Angers, à payer, chaque année, audit chapelain de l'Esperonnière, au terme de la Nativité de la Vierge (8 septembre), ladite rente de 10 setiers de froment et de 50 sols tournois. Pierre de la Cour dut en outre payer à Jean Ogeron les arrérages des deux années, c'est-à-

---

[1]. En 1508, l'hôtel et maison forte du bois de la Guibourdellière relevait de la sgrie de Douces et appartenait au chapitre de Saint-Maurice d'Angers.

dire 20 setiers de froment et 100 sols tournois. (*Archives de Maine-et-Loire. Cartulaire de Chemillé*. Original latin.)

Nous ne saurions dire à quelle famille appartenait Guillemette de la Haye, femme dudit Hardouin de l'Esperonnière, parce qu'on trouve plusieurs familles du nom de de la Haye, dans l'Anjou méridional, au XIVe siècle, entre autres :

1º Haye Joulain (De la), à laquelle, ce nous semble, peut être appliqué le document suivant (*Archives de Maine-et-Loire*. G. 441) : 1312. Compromis entre Hardouin de la Haye, chlr, et le chantre de Saint-Maurice d'Angers, au sujet du domaine et de la justice du Coudray (sic).

Ce document porte un sceau moyen, rond et en cire brune; dans le champ, l'écu inscrit dans une quartefeuille, portant : *de sable, à la croix recercelée d'argent*. Légende fruste. Contre-sceau plus petit, avec écu semblable, sans quartefeuille. LÉGENDE : ✠. S. Hardovi de La Haï.

2º Haye-Passavant (De la)[1]. ARMES : *D'or, à 2 fasces de gueules, accompagnées de 9 merlettes aussi de gueules, 4 en chef, 2 entre les 2 fasces et 3 en pointe*. Cette famille s'est alliée, au XVIe siècle, aux Montespedon par mariage de Renée de la Haye avec Joachim de Montespedon, baron de Beaupréau et de Chemillé.

3º Haye-Montbault (De la), dont nous parlons avec détails, page 179.

Guyon de l'ESPERONNIÈRE, valet, frère ou cousin de Hardouin de l'Esperonnière, époux de Jehanne Bardoul (v. p. 5), par acte reçu à Maulévrier, le vendredi après les Innocents (29 décembre) 1368, rendit foi et hommage à Regnault, chlr, sire de Maulévrier et d'Avoir, à cause de plusieurs héritages sis dans les par. de Mélay[2] et de Trémentines, et ayant appartenu à Guyon Bardoul, ledit acte scellé du sceau dudit Regnault de Maulévrier. (*Arch. du chât. de la Saulaye*. Copie du XVIIIe siècle sur papier.) Le mercredi avant la fête du corps de Jésus-Christ[3] (23 mai) 1380, il fit une vente à Jehan Charvau. Il eut le fils qui suit.

---

1. Passavant, cant. Vihiers (Maine-et-Loire). (Voir C. Port, vol. III, p. 56.)
2. Mélay (Maine-et-Loire), cant. Chemillé.
3. La Fête-Dieu.

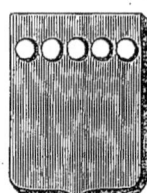

Jehan de l'Esperonnière, valet, transigea le 6 décembre 1401, par acte passé devant d'Olivet. Il fit un accord en 1441. Il épousa Jehanne de Mélay[1], sœur cadette de Guillaume de Mélay, valet, sgr dudit lieu, avec lequel il partagea noblement le 23 octobre 1421.

L'un des enfants de Jehan de l'Esperonnière et de Jehanne de Mélay paraît avoir été la tige des l'Esperonnière de la Belindinière et de Virolais[2].

DE MÉLAY : *de gueules, à cinq besants d'argent rangés en chef.*

A la fin du XIVe siècle, on trouve aussi un Jacques de l'Esperonnière, écuyer, sgr du Mesnil[3], qui, d'une alliance que nous n'avons pu retrouver, eut deux enfants :

1º *Jehan* de l'ESPERONNIÈRE, écuyer, qui, en 1409, partagea avec sa sœur devant d'Oustillé, notaire à Laval.

2º *Jehanne* de l'ESPERONNIÈRE, qui fut la femme de Jehan de Cardon, écuyer, sgr de Montguion[4] (*Bibl. Nat. Cabinet des Titres. Pièces originales*, reg. 1695. Note manuscrite de la main de Roger de Gaignières[5]). Le 7 août 1422, elle fit, du consentement de son mari, donation en forme de testament de 8 livres de rente à Estienne de Cardon, l'un de leurs fils. Estienne de Cardon était destiné à remplacer son oncle dans les bénéfices de celui-ci, et cette donation lui fut faite pour ses frais d'étude, en présence de Jehan de Beaumont et de J. Arnault, écuyers. Jehanne de l'Esperonnière décéda avant le 17 novembre 1432, puisqu'à cette date Jehan Cardon était remarié avec Jehanne Paon. (*Généalogie de Cardon.*)

---

1. De Mélay, sgrs de Mélay, de la Forêt-Landry et de la Fleurancière.
2. *Virolais,* château et ferme, comm. Denezé, cant. Doué (Maine-et-Loire). Ancienne maison noble, dont une famille porte le nom, au XIIIe siècle. En est sieur François de la Tigernère, sieur du Marchais-Regnault, époux de Radegonde de l'Esperonnière, le 19 novembre 1597 et en 1601. (*Célestin Port et Beauchet-Filleau.*)
René de la Tigernère du Marchais, fils de Christophe, sieur du Marchais, et de Pauline de Hattes, et petit-fils d'Eustache, sieur du Marchais, et de Catherine Roixand d'Aubigné, fut reçu chlr de Malte au diocèse de Maillezais, prieuré d'Aquitaine, en 1567. ARMES : *De sable, à la croix pattée et raccourcie en cœur, accompagnée de deux losanges en chef et d'un croissant en pointe, le tout d'or.*
3. Le Mesnil (Maine-et-Loire), cant. Saint-Florent-le-Vieil, arr. Cholet (?).
4. Montguillon (Maine-et-Loire), cant. Segré.
5. Roger de Gaignières, mort en 1715, donna toutes ses collections au Roi, le 19 février 1711. (Léopold Delisle, membre de l'Institut, directeur de la Bibliothèque Nationale, *Inventaire général et méthodique des manuscrits français de la Bibliothèque Nationale*, tome Ier, *Introduction*, p. CVIII. Paris, Champion, in-8º, 1876.) On trouve dans cette *Introduction* d'intéressants détails sur les différentes collections dont la Bibliothèque Nationale s'est successivement accrue.

VI

(Voir page 5.)

La ROCHE-BARDOUL, ancienne sgrie, par. de Chemillé, a appartenu, jusqu'à la moitié du XIVᵉ siècle, à la famille de ce nom. Elle passa dans la maison de l'Esperonnière en 1357, par le mariage de Jehanne Bardoul de la Roche avec Hardouin de l'Esperonnière, dont les descendants la possédèrent plus de quatre cents ans. Perrine-Victoire-Marie-Anne-Sophie de l'Esperonnière, fille d'Antoine de l'Esperonnière et de Marie-Renée Nepveu d'Urbé, l'apporta en mariage à Prudent-Antoine-César de Santo-Dominguo, chlr, sgr du Plessis, qu'elle épousa en 1746. Leur fils, Antoine de Santo-Dominguo, figure, avec la qualification de sgr de la Roche-Bardoul, parmi les gentilshommes d'Anjou qui se réunirent, en 1789, pour nommer des députés aux États-Généraux. Un grand nombre de l'Esperonnière portèrent le nom de la Roche-Bardoul, et c'est à cette terre, comme nous l'avons dit, qu'était attaché leur titre de marquis. Elle fut vendue nationalement pendant la Révolution sur les héritiers d'Antoine de Santo-Dominguo, le 2ᵉ jour complémentaire de l'an IV (18 septembre 1796). Le château féodal, construit par les l'Esperonnière au XVᵉ siècle, fut détruit pendant les guerres du XVIᵉ. Il n'en restait plus, en 1871, qu'un vaste et beau pan de mur, et les douves qui entouraient le château ont été comblées. (*Voir le dessin du comte de l'Esperonnière*, p. 4.)

VII

(Voir page 8.)

BARATON. Srs de la Frelonnière, de Varenne, du Bourreau, de la Tousche, de Champiré, de la Roche-Baraton, de la Brosse, d'Ambrières, de la Chenaie, de l'Isle-Baraton, de la Boissière, de Montgauguier et de Chalonge (Anjou et Poitou). Famille d'ancienne extraction chevaleresque.

Jean Baraton, chlr, taxé à trois écus, entre les nobles de Beaupréau, pour la rançon du roi Jean, en 1360.

Le 23 mars 1387, messire Macé Baraton, chlr, homme-lige à cause de ce qu'il tient en la châtellenie de Champtoceaux, rend hommage à noble princesse Marie, reine de Jérusalem et de Sicile, duchesse d'Anjou et comtesse du Maine, ayant le bail, garde et administration de Louis, roi desdits royaumes, et de Charles, ses enfants. (*Bibl. Nat.* Fonds français 22,449, fº 52 vso.) Le même, chlr bachelier, passe une montre au Mans, le 21 juillet 1392, avec sept écuyers de sa compagnie.

17 juin 1423. Messire Jean Baraton, chlr, sgr de la Boissière.

1464-1480. Catherine Baraton, abbesse de Nyoiseau (Maine-et-Loire).

11 janvier 1506. Noble homme Anceau Baraton, fils aîné de feu messire Jean Baraton, chlr, sgr de Varennes, et d'Anne du Puy du Fou [1].

7 janvier 1517. Gabriel de Baraton, sr de Chalonge, et François Baraton, chlr, sr de Montgauguier, grand échanson de France, son père.

1552. Renée Baraton, dame de l'Isle-Baraton.

Jean Baraton, écuyer, sr de la Frelonnière, demeurant par. d'Auvers-le-Hamon, élection de La Flèche, fit des preuves de noblesse en 1666, devant M. Voysin de la Noiraye, commissaire du Roi en la généralité de Tours.

---

1. DU PUY DU FOU : *de gueules, à trois macles d'argent, 2 et 1.*

VIII

(Voir page 9.)

VILLENEUVE, par. de Martigné-Briand, sgrie qui donna son nom, jusqu'au XVIIe siècle, à la famille noble de ce nom. Yolande de Villeneuve avait épousé Herment d'Aubigné, mort en 1282. Jean de Villeneuve fut inhumé, le 6 avril 1603, dans l'église de Martigné-Briand. Sa fille, Renée de Villeneuve, épousa en 1604 noble homme Christophe du Bouschet, sr du Vau. Louis de Villeneuve, chlr de Malte en 1624.

Louis-Augustin de Villeneuve, sr de la Renaudière, demeurant par. de Chaubrogne[1], François de Villeneuve, sr du Cazaut, demeurant par. de Mazières, et Louis de Villeneuve, sr du Vivier, demeurant par. de May, élection de Montreuil-Bellay, frères, justifièrent, en 1666, la possession du titre de noblesse depuis 1536, devant M. Voysin de la Noiraye, commissaire du Roi en la généralité de Tours.

Les de Villeneuve furent aussi srs de la Rochardière, de Coué, des Touches et du Boisgroleau.

IX

(Voir page 12.)

VAUGIRAULT (De). Srs de la Guérinière, de Bouzillé, de la Boisardière, de Saint-Jouin (Anjou et Poitou). Cette famille a fait des preuves de noblesse en 1666; elle a produit un page de la Grande Écurie du Roi en 1757.

Gilles de Vaugirault, écuyer, sr de la Guérinière, par. de Saint-

---

1. Saint-Pierre-des-Echaubrognes (Deux-Sèvres).

Florent-le-Vieil, épousa Rolande de Chasnay, 1551, dont : Claude, 1578. Femme : Françoise d'Escarbot, dont : Claude et Claude, fille.

15 juin 1588. Noble homme Jehan de Vaugirault, écuyer, s^r de la Boisardière, commissaire ordinaire des guerres, demeurant à Paris, faubourg Saint-Germain-des-Prés, donne quittance d'un quartier de rente à Me François de Vigny, receveur de la ville de Paris. (*Parchemin.*)

31 octobre 1590. Gabriel de Vaugirault, écuyer, s^r de Saint-Jouin, demeurant à Paris, rue Saint-Antoine, par. Saint-Paul, procureur de Jehan de Torchart, s^r de la Giraudière, l'un des cent gentilshommes de la maison du Roi sous la charge du s^r de Changy, — donne quittance à noble homme Hervé Fouquet, trésorier-payeur de l'ancienne bande des cent gentilshommes de la maison du Roi, d'une somme de 33 écus et un tiers soleil, en avance sur les gages dudit Jehan de Torchart. (*Parch., Bibl. Nat., Pièces Originales*, reg. 2944.)

Le 28 janvier 1731, l'abbé de Vaugirault, nommé par le Roi à l'évêché d'Angers, fut sacré dans la chapelle de Saint-Sulpice par l'évêque de Soissons, assisté de l'évêque titulaire d'Europe et de l'évêque de Tarbes. Il prêta serment de fidélité le 30 entre les mains du Roi.

X

(Voir page 13.)

CARION. S^{rs} de l'Esperonnière, — du Grolay, par. de la Salle-de-Vihiers, — du Patys, de Merlutz, de Tourneville, de la Rouillerie, de la Sansonnière, d'Artois, du Petit-Pont, de la Sécherie. (Anjou et Poitou.) Famille d'ancienne chevalerie. Armes : *D'or, à trois bandes d'azur, au chef d'hermine.* Devise : *Nihil virtute pulchrius.*

Un Carion se fit tuer à la bataille de Verneuil, en 1431. Jean Carion, sgr du Grolay, était capitaine de Vihiers en 1420 et 1427. Antoine Turpin, mari d'Anne Carion, fonda, en 1444, une chapelle au Grolay. Les Carion se distinguèrent pendant les guerres de Religion; l'un d'entre eux, sgr de l'Esperonnière, assista, en 1592, à la bataille de Craon, où les royalistes furent vaincus par le duc de Mercœur.

XI

(Voir page 13.)

3 mai 1771. Lettres de provisions de l'office de procureur fiscal des fiefs de la Saulaye, du Breil, des Malnuttes et de la Boulairie, accordées par Jacques-Thomas de l'Esperonnière, chlr, sgr de Vritz et desdits lieux de la Saulaye, etc., à maître François-Pierre Edin de la Touche, notaire royal à Candé [1], originaire de la par. de Saint-Maurille d'Angers. (*Arch. du chât. de la Saulaye.* Papier orig. scellé en cire rouge des armoiries dudit Jacques-Thomas de l'Esperonnière : *d'hermine, fretté de gueules.* Couronne : *de marquis.*)

XII

(Voir page 14, note.)

13 avril 1466 avant Pâques. Contrat de mariage de nobles personnes René de Fromentières, écuyer, fils de messire Jehan de Fromentières, chlr, et de feue dame Jehanne Carbonnel, avec damoiselle Christine de Daillon, fille de noble Jacques de Daillon, écuyer, sgr de la Chartre-Bouchière [2], et de feue damoiselle Jehanne Fres-

---

1. Voici également un petit acte qui intéresse Candé :
21 juin 1591. Par-devant Le Bourdays et G. Deille, notaires en la cour et baronnie de Candé, donation mutuelle entre honnête homme sire Jehan Rouald, marchand, demeurant audit Candé, et honnête femme Lancelotte Drouen, de tous leurs biens meubles et immeubles. Jehan Legaigneulx, l'un des deux témoins, qui, avec la contractante, a déclaré ne savoir signer. (*Arch. du chât. de la Saulaye.* Parch. orig. avec le cachet de la cour et baronnie de Candé.)
2. Chartebouchière (La), 50 habit., comm. Yzernay, cant. Cholet (Maine-et-Loire).

neau, et sœur de Pierre de Daillon; ladite Jehanne Fresneau, fille de feu messire Jehan Fresneau, frère de feu Hardouin Fresneau. Présents à ce contrat : noble homme Charles des Hommes et Guillaume de la Croix, écuyers; Jehan de la Rivière et Jehan Cordier, conseillers en cour laie. (*Arch. du chât. de la Saulaye.* Copie originale sur papier du 5 août 1500.)

XIII

(Voir page 14.)

8 février 1568.

Guy de Daillon, comte du Lude, chevalier de l'Ordre du Roy, gouverneur et lieutenant général pour Sa Majesté en ses pais et comté de Poictou, capitaine de cinquante hommes d'armes des ordonnances dudict seigneur et sénéschal d'Anjou, nous certiffions à tous qu'il apartiendra que Claude de l'Esperonnyère, sr dudict lieu, homme d'armes de notre dicte compaignye, en a ordinairement esté et séjourné avec nous pendant et depuys ses troubles derniers, et ce sans qu'il luy ayst esté et soyt loysible nous habandonner, attendu les affaires qui se présentent pour le serviee du Roy, ce que luy avons deffendu et deffendons très expressément pour quelque cause ou occasion que ce soyt, dont à icellui de l'Esperonnyère, ce requérant, luy avons octroyé la présente certificacion pour luy servir ce que de raison. Faict à Nyort le huictiesme jour de febvrier l'an mil cinq cens soixante huict.

Signé : GUY DE DAILLON.

Par commandement de mondict sieur lieutenant

ROUSSEAU.

(*Arch. du chât. de la Saulaye.* Parch. orig.)

XIV

(Voir page 14.)

19 juin 1354.

Sachent touz que je Henrri Barrou, escuier, ay eu et receu de Jehan Chauvel, trésorier des guerres du Roy nostre sire, par la main de Robin Franczois, son clerc et lieutenant, en prest sur les gages de moy seul, déserviz et à desservir en cez presentez guerres de Xanctonge, en la bastide de S. Saournin près Tailhebourc, souz le gouvernement mons. Guychart d'Angle, sénéschal de Xanctonge et capitaine oudict pays pour ledict seigneur deczà la Charante, cent soulz tournoiz, desqueux cent soulz je me tiens à bien paiez. Donné à Xanctes souz mon séel le XIXe jour de juing l'an mil CCCLIIII. (Parch. orig. Sceau : de... à une croix ancrée de..., accompagnée à dextre du chef d'une étoile de... Exergue : Séel Henry Barrou. Bibl. Nat. Pièces originales, reg. 204.)

XV

(Voir page 15.)

GABRIELLE DE L'ESPERONNIÈRE [1], en religion Gabrielle de Saint-Benoît, d'abord religieuse de Fontevraud, puis supérieure générale de la congrégation du Calvaire.

---

[1]. Nous donnons ci-joint un fac-similé de l'autographe suivant de Gabrielle de l'Esperonnière :
« Ma Révérende Mére, ayant apris par vostre lettre que ma sœur Marie du St-Esprit, « ditte au ciècle de Bousac, a eû toutes les voix de Vostre Comunauté pour estre admise à la « Ste Profestion, nous luy donnons de bon cœur la nostre et suplie Dieu luy donner sa S^{te} « bénédiction. Faict en nostre monastère du Calvaire de Paris, l'an 1627, le 21me aoust.

« Sr GABRIELLE DE St-BENOICT. »

Au dos de l'acte : Permission pour la profession de Sr Marie du St-Esprit, dite Bouzac, au monastère du Calvaire de Paris. 1627, le 27 aoust.
(*Arch. du chât. de la Saulaye.* Papier orig.)

Ma R.de mere ayant appris par votre lettre que ma
Soeur Marie du S. esprit ditte au Ciecle de housse, a eu
toutes les voix de votre Comunauté pour estre admise a
la S.te Profession, nous luy donnons de bon Coeur le n[ot]re
et supli[on]s dieu luy donner sa S.te benediction, faict en n[ot]re
Monastere du Caluaire de Paris l'an 1627 le 27.me aust

Sœur Gabrielle de S.te Sonne

Gabrielle de l'Esperonnière était, croit-on, fille de Claude de l'Esperonnière. Elle naquit en 1572, au château de l'Esperonnière, ancien manoir de la famille, situé entre Trémentines et Vezins.

Elle entra dans l'abbaye de Fontevraud[1], et, à dix-huit ans (1591), fit profession dans cet ordre illustre.

Treize ans après, en 1604, Antoinette d'Orléans, fille du duc de Longueville et de Marie de Bourbon, et veuve du marquis de Belle-Isle, quittait le monastère des Feuillantines de Toulouse, où elle avait pris récemment l'habit de religion, et arrivait à Fontevraud, sur l'ordre du pape Clément VIII. Elle devint coadjutrice de l'abbesse Eléonore de Bourbon, sa tante. Celle-ci mourut l'année suivante, le 24 mars 1611, et ce fut alors qu'Antoinette d'Orléans, aspirant après une pratique plus stricte de la règle, se retira, avec plusieurs religieuses, dans le prieuré de l'Encloître, au diocèse de Poitiers. Or, parmi les âmes ferventes qui soupiraient comme elle après une observance plus parfaite de la règle de Saint-Benoît, madame Gabrielle de l'Esperonnière occupait le premier rang. C'était à elle qu'Antoinette d'Orléans avait d'abord communiqué ses projets de réforme, et bientôt la communauté de sentiments avait formé entre ces deux cœurs la plus étroite intimité. A partir de ce moment, Antoinette considéra Gabrielle comme la colonne sur laquelle elle devait appuyer l'édifice qu'elle avait en vue, et elles devinrent dès lors comme inséparables.

Grâce à deux puissants protecteurs, le cardinal de Richelieu et le Père Joseph, capucin, Antoinette d'Orléans et Gabrielle de l'Esperonnière obtinrent du pape Paul V, non seulement pour elles, mais pour vingt-trois de leurs compagnes, l'autorisation de fonder à Poitiers un monastère entièrement indépendant de celui de Fontevraud. (6 avril 1617.) Ce monastère fut appelé le Calvaire.

Lorsque le rescrit pontifical fut notifié à l'évêque de Poitiers, le terrain était déjà acheté et les matériaux préparés, en sorte que, le 25 octobre suivant, Antoinette d'Orléans et Gabrielle de l'Esperonnière, suivies de vingt-trois compagnes, vinrent occuper les nouveaux bâtiments, situés dans le quartier Saint-Hilaire. Elles y pratiquèrent les moindres observances de la règle de Saint-Benoît.

Antoinette d'Orléans mourut quelques mois après, le 25 avril 1618. Elle laissait à ses filles une autre elle-même, Gabrielle de l'Esperonnière, la mère Gabrielle de Saint-Benoît : c'est le nom qu'elle avait pris en entrant dans le monastère du Calvaire à Poitiers.

---

1. Fontevrault, cant. Saumur (Maine-et-Loire).

Gabrielle fut nommée supérieure d'une voix unanime, et par le Père Joseph et par le couvent.

Les religieuses se livrèrent alors aux plus dures mortifications, guidées dans cette voie par Gabrielle de l'Esperonnière, dont la sainteté les encourageait, et à qui Dieu donna même le pouvoir de faire plusieurs miracles.

Le 27 avril 1619, la mère de Saint-Benoît fonda une maison de sa congrégation dans la ville d'Angers, et y envoya six religieuses. Cette fondation ne se fit pas sans obstacles. On eut recours au Saint-Siège, et, sur les instances du roi Louis XIII et de la reine Marie de Médicis, le pape Grégoire XV approuva solennellement la nouvelle congrégation sous le nom de Congrégation Bénédictine de Notre-Dame-du-Calvaire.

Restait à élire la supérieure générale : la délibération ne fut pas longue ; d'un voix unanime, la mère Gabrielle de Saint-Benoît fut proclamée.

La congrégation du Calvaire ne tarda pas à prendre de grands développements. Pendant les neuf années que Gabrielle de l'Esperonnière fut revêtue de la dignité de supérieure générale, elle fonda huit nouvelles maisons.

Gabrielle mourut en odeur de sainteté, le 21 juillet 1641.

Elle avait été, pendant plus de vingt-quatre ans, la colonne inébranlable, la pierre angulaire sur laquelle avait reposé tout entière la congrégation du Calvaire. Ayant passé vingt-six ans dans l'ordre de Fontevraud, elle comptait ainsi jusqu'à cinquante ans de vie religieuse. Elle était âgée de soixante-huit ans.

Le curé de la Madeleine, à Vendôme, homme aussi recommandable par sa piété que par sa science, prononça ces paroles en apprenant la mort de Gabrielle de l'Esperonnière : « Madame Gabrielle de Saint-Benoît laissera un vide immense dans la congrégation du Calvaire. C'était une femme de grand jugement, mais surtout d'une grande vertu ; et si l'on entreprend son procès de canonisation, je veux être le premier à le signer. »

Après sa mort, le visage de Gabrielle se transfigura et revêtit les traits d'une vierge de vingt-cinq ans. Chacun lui baisait les mains et les pieds, l'invoquait comme une sainte du Paradis.

Après de magnifiques obsèques, on déposa son corps dans le caveau destiné aux abbesses, près de la tombe de Jeanne Guischard de Bourbon, dernière abbesse perpétuelle et réformatrice du monastère de la Trinité de Poitiers.

Une épitaphe retraça sur son sépulcre ses héroïques vertus et les regrets de ses religieuses inconsolables.

(Extrait de la *Vie des saints personnages de l'Anjou* par le R. P. dom François Chamard.)

XVI

(Voir page 17.)

TESTAMENT DE JEHAN DE L'ESPERONNIÈRE

II° DU NOM

(Extraits)

16 juin 1419.

Au nom de la Saincte Trinité, le Père, le Filx et le Sainct Esprit. Amen. Ge Jehan de l'Esperonnière, escuier, seigneur de la Rochebardoul, parroessian de Sainct Pierre de Chemillé ou diocèse d'Angers, sain, louanct Dieu le tout puissant d'entendement et de pensée, considérant la misérable condition de toute humaine nature, laquelle, par nécessité, est subjecte à mort et corruption et en est l'eure incertaine,.... fais et ordenne mon testament ou ma derraine voullenté....., en la forme et manière qui s'ensuit. Premièrement ge recommande l'âme de moy à Dieu, le souverain père tout puissant, créatour de toutes chouses....., et à Jéshus-Xrist, sauveur de tout le monde, luy supliant très humblement que de sa pitéable miséricorde..... il me soit et veille estre..... deffensour contre le prince des ténèbres..... et qu'il me veille recepvoir en la joye sempiternelle et mon corps estre mis..... à la sépulture de Saincte Eglise....., laquelle sépulture ge eslis en l'église parrochial de Sainct Pierre de Chemillé[1] dessusdicte, davant le grand aultier, et pour madicte sépulture..... je donne et lesse au curé et fabrice de ladicte église,.... par mostié une foiz payez, la somme de six livres tournoiz pour acquérir I sextier de seigle de rente,

---

[1]. La communauté des religieux du prieuré de Saint-Pierre de Chemillé fit enregistrer ses armoiries de la façon suivante, dans l'*Armorial officiel de France* de 1696, page 517, bureau d'Angers : *d'azur, à deux clefs adossées d'or, posées en pal, les pennetons en bas.*

affin que je soye perpétuellement ès prières de ladicte église. Item ge vieulx et ordenne mes amandes estre faiz et mes debttes estre payez à ceulx à qui il apperra moy léaument estre tenu, et que chacune personne digne de foy soit creu par son serment jusques à cinq soulx et les aultres par prouve des tesmoings ou par obligation. Item ge ordrenne que au jour de mon enterrage soit fait célébrez des messes le plus que l'en porra siner et recouvrer de chapellains et estre servi honnorablement ovecques le collége de l'église collégial de Sainct-Léonart de Chemillé, lequel ge vieulx et ordenne que vienge en procession à mondict enterrage. Item ge vieulx et ordrenne que au jour de mon obit et au jour de mon sépulture soit donné deux charitez, chacune de cinqc deniers à chacun pouvre illec venu. . . . .
. . . .

. . . . . Item ge vieulx et ordrenne que pour ledict jour de mon sapine (sic) soit achaté du drap, duquel seront revestuz XIII pouvres, lesquelx XIII pouvres tiendront chacun une torche entour et environ de mon enségulture. (*Suivent des legs en faveur de ses enfants.* Voir page 17.) Item ge donne et lesse à Vincent Boudaut, mon vallet, pour les bons et aggréables serviges qu'il m'a faiz ou temps passé, la somme de IIII sextiers de seigle et cent soulx, le tout uneffoiz payez. Item ge donne et lesse à ma chambrière Perrine, femme de Jehan Marsays, la somme de C soulx uneffois payez. . . . .
. . . . . Ce fut fait et passé le XVIe jour du moys de juyn, l'an de grace mil IIII^{cc} XIX. Présens ad ce Jehan Collinet, Vincent Boudaut, Perrine, femme Jehan Marsays, et plusieurs aultres.

Signé : J. GUÉRIN.

(*Arch. du chât. de la Saulaye.* Parch. orig.)

XVII

(Voir page 18.)

18 avril 1393. Par-devant Laurent de Loffre, notaire à Angers, contrat de mariage de Jehan Pérou, sgr de la Touche, avec Marie Torchard, fille de feu maître Estienne Torchard et de Jehanne Charlot, et sœur cadette de Jehan Torchart. Une partie des rentes baillées à Marie Torchard par sa mère et son frère est assignée sur un ou plusieurs lieux de la châtellenie de Chemillé. Témoins de ce contrat : messire Jehan de Lisle, sr de Gonnort, Tristan de la Haye, chlr, messire Jehan Carte, prêtre, Thomas de la Grue, Robinet de Chemillé et Jehan Tahureau. (*Arch. du chât. de la Saulaye. Parch. origin.*)

TORCHART (de). Sgrs de la Giraudière, de la Panne, du Tertre, de la Chevalerie, de la Gauvrière, de la Mourière, de la Bigottière, de la Béraudière (Anjou). ARMES : *D'or, à cinq bandes de gueules, au franc-canton d'argent* [1], *chargé d'un porc-épic de sable.*

Jehan Torchart, sr de la Giraudière [2], l'un des cent gentilshommes de la maison du Roi sous la charge du sr de Changy, le 31 octobre 1590. (*Voir la note IX.*)

Damoiselles Louise et Anne-Marie Torchart, demeurant par. d'Auvers-le-Hamon, élection de la Flèche, ressort du Mans, justifièrent de la possession du titre de noblesse depuis l'année 1481, devant M. Voysin de la Noiraye [3], commissaire du Roi en la généralité de Tours; elles portaient les armes décrites ci-dessus.

---

1. Portion de l'écu à la droite du chef et qui doit occuper un peu moins du quart de l'écu.
2. Comm. de la Jubaudière, cant. Beaupréau (Maine-et-Loire).
3. Jean-Baptiste Voysin, sgr de la Noiraye et du Mesnil, conseiller au Grand Conseil, puis maître des requêtes ordinaire par lettres du 7 juillet 1651, fut fait intendant en Picardie, puis en Normandie en 1664, enfin en Touraine l'année suivante; il mourut à Tours en 1672.

XVIII

(Voir page 22.)

FLORY ou FLEURY. Sgrs de la Sansonnière, de la Sorinière, de Souzigné, de Bouillé-Saint-Paul, de la Dindonnière. (Poitou et Anjou.)

3 octobre 1369. Par-devant G. Marion, notaire de la cour de Thouars, Guillaume Flory donne à sa fille Thomasse, en faveur de son futur mariage avec Jehan de la Cepaye, fils de messire Guillaume de la Cepaye, chlr, le lieu de Vieil-Mur, avec ses hébergements, fuie (*colombier*); garennes et pêcheries, ainsi que 30 livres de rente. (*Arch. du chât. de la Saulaye.* Parch. orig.)

10 août 1377 [1]. Par-devant M. (*la signature manque*), notaire à Thouars, contrat de mariage de Jehan de Saint-Germain, avec Robine Flori, fille de feu Guillaume Flori et de Jehanne de la Grésille. Présents : Monsr Jehan Olivier, chlr, et monsr Guillaume Reignart, prêtre. (*Idem. Idem.*)

20 mars 1380. Par-devant J. Penthecost, notaire à Thouars, accord entre Jehanne de la Grésille, veuve de feu Guillaume Flori et tutrice de Milet et Geuffroy (*Geoffroy*), enfants dudit Guillaume et d'elle, et Guillaume Flory, écuyer, leur fils aîné, d'une part; — Jehan Marguerite et Hilaire Flory, frère et sœurs, et autres enfants dudit feu Guillaume Flory et de ladite Jehanne de la Grésille, d'autre part; la succession dudit feu Guillaume Flory est partagée entre les intéressés. Témoins : frère Jehan de l'Estoile, religieux de l'abbaye de....., et Jehan de Galardin. (*Idem. Idem.*)

Guillaume Flory était sgr de la Sansonnière en 1416.

En 1498 et 1515, messire Pierre Flory, chlr, sgr de la Dindonnière, rendit foi et hommage au duc d'Anjou et de Sicile.

---

1. A cette date la famille Flory demeurait à Thouars.

XIX

(Voir page 22.)

SANSONNIÈRE (La), comm. Saint-Georges-des-Sept-Voies, cant. de Gennes (Maine-et-Loire). Ancien fief et sgrie dans la mouvance de Trèves, avec maison noble, chapelle, futaies, taillis, triple jardin, droit de haute, moyenne et basse justice, de garenne, de fuie (*colombier*), de pierre tombale dans le chœur, au ras du carreau, et de banc sous le lutrin.

La Sansonnière passa aux l'Esperonnière en 1455, par le mariage d'Isabeau Flory avec Jehan de l'Esperonnière, IIe du nom, et les l'Esperonnière rappelèrent cette alliance importante en brisant autrefois leurs armes d'un chef losangé d'or et de gueules.

Marin Romain était s^r de la Sansonnière en 1789.

XX

(Voir page 23.)

Perceval CHABOT, sgr de la Turmelière et de Liré, cinquième fils de Geheudin Chabot, sgr de Pressigny, et de Jehanne de Sainte-Flayve, dame de Nesmy, fut nommé, en 1437, gouverneur de La Roche-sur-Yon.

Il épousa, vers 1432, *Jehanne* de l'ISLE-BOUCHARD, fille de Bernard de l'Isle-Bouchard, sgr de Montrevault, de Gonnor, etc., et de Marie de Sens; elle était sœur de Catherine de l'Isle-Bouchard, femme de Georges de la Trémoille, favori et ministre de Charles VII.

De ce mariage vinrent un fils et trois filles:

1° *Jean* CHABOT, sgr de la Turmelière, de Liré, de Gonnor, etc., qui épousa, en janvier 1454, Catherine de Sainte-Flayve, fille de Philibert de Sainte-Flayve, chlr, sgr des baronnies de Sigournay, Chantonnay, Le Puy-Belliard, Languillers, en Bas-Poitou, et de Françoise de Beaumont.

2° *Jeanne* CHABOT, mariée : 1° à René de Feschal, sgr de l'Episnay ; 2° à Michel de Saint-Aignan.

3° *Marie* CHABOT, femme de Hardouin de Vandel, sgr de l'Aubespinay.

4° *Jacquette* CHABOT, femme d'Olivier Mesnard, écuyer, sgr de Toucheprés.
(L. Sandret, *Histoire généalogique de la maison de Chabot*. Nantes, 1886.)

XXI

(Voir page 25, note.)

TESTAMENT DE JACQUINE MESNARD

(*Fragments*)

3 juillet 1518.

Damoyselle Jacquine Mesnard, vefve de feu noble homme Jehan de l'Esperonnière, vivant escuyer, signeur de la Roche-Bardoul..., à présent détenue de malladye de son corps..., sayne de pensée et d'entendement..., considérant la briesveté des jours..., ne voullant décedder intestate..., ladicte damoyselle, de son peur movement, libéralle et peure vollonté..., recommande préallablement et avant touttes choses son âme à Dieu, à la glorieuse Vierge Marie, à Monsieur Sainct-Michel, à Monsieur Sainct-Jacques, à Monsieur Sainct-Anthoyne de Padoue et à toute la cour cellestiel de Paradis.

A faict et donné cest présent son testament... comme senssuyct...

1° Que, après que Dieu aura faict son commandement..., son corps estre ensépulturé en telle églize qu'il plaira à ses exécuteurs testamentayres, cy-après nommez... En laquelle églyse elle veult estre cellébré le jour de son obyt et enterrayge le nombre de cent messes..., et dès le lendemain de l'enterrayge de son corps, estre, en icelle églyse, comancé ung ennuel à diacre et soubz-diacre... et continué pendant ung an...

Et icelluy finy, estre, en icelle églyse, faict ung service, ouquel seront pareillement cellebrées autres cent messes... pour le repoz de son âme et de ses parens et amiz trespassez...

A laquelle églyse elle ordonne estre donné le drap de sa robbe de satin, pour en estre faict chappes ou chaisibles, bonnes pour le divin service...

Donne à l'églyse parrochiale de Saint-Pierre de Gonnord une chaysible qu'elle a voullu estre faict fayre à ces despens, bonne et honneste...

Donne à l'églyse de Noustre-Dame-de-Nueil-soubz-les-Aubiers le drap de sa robbe de damars, pour estre faict des chaysibles pour le divain service...

Ordonne estre poyé à damoiselle Anne Foucquet, demourant avecques elle, la somme de cent solz, oultre les gaiges qu'elle luy doibt...; à Marion Guignard, sa chambryère, pour luy ayder à estre mariée, la somme de cent solz tournoiz...; à la bonne femme apellée La Rioulle, demourant à La Touche, pour luy ayder à soy entretenir, quatre livres tournoiz...; aux héritiers de feu Pineau, pour le service qu'il a faict aultrefoys audict feu seigneur de la Roche, son mary, la somme de cent solz tournoiz...

Veult ladicte testatrice estre célébré chaicun vendredy de l'an, à tous jours mais, en l'onneur de la Passion Noustre Seigneur, pour la redemption de son âme, une messe en l'églyse de Gonnord, par messire Pierre Collin, prestre, tant qu'il vivra..., et pour ce luy estre payé chaicun an cent solz tournoiz...

Ou cas qu'il sera faict une chappelle en la mayson noble du lieu de la Touche, icelle damoyselle veult et ordonne ladicte messe estre dicte et cellebrée en ladicte chapelle...

Veult ladicte damoyselle que Marion, quy est à La Touche, soyet nourrye en ladicte mayson jusques à son mariaige, à ces coutz et despens, convenablement, à l'arbitration de... L'Esperonnière, signeur de La Touche, son filz aysné.... Et pour ce faire, elle délaysse audict signeur de La Touche deux bordaiges, sis près La Touche.

Et pour fayre et accomplyr cest présant son testament, veult y estre employé touz ses biens meubles...

Et, en cas d'insouffisance, y estre employé jusques à la tierce partye de son patrimoyne...

Et pour icelluy faire exécuter, a esté pour ses exécuteurs testamentayres, chaycun de maistres Jacques Mesnard, chanoyne de Paris; son frère...; nobles hommes Françoys de Brye, signeur de Sainct-Ligier, René de l'Esperonnière, chevalier, signeur de La Touche..., auxquelz elle baille dès à présant la possession et saysine de touz ses biens, jusques à l'exécution parfaicte de ce présant testament...

Faict au lieu de La Touche, ès présances de honorable homme et sayge messire maistre Jehan Le Fèvre, docteur en médicine, messire Françoys Bernard, messire Pierre Guignard, touz deulz prestres, Pierre de Bellinaud, le trois juillet 1518.

Signé : JACQUINE MESNARD. P. BELLINAUD. F. BERNARD.

Et oultre, par fourme de codicile..., veult ladicte damoiselle Jacquine Mesnard que sa robe de camelot, avecques sa fourrure, soyt baillée à la fabrice de Gonnord, et sa robbe de satin, garnye de martre, à demoiselle Geneviesve de Brye...

Ladicte testatrice donne, à perpétuité, au curé de Gonnord et à ses successeurs, douze bouessaulx de seigle... à prendre sur le lieu de La Touche-Barranger et assignés sur les bourdayges du Pineau et de Chaboceau...

Ladicte testatrice délaisse audict signeur de La Touche quatre septrées de terre appellées La Courteraye, en la parroysse de Cossay...

Ladicte testatrice s'est soubmize, pour ce que dessus, à la court de Chemillé.

Faict au lieu de La Touche, le quatre d'apveril mil cinq cens dix-neuf. (*Archives de Maine-et-Loire.* G. 2054.)

XXII

(Voir page 25.)

26 mai 1509.

Roolle de la monstre et reveue faicte à Bresse, le vingt sixième jour de may l'an mil cinq cens et neuf, de unze hommes d'armes et dix archiers du nombre de cinquante lances de l'ordonnance du Roy nostre sire, estans soubz la charge et conduicte du cappitaine Loys d'Ars[1],

---

[1]. Loys d'Ars, chlr, sgr dudit lieu, de Monleny et de Plaisance; capitaine de Falaise de 1505 à 1520; 8 avril 1507, conseiller et chambellan du Roi, capitaine de cinquante lances fournies de ses ordonnances; 16 juillet 1514, capitaine de cent dix lances fournies; 18 juillet 1525, duc de Termes, marquis d'Ars, comte de Vauguière et de la Girolle, capitaine de soixante lances. (*Bibl. Nat., Pièces originales, reg.* 106.)

sa personne y comprinse, par nous Jacques Dinteville[1], chevalier, seigneur de Chesnes et de Commarray, conseiller et chambellan du Roy nostredit sgr, et commissaire à ce ordonné par ledit sr, icelle monstre et reveue servans à l'acquict de Jehan de Ponchier, conseiller et trésorier des guerres du Roy, pour le quartier de janvier, février et mars derrenier passé, desquieulx hommes d'armes et archiers les noms et surnoms s'ensuivent :

Et premièrement :

Hommes d'Armes.	Archiers.
Monsr d'Ars, cappitaine.	Loys de Guerres.
Emond de Malicorne.	Claude de Rouvray.
René de l'Esperonnière.	Robert Eslion.
Le bastard de Lautrec.	Jehan de Terville.
Loys de Brandon.	Nycollas de la Soullaye.
Le bastard de Ceppy.	Jehan de la Borde.
Gillebert de Chault.	Hubert Barolle.
Baptiste Pelegrin.	Michel Bourdeselle.
Berthelommé de Question.	Robin de Guerres.
Vincent de Gayete.	Briant du Bouchet.
Jehan Caillon dit Bellejoye.	
XI Hommes d'Armes.	X Archiers.

Nous, Jacques Dinteville, chevalier, seigneur de Chesnes et de Commaray, et commissaire dessus nommé, certiffions aux gens des comptes du Roy nostre sire et tous autres qu'il appartiendra avoir veu et visité par fourme de monstre et reveue tous les unze hommes d'armes et dix archiers du nombre et charge dessus dits, lesquieulx nous avons trouvez en bon et suffisant habillement de guerre, et bien montez pour servir le Roy nostredit sire là où il luy plaira leur ordonner, capables d'avoir et recevoir leurs gaiges et souldes, à eux ordonnez pour le quartier de janvier, feuvrier et mars derrenier passé. En tes-

---

[1]. Jacques Dinteville, écuyer, sgr des Chenetz et de Dampmartin; 1492 à 1498, premier veneur du duc d'Orléans (plus tard Louis XII); 18 novembre 1498, capitaine des ville et château de Blois; 15 février 1516, conseiller et chambellan ordinaire du Roi; lieutenant-général de la ville de Paris par lettres données à Amboise, le 4 décembre 1516. Femme : Anne, dame de Châteauvillain. Armes des Dinteville : *De sable, à deux lions léopardés d'or, l'un sur l'autre.* (*Idem; Pièces orig.*, reg. 1004.)

moing de ce nous avons signé ce présent roolle de n^re main, et fut scellé du scel de noz armes les jour et an que dessus.

Signé : J. D'Inteville.

En la présence de nous, Jherosme de Maillebaille, chevalier, seigneur de la Monta, conseiller et maistre d'ostel ordinaire du Roy nostre sire, secrétaire et contrerolleur général de ses guerres, les dessusditz unze hommes d'armes et dix archiers du nombre de cinquante lances fournies de l'ordonnance du Roy n^red. s^re, estans soubz la charge et conduicte du cappitaine Loys d'Ars, sa personne y comprise, ont confessé avoir eu et reçeu de Jehan de Ponchier, conseiller et trésorier des guerres dud. s^re la somme de sept cens vingt livres tournoys, pour leurs gaiges et souldes du quartier de janvier, feuvrier et mars derrenier passé, qui est au seur de quinze livres tournoys pour chacun desdits hommes d'armes, et sept livres dix solz tournoyz pour chacun desd. archiers par moys, de laquelle somme VII^c. XX l. tz. lesd. XI hommes d'armes et X archiers se sont tenuz et tiennent pour contant et bien payez et en ont quicté et quictent ledit Jehan de Ponchier, trésorier des guerres susdit et tous autres. En tesmoing de ce nous avons signé ce présent roolle de n^re main, à leur requeste, le vingt sept^me jour de may l'an mil cinq cens et neuf.

Signé : J. de Maillebailles.

(*Bibl. Nat., Collection Clairambault*, vol. 119, f° 98. Parch. orig.)

Le même René de l'Esperonnière figure comme homme d'armes dans la montre reçue à Auxerre, le 15 septembre 1509, de 49 hommes d'armes et 100 archers, sous la charge du capitaine Loys d'Ars, par Jacques Dinteville, chlr, sgr des Chenetz et de Commerray, chambellan du Roi et commissaire député à recevoir cette montre. (*Idem. Idem*, f° 99. Parch. orig.)

XXIII

(Voir page 35.)

SANZAY (De). Vicomtes héréditaires de Poitou, comtes et sgrs de Sanzay, barons et sgrs de Doussay, de Saint-Marsault, de Saint-Macaire, des Marchais, de la Rivière, de la Jaltrie, de la Hubaudière, d'Ardennes, de Sourches, de la Salle, de la Bouère, du Planty, de l'île Bouin.

Cette illustre maison s'est alliée aux maisons d'Anjou, de Thouars, de Lusignan, d'Étampes, de Vendôme, de Vermandois, de Montmorency, de Dinan, de Craon, etc.

Elle tire son origine des comtes de Poitou, puînés des ducs de Bourgogne. *Gérard*, duc de Bourgogne, comte d'Autun et de Roussillon, combattit sous les ordres de Charlemagne; il épousa *Fernande*, fille de Waïfre, duc d'Aquitaine; il en eut : 1º *Samson*, duc de Bourgogne, comte d'Autun et de Roussillon, qui, s'il faut en croire une tradition, fut tué avec Roland à Roncevaux; 2º *Radulphe*, que Charlemagne fit duc d'Aquitaine; 3º *Albon*, comte de Poitou. Ce dernier épousa *Mahaud*, fille de Pépin, dernier roi d'Aquitaine, et d'Adèle, roi de Thuringe. De ce mariage vint : *Guillaume*, duc d'Aquitaine et comte de Poitou; il épousa *Bonne*, fille de Rollon, premier duc de Normandie, mort en 931; il en eut : *Guillaume*, duc d'Aquitaine et comte de Poitou, qui s'allia : 1º avec *Agnès*, fille de Saldebreuil, comte de Sanzay; 2º avec *Ermède*, fille du comte de Flandre. Du premier lui vinrent :

1º Guy, duc d'Aquitaine et comte de Poitou, qui épousa Adunée, fille du roi de Navarre, dont il eut :

A. *Guillaume*, duc d'Aquitaine, qui épousa *Jeanne*, fille du roi d'Écosse, dont :

A. A. *Éléonore* d'AQUITAINE, qui épousa : 1º en 1137, Louis VII dit *le Jeune*, roi de France; 2º en 1152, Henri II Plantagenet, roi d'Angleterre.

B. B. *Alice* de GUYENNE, femme de *Raoul* de VERMANDOIS, dit *le Vaillant*, régent du royaume de France.

2° *Arnaud,* qui, ayant épousé *Jeanne,* fille de Radulphe, comte de Sanzay, chlr de l'Échiquier, contre la volonté de son père, se vit forcé, par l'ordre de ce dernier, de prendre le nom et les armes de Sanzay, et fut l'auteur de la famille de ce nom.

La généalogie qui précède résulte des travaux qui ont été faits sur la maison de Sanzay aux XVIIe et XVIIIe siècles; nous ne pouvons, en conséquence, la donner que sous toutes réserves. (*Bibl. Nat., Pièces originales.* Reg. 2631.)

Aymery de Sanzay, chlr, 1050. Saldebreuil de Sanzay fit le voyage d'outre-mer avec Louis VII (1147). Jean de Sanzay fut tué à la bataille de Bouvines (1214). Guillaume de Sanzay suivit Saint Louis à la VIIe croisade (1250). Robert de Sanzay fut chambellan de Philippe VI de Valois. René de Sanzay, aussi chambellan de Charles VIII et de Louis XII.

René de Sanzay, chlr, comte dudit lieu, sgr de Saint-Marsault, chlr de l'ordre du Roi, gentilhomme ordinaire de sa chambre, colonel et capitaine-général du ban et arrière-ban de France, lieutenant du connétable Anne de Montmorency, fut aussi capitaine et gouverneur des ville et château de Nantes, de 1562 à 1575. Il épousa Renée du Planty, dont il eut, entre autres enfants : *René,* comte de Sanzay, chlr de l'ordre du Roi, sgr de Cossé et de la Motte-Fouquet (1577); lieutenant du ban et arrière-ban de France sous son père; il épousa Charlotte de Thais, dont il eut : *Charles,* comte de Sanzay, vicomte héréditaire de Poitou, chlr de l'ordre du Roi, sgr et baron de Baulle, près de Meung-sur-Loire, vicomte de Turpigny (1609); il épousa Françoise d'Estrées. (*Bibl. Nat., Idem.*)

XXIV

(Voir page 46.)

En 1548, Jacquette de Meulles, fille de Regnault de Meulles, étant venue avec son mari, nommé Gautron, son fils et quelques serviteurs, s'emparer, par violence et pendant la nuit, du château du Fresne, pendant l'absence de Pierre de Meulles, son frère, y commit toute sorte d'excès, violences, assassinat de deux serviteurs; elle finit par être arrêtée et conduite avec ses complices dans les prisons de Poitiers. Elle fut condamnée ; mais, pendant le procès, elle trouva le moyen d'opérer une diversion et d'obtenir des poursuites contre son frère, Pierre de Meulles, et quelques-uns de ses amis, en particulier René et François de l'Esperonnière, ses beaux-frères. Ceux-ci n'ayant pas répondu à la citation, leurs biens furent saisis. Leur mère, Marguerite de Villeneuve, veuve d'Antoine de l'Esperonnière, réclama contre la saisie, alléguant qu'elle avait sa vie durant la jouissance de la Sorinière et que la saisie était faite à son préjudice, contre tout droit. (*Archives du château de la Durbellière.*)

XXV

(Voir page 47.)

Dernier février 1551.

ACCORD ENTRE CHARLES DE BOURBON
ET FRANÇOIS DE L'ESPERONNIÈRE, IIIe DU NOM

(*Analyse.*)

Par-devant N. Collousseau et J. Morin, notaires à Chemillé et à Beaupréau, un accord eut lieu, au château de Beaupréau, entre très haut et très puissant sgr mgr Charles de Bourbon, prince de la Roche-sur-Yon, et dame Phélippes de Montespedon, son épouse, comtes de Plourhan, sgrs de Mortagne et de Beaupréau, barons de Chemillé, l'une des plus grosses baronnies d'Anjou, d'une part, et François de l'Esperonnière, écuyer, sgr de la Roche-Bardoul, représenté par noble homme René de l'Esperonnière, sgr du Montail, son frère puîné, d'autre part. De temps immémorial les barons de Chemillé, comme fondateurs des églises collégiales et couventeries de Saint-Léonard et Saint-Pierre de Chemillé, Saint-Gilles, Cossay, Saint-Georges, Saint-Lezin, la Chapelle-Rousselin et Notre-Dame de Chemillé, jouissaient des beaux droits et privilèges y attachés, à l'encontre desquels François de l'Esperonnière, de son autorité privée, a fait construire, dans l'église paroissiale de Chemillé, du côté de la muraille faisant la clôture du couvent des religieux, un oratoire en forme de voûte, où il a fait placer un banc et apposer ses armoiries ; il a également placé des pierres tombales près de cet oratoire, lieu de sépulture de ses prédécesseurs; il a aussi apposé ses armoiries sur les images de saint Jacques et sainte Marguerite, sur les portes de ladite église de Chemillé, ainsi que dans l'église de Cossay [1], en forme de litre [2]. Il pouvait être condamné à enlever ses armoiries des églises de Saint-Pierre de Chemillé et de Cossay et à payer une amende de cinq cents écus auxdits Charles de Bourbon et Phélippes de Montespedon. François de l'Esperonnière, par l'entremise de son frère puîné, stipulant, fait observer qu'il ne prétendait à aucun droit successif comme fondateur desdites églises; mais que, depuis quarante ans, lui et ses prédécesseurs avaient joui paisiblement desdits ban, sépulture et oratoire, dans l'église de Saint-Pierre de Chemillé; depuis cette époque aussi les armoiries de sa famille se trouvent apposées dans cette église et dans celle de Cossay. Il est stipulé entre les parties : que François de l'Esperonnière continuera à jouir paisiblement du droit d'oratoire et de sépulture dans l'église de Saint-Pierre de Chemillé; que ses armoiries y seront conservées, ainsi que sur les images de saint Jacques et de sainte Marguerite, et aux autres endroits où il est d'usage de les apposer, à la réserve cependant de la petite porte, du pilier près de la grande porte et d'un tableau devant le grand autel; que le droit de sépulture serait compris entre la chaire où l'on fait le prône, l'image de saint Jacques et l'oratoire; que le droit de marche jusqu'au grand autel demeurera aussi au fondateur. Par cet accord, lesdits prince et princesse cèdent à toujours à François de l'Esperonnière, pour lui, ses hoirs et ayants cause, le droit de moyenne justice dans les terres de la Roche-Bardoul et de la Touche-Baranger; la maison de la Roche-Bardoul aura douves, fossés, ainsi que pont-levis, tenant et fermant à chaîne de fer, deux tours, mâchicoulis et batteries; le tout sous la foi et hommage du fief de la Touche-Baranger, dans le dénombrement duquel seront énumérés les droits ci-dessus, et moyennant la somme de 500 livres tournois, que lesdits prince et princesse reconnaissent avoir reçue dudit François de l'Esperonnière, qui pourra aussi conserver deux écussons en l'une des chapelles de ladite église de Cossay. (*Arch. du château de la Saulaye.* Parch. orig.)

---

1. Cossé (Maine-et-Loire), cant. Chemillé, arr. Cholet.
2. *Litre* ou *ceinture funèbre*, bande d'étoffe noire qu'on étend sur les murs des églises aux funérailles des familles nobles, et sur laquelle on a placé leurs armoiries. Jadis la bande noire était peinte en dedans et au dehors de l'édifice, et on peut encore en trouver la trace sur les murs de quelques églises, par exemple à Montmorency, près Paris, et à l'église du château de Brézé (Anjou). Le droit de litre n'appartenait qu'à la famille à laquelle était due la fondation de l'église. Dans l'église N.-D. de Beaulieu, à Candé, qui fut démolie en 1840, sur les murs de la nef, se trouvait une litre, qui avait été blanchie à la chaux pendant la Révolution.

XXVI

(Voir page 47.)

8 juillet 1553.

DÉNOMBREMENT

RENDU PAR FRANÇOIS DE L'ESPERONNIÈRE, IIIe DU NOM

(*Analyse.*)

Par acte reçu le 8 juillet 1553 par N. Collousseau et Gaultier, notaires à............., François de l'Esperonnière baille au lieutenant-général d'Anjou, commissaire du roi en cette partie, le dénombrement des domaines, fiefs et arrière-fiefs nobles, qu'il possède noblement en Anjou, avec les charges dues pour raison desdits domaines et fiefs, les choses démembrées par partages et mariages, tant par ses prédécesseurs que par lui, les noms et surnoms de ceux qui possèdent ces dénombrements et de ceux qui tiennent de lui en fief et arrière-fief, ainsi que la valeur desdites choses, à savoir : Premièrement, la maison noble de la Rochebardoul, sise en la par. de Saint-Pierre de Chemillé, et dont le pourpris peut valoir chaque année, selon la coutume du pays, la somme de cent sols tournois. *Item* la métairie de la Pelloterie[1], sise près de la Rochebardoul, dont le pourpris est de vingt livres tournois, et qui est chargée d'un setier de seigle dû au curé de Saint-Gilles de Chemillé, d'une mine de froment de rente à la fabrique de Saint-Pierre de Chemillé, pour faire le pain bénit à Pâques, et d'une autre mine de froment de rente à ladite fabrique, pour le pain bénit de chaque dimanche de l'année, aux premières messes célébrées en l'église dudit Saint-Pierre ; lesquelles maison et métairie François de l'Esperonnière tient à foi et hommage simple de Jehan de Brye, écuyer, sgr de la Sorinière, à cause de son fief Conillard, à cinq sols de service annuel. Ledit Jehan de Brye tient son fief Conillard à hommage du sgr de la Roche des Aubiers, qui lui-même le tient du baron de Chemillé. *Item* le bordage de Trécheloriere, sis en la par. de Saint-Pierre de Chemillé et tenue dudit Jehan de Brye, à cause de son fief Conillard, à deux sols six deniers tournois de service annuel, et chargé de six setiers

---

1. La Ploterie, comm. Chemillé (Maine-et-Loire).

de blé seigle envers ledit baron de Chemillé. *Item* la métairie du Vau-des-Conilles, sise en la par. de Saint-Pierre de Chemillé, avec le petit fief de la Tousche-Baranger, sis en la par. de Saint-Pierre de Chemillé, et sur lequel il a droit de dîme en certaines pièces de terre. Jehan de Brye tient de François de l'Esperonnière la métairie de Poncier [1] à foi et hommage simple, à quatre sols tournois de service annuel; un autre hommage à trois sols tournois de service annuel dû à François de l'Esperonnière par le sgr de la Basse-Gougeronnière [2], paroisse de Neufvy, et tient lui-même cette métairie et ce fief du baron de Chemillé, à la charge de six setiers de seigle et un setier de seigle au chapelain de la Deannerye. *Item* le bordage de la Bardouglerie, sis en la par. susdite, qu'il tient à foi et hommage simple du sgr des Noullyz [3], à deux sols six deniers tournois de service annuel. *Item* la métairie de la Grande-Libergière, par. de Mélay, avec certaines dîmes annuelles qu'il a droit de prendre en cette par., ladite métairie tenue à foi et hommage lige du baron de Maulévrier; sous cette foi et hommage il a le sgr de Chizé [4], comme homme de foi simple pour raison d'une métairie aussi appelée la Grande-Libergière, en la même par., à un demi-cheval de service, quand le cas s'en présente, selon la coutume du pays. Le seigneur du Carteron [5], par. de Tourmentines, tient de François de l'Esperonnière, sous foi et hommage simple, à titre de rente foncière, certaines dîmes en ladite par. et aux environs, à raison de quinze setiers de seigle, avec les métairies de la Lizardière, de la Garotinière et le moulin de Blouyn, par. de Saint-Georges-du-Puy-de-la-Garde, que défunt Antoine de l'Esperonnière, écuyer, père dudit François, avait baillées à Jehan de Vaugirault, écuyer, sgr de Bouzillé, au mariage de celui-ci avec Jehanne de l'Esperonnière, sœur aînée dudit François; les dîmes ci-dessus, de la par. de Mélay, tenues à foi et hommage simple dudit sgr de Bouzillé, à deux sols six deniers de service annuel, sous l'hommage dû par le sgr de Bouzillé au baron de Chemillé. *Item* la métairie de la Petite-Libergière, par. de Mélay, chargée de dix setiers de blé seigle ou environ de rente annuelle envers le chapitre dudit Chemillé. *Item* le bordage de la Gouesnarderie [6], par. de Cossay, avec le pré Alloir, chargé d'un setier de seigle dû au prieur de Saint-Pierre de Chemillé, et tenu à foi et hommage du sgr de la Gourdonnère [7], à

---

1. Poncier, ferme, comm. Chemillé (Maine-et-Loire).
2. La Basse-Goujonnière, comm. Neuvy (*Idem*).
3. Noullis, comm. Saint-Aubin-de-Luigné (*Idem*).
4. Chizé, hameau, comm. Mélay (*Idem*).
5. Le Quarteron, comm. Trémentines *Idem*'.
6. La Gonnardrie, ferme, comm. Cossé (*Idem*).
7. Les Grandes-Gourdonnières, ferme, comm. Jallais (*Idem*).

demi-cheval de service, quand le cas s'en présente, et à deux sols six deniers tournois. *Item* le bordage de la Roche-sur-Cossay, par. de la Tour-Landry, acquis autrefois par ledit Antoine de l'Esperonnière du s^r de Villeneuve, pour lequel bordage François de l'Esperonnière est tenu de payer à Jehanne de Villeneuve, sœur dudit s^r de Villeneuve, une pension annuelle de seize livres tournois, et qu'il tient à foi et hommage du s^r de la Tour-Landry, à un cheval de service annuel, quand le cas s'en présente. *Item* la métairie de Bassin, sise en la par. de Gonnord et tenue à foi et hommage simple du s^t de Ligué-Godart [1], sous l'hommage qu'il tient de Martigné-Briand. *Item* la métairie de la Symonnière-Roulleau [2]. *Item* le bordage de la Vieille-Brosse, par. de Gonnord; ladite métairie de la Symonnière chargée d'un setier de seigle envers le prieur de Saint-Pierre de Chemillé, et ledit bordage de la Vieille-Brosse chargé de six setiers de seigle envers le chapitre de Saint-Maurice d'Angers et de Chemillé, lesquels métairie et bordage tenus à foi et hommage simple du s^r de Gonnord, à demi-cheval de service annuel. *Item* le droit de prendre chaque année sur le village de Sourdigné, par. de Gonnord, cinq setiers de seigle de rente, tenus à foi et hommage simple du sgr de Sourdigné. *Item* un bois taillis, par. de Gonnord, appelé *le Joncheray*, avec droit de terrages de blés et vins, et tenu à foi et hommage simple du sieur du Joncheray. *Item* le bordage de la Symonnière-Foucquet, par. de Gonnord, tenu à foi et hommage de ladite Gourdonnière, aux devoirs et charges accoutumés. *Item* le moulin de Gaschet, par. de Saint-Pierre de Chemillé, tenu à foi et hommage simple dudit fief Conillard, aux devoirs et charges accoutumés. *Item* vingt setiers de blé seigle de rente à prendre sur la métairie de Gevrise [3]. *Item* la maison noble de Sallebœuf, par. de Saint-Pierre de Chemillé, tenue des sgrs de Chemillé et Chanzé [4] et du fief Conillard, aux charges anciennes.

Noble et discret René de l'Esperonnière, sieur du Montail, frère du constituant et son procureur quant à ce, présenta le dénombrement ci-dessus et, par serment, en attesta la vérité, le 10 juillet 1553, au ban et arrière-ban d'Anjou, tenu à Angers par Guillaume Le Rat, conseiller du Roi et lieutenant particulier du maréchal d'Anjou. (*Arch. du château de la Saulaye.* Parch. orig.)

---

1. Ligué, village, comm. des Verchers (Maine-et-Loire).
2. Les Simonnières, hameau, comm. Gonnord (*Idem*).
3. Gevrise, hameau, comm. Chanzeaux (*Idem*).
4. Chanzé, comm. Faye, cant. Thouarcé (*Idem*).

XXVII

(Voir page 47.)

14 mai 1562.

CERTIFICAT DE SERVICE ET DISPENSE DE BAN
POUR FRANÇOIS DE L'ESPERONNIÈRE, IIIe DU NOM.

Le duc de Montpencier, pair de France, gouverneur et lieutenant-général pour le Roy en ses pays d'Anjou, Touraine et le Mayne.
Nous certiffions que pour les troubles estans en ce roiaulme, nécessité des affaires de ladicte Maiesté, résister suivant le commandement d'icelle aux desseings de ceulx qui, contre sa volunté, ont prins les armes et se sont saisiz de plusieurs de ses villes et chasteaulx, empescher qu'ilz ne facent le semblable de celles qu'ilz n'ont peu surprendre en notre gouvernement, et icelles tenir et conserver soubz l'obéissance de ladicte Maiesté, nous avons mandé et assemblé le plus de gentilzhommes qu'il nous a été possible, tant de notre gouvernement que d'ailleurs, pour les faire venir près notre personne pour le service du roy, du nombre desquelz gentilzhommes est François de l'Esperonnière, escuyer, sr de la Rochebardoul, Salbeuf, le Pineau et de la Sorynière en Poictou, que nous retenons pour l'effect que dessus, oultre les compagnyes de gardarmerie, harquebusiers à cheval et gens de pied, que nous avons et faisons encores lever suivant le commandiment de ladicte Maiesté. A ceste cause, prions touz seneschaulx, baillifz, juges, lieuxtenans, advocatz, procureurs et tous aultres officiers de ladicte Maiesté qu'il appartiendra, que, pour le service que ledict de l'Esperonnière faict à ladicte Maiesté, estant avec nous, ils aient à l'excuser de celluy qu'il doyt à l'arrière ban à cause de sesdites seigneuries, ou de la contribution d'icellui, et le tenir quicte, exempt et déchargé, ensemble ses biens, terres et seigneuries, desdits arrière ban et contribucion, comme s'il estoyt présent audict arrière-ban, actendu que sa personne est avec nous pour le service de ladicte Maiesté et qu'il ne pourroit estre en deulx lieulx, et que, en ce faisant, il ne soit empesché en la joissance d'aucunes de ses terres à l'occasion dudict arrière ban ne contribucion, mais l'en laisser joyr; et si pour ce y avoyt ou estoyt mis auculne saisye, la facent incontinant et sans

délay lever et oster et mectre à pure, entière et plaine délivrance. Et affin qu'il soit satisfait au contenu de ces présentes sans aucune difficulté, nous les avons signées de notre propre main, et à icelles faict mectre et appouser le scel de notre secrect et contresigner à l'un de noz secrétaires, à Angers, le XIIIIe jour de may l'an mil cinq cens soixante deux.

Signé : LOYS DE BOURBON.

Contresigné : DUPRÉ.

(*Arch. du château de la Saulaye.* Parch. orig. scellé.)

XXVIII

(Voir page 47.)

15 mai 1562.

CONFIRMATION DE LA DISPENSE DE BAN
POUR FRANÇOIS DE L'ESPERONNIÈRE, IIIe DU NOM
ET ANTOINE SON FILS.

En la convocation du ban et arrière-ban d'Anjou, assigné en ceste ville au quinziesme de may mil cinq cens soixante deux, se sont comparus nobles personnes Françoys de l'Esperonnierre, seigneur de la Rochebardoul, en sa personne, et noble homme Anthoine de l'Esperonnierre, son filz, par Me Françoys Bitault, lequel a dict que ledict Françoys de l'Esperonnierre est retenu par le seigneur de Montpencier, pair de France, et ledict Anthoine par le seigneur Roy de Navarre, comme il nous a faict apparoir par lettres d'atestation et exemption, les unes expédiées à Paris le septiesme jour de ce moys, signées Anthoine et sellées du cachet des armes dudict seigneur et contresignées par Le Royer, secrétaire dudict seigneur; les aultres expédiées à Angers en dabte du quatorziesme jour de ce dict moys, signées Loys de Bourbon et sellées du cachet du secret de ses armes, et contresignées Dupré, secrétaire. Requérans au moyen de ce que dessus estre par nous tenuz et déclarez pour exemps, tant du service personnel qu'ilz doibvent faire audict ban et arriere-ban que de la contribution à laquelle ilz seroyent tenuz pour raison de leurs terres nobles situées en ce resort. Sur quoy, veu lesdictes lettres d'atestation et exemption, avons lesdicts de l'Esperonnyerre père et filz déclarez exemps dudict service qu'ilz pourroyent estre tenuz faire pour raison de leursdictes terres et seigneuryes, contribuables audict ban et arrierre ban, et de ladite contribution. Et néantmoings leur avons décerné acte de leurs obaissance et comparution. Donné à Angers, par-devant nous Clément Louet, conseiller du Roy nostre sire, lieutenant-général de Monseigneur le sénéchal d'Anjou, commissaire en ceste partye, ledict jour et an que dessus.

Signé : A. LECONTE.

(*Arch. du chât. de la Saulaye.* Papier orig.)

XXIX

(Voir page 48.)

FOI ET HOMMAGE

RENDUS A PHILIPPE DE MONTESPEDON,

PRINCESSE DE LA ROCHE-SUR-YON,

PAR FRANÇOIS DE L'ESPERONNIÈRE, IIIe DU NOM.

26 mai 1567.

Noble homme François de l'Esperonnière, seigneur de la Roche-bardoul et des fiefs et seigneuries de la Touche-Baranger, Salbœuf et la Lande en Chemillé, présent en sa personne, a fait foy et hommage lige à très haute et très puissante dame Philipes de Montespedon, princesse de la Roche-sur-Yon, duchesse de Baupréau et comtesse de Chemillé, en la personne de messire Claude Racapé, chevalier, seigneur de Magnanes et de Théron, au regard de son chastel, comté et seigneurie de Chemillé; à cause et pour raison desdits fiefs et seigneuries de la Touche-Baranger, Salbœuf et la Lande, réunis et incorporés audit hommage lige par accord et transaction faitte avecque deffunct Monseigneur et maditte dame, cy présentement exhibé par ledit sieur la Roche-Bardoul, passés sous les cours de Beaupréau et de céans, le dernier jour de juillet l'an mil cinq cens cinquante-cinq, signé Morin et F. Gauthier, et a ledit seigneur de la Roche fait et presté le serment de fidélité et baiser, en tel cas requis, reconnu et confessé les devoirs et obéissances telles que ses prédécesseurs et qu'il est tenu faire selon laditte réunion, dont l'avons jugé; à laquelle foy et hommage lige, baiser et serment susdits, nous l'avons receu, sauf le droit de maditte dame et d'autruy en touttes choses, et après que ledit sieur de la Roche nous a remontré et fait aparoir de ce que le seigneur de Chanzé en Chemillé se vendique l'obéissance de partie des choses de l'hommage dudit Salbœuf, présentement incorporé avec le présent hommage lige, comme dit est; avons, ce requérant ledit sieur de la Roche, et du consentement de la cour, mis et mettons en seurséance ledit sieur de la Roche, quant à la reddition de son aveu, jusqu'à ce que les parties ayent esté plus amplement ouyes, et pour le regard desquelles arresteront leurs dires et produiront le tout et en un mois, sans autres délais. Donné aux hommages de Chemillé tenus par devant nous, François Pellé, licentié ès droits, sénéchal audit lieu, le vingt-sixiesme jour de may l'an mil cinq cens soixante-sept.

Signé : R. SIMON, CLAUDE DIVES.

Vidimé et collationné les foy, hommage et présentation d'aveu cydessus aux originaux qui sont au trézor de messire Anthoine-Cézard-Prudent de Santo-Domingue, chevalier, seigneur du Plessis, la Rochebardoul, la Touche-Baranger, la Lande, les Gardes et autres lieux. Relaissé lesdittes pièces audit trézor, par nous Jean-Claude Prévost, notaire royal d'Angers, résidant à Chemillé, le vingt-neuf mars mil sept cens soixante-unze.

Signé : PRÉVOST, notaire royal.

(Arch. du chât. de la Saulaye. Pap. orig.)

XXX

(Voir page 48.)

Pineau (Du). Sgrs du Pineau [1] en Thouarcé.

Armes : *D'or, à trois pommes de pin de gueules, la pointe en haut,* 2 *et* 1.

18 mars 1403. Par-devant... (*l'acte n'est pas signé*), notaire à Angers, accord entre honorable, discret et sage homme maître Regnauld Hastelou, chanoine d'Angers, oncle paternel de la future, Guillaume de Chources (*Sourches*), écuyer, sgr de la Hardière, Morelet d'Aubigné, écuyer, sgr de la Touche, Guillaume du Casau [2], écuyer, sgr dudit lieu, Guion de Blays, sgr de la Roulerie, et Estienne Garnier, parents et affins (*alliés*) du futur, en faveur du mariage de Nicolas du Pineau, écuyer, fils de Jehan du Pineau, écuyer, sgr dudit lieu, par. de Thouarcé, diocèse d'Angers, avec Georgette Hastelou, fille de Fouquet Hastelou, valet (*écuyer*), paroissien de Morselles, au diocèse de Rennes. Témoins : Jehan du Butay, Sauvestre de la Fontaine et Olivier des Ridelières. (*Arch. du château de la Saulaye.* Parch. orig.)

27 mai 1442. Isabelle du Pineau, fille de feu noble homme Jacques du Pineau. (*Idem, idem.*)

16 janvier 1505. Testament de Guy du Pineau, prêtre, licencié en droit canon de l'église d'Angers, frère de Jacques et de Simon du Pineau; fait à Angers, en présence de Me Jehan Sonnet, professeur de la Faculté de théologie, et Me Pierre Bourreau, licencié en la même Faculté; ledit testament copié sur l'original, le 19 janvier 1505, par Me Antoine Goucardi, notaire du chapitre de l'église d'Angers. Guy

---

1. Le Pineau, ancienne sgrie, par. de Thouarcé, actuellement comm. du Champ, relevait de Gilbourg-en-Faye; elle appartint jusqu'en 1543 à la famille du Pineau et passa à cette date aux de l'Esperonnière par le mariage de Renée du Pineau avec François de l'Esperonnière. En 1678, Françoise de l'Esperonnière apporta le Pineau en mariage à Henri des Herbiers de l'Estanduère. Les deux époux, avec dame Charlotte Goddes de Varennes, veuve d'Antoine de l'Esperonnière et mère dudit François, vendirent le Pineau à Henri du Mesnil d'Aussigné, par contrat du 19 février 1700, ratifié le 23 octobre 1705. Le château, au XVIIe siècle, était muni de tours, pavillons, ponts-levis, et enceint de larges douves. La demeure, transformée au XVIIIe siècle, fut brûlée pendant la Révolution, puis reconstruite au XIXe siècle.

2. 27 mai 1442. Noble homme Alexandre du Casau, fils de feu Jehan du Casau. (*Arch. du chât. de la Saulaye.*)

du Pineau élit sa sépulture en l'église d'Angers, devant l'autel de Saint-Michel; il fait des legs à Jehanne du Pineau, sa sœur, et aux enfants de celle-ci, Olivier et Radegonde de la Haye. (*Idem.* Papier original latin.)

19 juin 1507 (*sic*). Contrat d'acquêts fait par Simon du Pineau et Barbe de l'Esperonnière, son épouse.

19 octobre 1519. Donation mutuelle devant A. Huau, notaire, entre nobles personnes Jacques du Pineau, écuyer, sgr dudit lieu, et Françoise de la Jaille, son épouse.

6 mai 1529. Noble homme Simon du Pineau, écuyer, sgr de Coincé.

28 mai 1533. Procuration consentie par damoiselle Marguerite Guesdon, veuve de feu noble homme René du Pineau, au nom et comme garde noble de leurs enfants mineurs.

1542. Certificat de Jean de Villeneuve, chlr, capitaine du ban et arrière-ban des gentilshommes d'Anjou, duquel il appert que Mathurin du Pineau a servi audit ban et arrière-ban.

28 août 1561. Alain du Pineau.

. (*Idem.* Inventaire des titres remis au chevalier Boju de la Menollière pour ses preuves de Malte en 1638.)

Le 26 octobre 1575, damoiselle Anne du Pineau, dame du Verger, veuve de noble homme Jacques du Plantis, sgr du Verger, vendit à noble homme Antoine de l'Esperonnière, sgr du Pineau, son neveu, tous ses droits sur la succession de feu noble homme René du Pineau, sgr de Coincé. Fait à Angers devant notaire, en présence de noble et discret Me François du Pineau, prieur de l'Espinay, damoiselle Isabeau du Pineau, noble homme Jean du Plantis et noble homme Vincent Ménard, sgr du Tertre, avocat, frère, sœur, fils aîné et conseil de ladite Anne. (*Arch. de Maine-et-Loire.* E. 4253.)

XXXI

(Voir page 50.)

Chenu du Bas-Plessis (Anjou et Normandie).

Armes : *D'hermine, au chef chargé de cinq losanges de gueules.*

FILIATION

I. Guillaume Chenu, chlr, 1250 et 1270, épousa Jeanne....., dont il eut :

II. Guillaume Chenu, chlr, sgr de la Bernardière, marié par son père, en 1308, à Marguerite de la Rivière, fille de Guillaume et de Perronnelle....., dont :

III. Georges Chenu, chlr, sgr de la Bernardière, marié par son père à Jeanne de Piédouault, dont :

IV. Philippe Chenu, sgr de la Bernardière, chlr bachelier dans la compagnie d'Olivier de Clisson, en 1373 et 1375, épousa Jeanne Amesnard ; il en eut :

V. Jean Chenu, chlr, sgr de la Bernardière, épousa Guillemette ou Guillemine du Plantis, fille de Guillaume et de Jeanne de la Rivière, dont :

VI Pierre Chenu, chlr, sgr de la Bernardière, épousa Jeanne Bérard, dame du Bas-Plessis [1], fille de Jean, sgr du Bas-Plessis, et de Gervaise de Marigny, dont :

VII. Jean Chenu, chlr, sgr du Bas-Plessis, épousa Marguerite de Villeneuve, dont :

VIII. Jean Chenu, chlr, sgr du Bas-Plessis, épousa Jacqueline de Coué, fille de Jean, sgr de Fontenailles, de Verneil et de Ray, en Touraine, et de Perrine de la Chasteigneraye du Fourny, en Touraine, dont :

---

1. Le Bas-Plessis, comm. Chaudron (Maine-et-Loire).

IX. Claude Chenu, chlr, sgr du Bas-Plessis, lieutenant de la compagnie de cinquante lances des ordonnances du Roi sous la charge du sr des Roches-Baritault, puis gentilhomme d'honneur de la reine en 1586, épousa, vers 1570, Marguerite de l'Esperonnière, fille de François, IIIe du nom, et de Renée du Pineau. (Voir page 50.) De cette alliance vint :

1º Pierre, qui suit.
2º et 3º Georges et Charles Chenu du Bas-Plessis, reçus chlrs de Malte au diocèse d'Angers en 1597 et 1601.

X. Pierre Chenu, chlr, sgr du Bas-Plessis, chlr de l'ordre du Roi, acquit, le 23 décembre 1602, de son suzerain Charles Turpin, comte de Montrevault, tous les honneurs seigneuriaux de la paroisse de Chaudron, avec l'autorisation de faire ériger sa terre du Bas-Plessis en châtellenie. (*Arch. de Maine-et-Loire.* E. 1979.) Il épousa Suzanne de Châteautre, dont il eut :

XI. Gilbert Chenu, chlr, sgr du Bas-Plessis, épousa Jeanne Charrette.

———

Jouhan Chenu fut taxé trois écus, entre les nobles de Montjean, en 1360, pour la rançon du roi Jean.

On trouve :

En 1449, Guillaume Chenu, gouverneur de Pontoise (Denais).
En 1461, Jehan Chenu, idem.
En 1471, damoiselle Loyse Chenu, damoiselle d'honneur de la duchesse d'Orléans.
De 1473 à 1481, Jehan Chenu, écuyer, sgr de la Tour-du-Pin et du Belloy, homme d'armes des ordonnances du Roi et élu extraordinaire sur le fait des aides en la ville et élection de Caen, puis conseiller et chambellan du Roi et capitaine de cent lances des ordonnances du Roi. Il portait, comme les Chenu du Bas-Plessis : *d'hermine, au chef losangé.* (*Bibl. Nat., Pièces originales,* reg. 733.)

1567. Isabeau Chenu, princesse d'Yvetot, femme de messire Martin du Bellay, chlr de l'ordre du Roi, capitaine de cinquante hommes d'armes, et Claude Chenu, sgr du Bas-Plessis et de Chaudron. (*Ban et arrière-ban d'Anjou de 1567. Arch. Nat.,* MM. 685, fos 14 et 26.)

1617, 1636. Noble homme Claude Chenu, sieur de la Brinière, comm. de Jallais (Maine-et-Loire). (C. Port.).

Jean Chenu, écuyer, sgr de l'Andormière, de Clermont, de Saint-Philibert et de la Tranchaye, petit-fils de Pierre Chenu et de Jeanne Bérard susdits, épousa Mathurine de Breizel, fille de Christophe, s^r de la Seilleraye, sénéchal de Nantes, et de Catherine du Chaffault. De cette alliance vint une fille :

Anne Chenu, qui épousa, le 9 novembre 1581, Hardouin Pantin, sgr de la Guère, du Verger et de l'Isle-Valin.

Jacques de Chenu, s^r de Villerceaux, demeurant par. de Bouffry, élection de Chartres, Emery, Marc et François de Chenu, ses frères, demeurant par. Saint-Martin-des-Monts, élection du Mans, justifièrent de leur noblesse devant M. Voisin de la Noiraye, commissaire du Roi en la généralité de Tours, en 1666. Ils portaient comme les Chenu du Bas-Plessis.

1694. Jacques de Chenu, chlr, sgr du Bas-Plessis, la Pagerie, par. de Bouffry (Loir-et-Cher).

1709. Le même, chlr, sgr de la Pagerie, veuf de Marie-Anne de Courtarvel [1], fille de Claude, chlr, sgr de Rocheux et en partie de Boursay (Loir-et-Cher), et de Marie de Varennes.

1719. Catherine Perrot, veuve du même.

1696. Renée Chenu, veuve de François de Villoutreys [2], écuyer, sieur de Brignolesse, et Charlotte Chenu, veuve de N. de Clais de la Forest. (*Armorial de Tours de 1696*, pp. 510 et 512.)

---

1. COURTARVEL (De), sgrs dudit lieu, par. de Mont-Saint-Jean (Maine) : *d'azur, au sautoir d'or, cantonné de 16 losanges de même : ceux du chef en fasce, 3 et 1, ceux de la pointe de même, 1 et 3, et ceux des flancs en pal, 3 et 1.*

2. François de Villoutreys, mari de Renée Chenu, devient possesseur de la sgrie du Bas-Plessis, le 2 novembre 1666.

Le château actuel, nouvellement reconstruit par son propriétaire, le marquis Ernest de Villoutreys, s'élève au milieu d'un parc admirable, dessiné par le châtelain, qui a aussi créé et réuni une merveilleuse bibliothèque.

XXXII

(Voir page 51.)

QUITTANCE D'APPOINTEMENTS MILITAIRES
D'ANTOINE DE L'ESPERONNIÈRE, IIe DU NOM.

20 janvier 1569.

Nous Anthoine de Lespronnière, sr de la Rochebardou, guidon de la compaignie de cinquante lances des ordonnances du Roy, dont a la charge et conduicte monsieur des Roches-Baritault [1], confessons avoir reçu comptant de Me Benoist Mylon, conseiller du Roy nostre dict seigneur et trésorier ordinaire de ses guerres, par les mains de Nicolas Boucher, païeur de la gendarmerie et commis à faire le paiement de ladicte compaignie, la somme de deux cens livres tournoiz en testons à douze solz pièce, à nous ordonnée pour nostre dict estat de guidon et place d'homme d'armes en ladicte compaignie, durant le quartier de janvier, février et mars MV^c soixante-huict, qui est C livres tournoiz pour nostre dict estat et pareille somme pour nostre dicte place, de laquelle somme de II^c l. tz. nous nous tenons contens et bien païez, et en quictons le Roy nostre dit seigneur, lesdicts Mylon, trésorier, Boucher, païeur, et tous aultres. En tesmoing de quoy nous avons signé la présente de n^{re} main, et icelle scellée du séel de noz armes, le xxme jour de janvier l'an mil cinq cens soixante-neuf.

Signé : ANTHOINE DE LESPRONNIÈRE.

(*Bibl. Nat., Pièces originales,* reg. 1695. Parch. orig. scellé aux armes dudit Antoine de l'Esperonnière : *d'hermine, fretté de gueules.*)

---

[1]. Pierre de Baritault, écuyer, sgr des Roches et d'Orries, capitaine d'une compagnie de deux cents hommes de pied, combattit au siège de Saintes, sous le duc de Mayenne, en 1577, et y fut blessé. (Voyez le Père Daniel et Scipion Dupleix.)

8 mai 1626. Ordre du Roi au trésorier de son épargne de payer au sieur des Roches-Baritault la somme de 1,800 livres, dont le Roi lui a fait don en considération de ses services. (*Bibl. Nat., Pièces originales,* reg. 2521.)

XXXIII

(Voir page 52.)

Rouxellé ou Roussellé (De).

Armes : *D'azur, à trois pals d'or, à la bande de gueules brochant sur le tout, chargée d'une cotice d'argent.*

FILIATION

I. Étienne de Roussellé, écuyer, sgr de la Treille, vivant en 1513, épousa Perrine de Morant, héritière de la Pelairie, en Bretagne ; il en eut :

II. Thibault de Roussellé, écuyer, sgr de la Treille et de la Pelairie, 1554, épousa Françoise Le Gay de la Fautrière, dont :

1º François, qui suit.

2º Jean de Roussellé, écuyer, sgr de la Pelairie, qui s'allia à Françoise Simon, fille de Jacques Simon, sgr de la Roussière et de la Saulaye, et de Claude-Suzanne de Cheverue de la Guidonnière, dont :

A. Renée de Roussellé, qui fut unie à François du Bois de la Ferté, fils d'Antoine, sgr d'Argonne, et de Françoise de la Curée.

III. François de Roussellé, chlr, sgr de la Treille, épousa Renée Savary, fille de François, sgr de Sachay, et de Marguerite Bérard [1]. De ce mariage vint :

1º Jehanne Roussellé, qui épousa, en 1566, Antoine de l'Esperonnière, IIe du nom (voir page 52).

2º René, qui suit.

IV. René de Roussellé, écuyer, chlr de l'ordre du Roi, baron de Sachay, comte de la Roche-Millet et de Bouteville, sgr de la Treille, du Pont, du Ruau, du Château-Bosset, de la Druère, de la Brissonnière et de Montfaucon, épousa Marguerite de Montmorency, fille de haut et puissant sgr François de Montmorency, IIIe du nom, chlr

---

[1]. Bérard (Anjou et Touraine) : *d'or, à trois fasces de sable.*

des ordres du Roi, sgr baron de la Roche-Millet, Bouteville, Crève-cœur et Hauteville, comte souverain de Luxe, gouverneur de Senlis, mort en 1627, et de Louise du Gebert, fille de Pierre, sgr de Noyan et du Rivau, et d'Anne de Loré.

De ce mariage vint :

1º René, qui suit.
2º Éléonard de Roussellé, chlr, sgr de Bouteville, vivant en 1666.

V. René de Roussellé, chlr, sgr comte de la Roche-Millet, épousa damoiselle Anne Frézeau, née en 1733, fille d'Isaac Frézeau, chlr, marquis de la Frézelière, et de Madeleine de Savonnières; il en eut :

1º François.
2º Isaac.
3º Joseph-René.

Anne Frézeau, ayant la garde noble desdits François, Isaac et Joseph-René, et ledit Éléonard, demeurant par. de May, élection de Montreuil-Bellay, justifièrent du titre de noblesse, en 1666, devant M. Voisin de la Noiraye, commissaire du Roi en la généralité de Tours.

XXXIV

(Voir page 53.)

JARZÉ (De). Srs de Millé-les-Loges, de la Jubaudière, des Varennes.

ARMES : *D'azur, à trois jars d'or.* CASQUE : de face, orné de ses lambrequins aux couleurs de l'écu.

FILIATION

I. Cardin de Jarzé, écuyer, épousa damoiselle Jeanne du Fay, dont :

1º Jean, prêtre.
2º Joachim, qui suit.
3º Guillemine, femme de Louis Héryau, écuyer,

II. Joachim de Jarzé, écuyer, épousa damoiselle Perrinelle Quantineau, dont :

1º René, prêtre.
2º Mathurin, qui suit.

III. Mathurin de Jarzé, Ier du nom, écuyer, vivant en 1514, épousa damoiselle Marie du Ponceau (sic); dont :

1º Jean, qui suit.
2º Jacqueline.
3º Renée.

IV. Jean de Jarzé, écuyer, épousa damoiselle Anne de Boussiron, dont :

1º Mathurin, qui suit.
2º César de Jarzé, s^r de la Jubaudière, épousa damoiselle Gabrielle Maubert, dont il n'eut pas d'enfants.
3º René de Jarzé, écuyer, s^r des Varennes.
4º Diane, qui s'allia à Christophe de la Cour, écuyer, sieur du Fresnay, dont : Marie de la Cour, qui épousa, le 9 juin 1643, Gabriel de Meaune.
5º Marie, présente au mariage de Mathurin, son frère, en 1616.

V. Mathurin de Jarzé, IIe du nom, écuyer, s^r de Millé-les-Loges, épousa, en 1616, damoiselle Antoinette de l'Esperonnière (voir page 53); il en eut :

1º Mathurin, qui suit.
2º Françoise, qui épousa Arthur-Charles de Saint-Offange[1], écuyer, sieur des Châtelliers.
3º Antoinette, qui fut la femme de Raoul de Caumont, écuyer.

VI. Mathurin de Jarzé, IIIe du nom, écuyer, s^r de Millé-les-Loges, épousa Charlotte Gencian, qui, étant veuve, fit enregistrer ses armes de la façon suivante dans l'*Armorial officiel de Tours* de 1696, page 710, bureau d'Angers : *De gueules, à trois fasces vivrées d'argent et une bande d'azur brochant sur le tout, chargée de fleurs de lys d'or sans nombre.*

---

[1]. SAINT-OFFANGE (De) : *d'azur, au chevron d'argent, accompagné de trois molettes de même.*

Lesdits Mathurin de Jarzé, IIIe du nom, demeurant par. de Chavagnes, damoiselle Gabrielle Maubert, veuve de César de Jarzé, demeurant par. de Saint-Florent-le-Viel, René de Jarzé, sr des Varennes, demeurant par. de Martigné-Briand, justifièrent, en 1667, devant M. Voisin de la Noiraye, commissaire du Roi en la généralité de Tours, du titre de noblesse depuis l'année 1514. (*Bibl. Nat., Pièces originales,* reg. 1572.)

La sgrie de Jarzé, en Anjou, fut portée en mariage, en 1572, par Renée de Bourré, à René du Plessis, sgr de la Roche-Pichemer, de Villiers, des Touches, chlr de l'ordre du Roi, fils de Louis du Plessis, sgr de la Roche-Pichemer. Elle fut érigée en marquisat par lettres de 1615 et d'avril 1694, ces dernières enregistrées le 16 mars 1696. Ce marquisat, par la mort de René du Plessis, IIIe du nom, marquis de Jarzé, sans postérité, en 1723, a passé à Paul-Louis-Jean-Baptiste-Camille Savary, comte de Brèves, du chef de sa bisaïeule, Catherine du Plessis-Jarzé, fille de François, comte de Jarzé, et de Catherine de Beaumanoir.

XXXV

(Voir page 56.)

SIMON. Sgrs de la Saulaye, par. de Freigné, de Vritz, de la Bénardais, du Mortier, de la Roussière de Vaudeguibert, de la Louettière, de l'Espinay, de la Rebouste, de Ramefort, de la Lussière, de Villegontier, du Feuil.

ARMES : *D'or, à la rose-double de gueules, boutonnée d'or.*

Pierre Simon, écuyer, fut taxé deux écus, entre les nobles du Grand et du Petit Montreveau [1], pour la rançon du roi Jean, en 1360.

Gilles Simon, écuyer, demeurant à ou près Clisson, né dans la seconde moitié du XIVe siècle, fut père de Jehanne Simon, qui épousa, le 9 avril 1416, Renaud de Goulaine [2].

---

1. Montrevault, arr. Cholet (Maine-et-Loire).
2. GOULAINE (de) : *mi-partie d'Angleterre et de France.* DEVISE : *A cestuy-cy, à cestuy-là, j'accorde les couronnes.*

FILIATION

I. Eonnet, *aliàs* Ivonnet Simon, écuyer, sgr du Mortier, par-devant Jehan Cloteaux, notaire et praticien en cour laie, confessa être homme de foi lige du duc d'Anjou, roi de Jérusalem et de Sicile, pair de France et sgr de Montfaucon, pour cinq setiers de seigle de rente, qu'il prenait annuellement, au terme de la mi-août, sur la terre de la Perrinière [1], par. de Saint-Germain, au regard de la châtellenie de Montfaucon. (*Arch. Nat.*, P. 333-334, cote 356. Parch. orig.)

On a lieu de penser qu'il fut père de :

II. Loys Simon, écuyer, sgr du Mortier, de Garnier, de la Roussière de Vaudeguibert [2], de la Saulaye, par-devant Mador Maynière, notaire à Montfaucon, rendit au roi un aveu pareil à celui qui précède, le 14 juin 1499. (*Arch. Nat.*, P. 332 2, cote 289. Parch. orig. signé dudit Loys Simon.) Il avait épousé, entre 1490 et 1495, Mauricette d'Escoubleau [3], fille de Maurice d'Escoubleau, chlr, sgr de Sourdis et de la Borderie, et de Guillemette Foucher, laquelle était fille d'Antoine Foucher, chlr, sgr de Thémines, et de Marguerite de Châteaubriand. Maurice d'Escoubleau était fils de Léonnet, chlr, sgr de Sourdis et de la Borderie, vivant en 1439, et de Thiennette d'Airon.

Loys Simon eut de ce mariage le fils qui suit :

III. Julien Simon, écuyer, sgr des mêmes lieux, épousa Anne Heaulme [4]; il en eut :

1º Jacques, qui suit.

2º Lancelot Simon, écuyer, sgr de la Rebouste, qui, comme tuteur des enfants mineurs de défunt noble Jacques Simon, sgr de la Saulaye, et de Claude-Suzanne de Cheverue, rendit aveu du domaine de la Saulaye, à Christophe du Breil, chlr, sgr dudit lieu, le 19 juin 1567. (Voir page 159.)

3º Jean Simon, écuyer, sgr de la Roussière et de la Saulaye, qui signa le contrat de mariage de Charles de Chambes, comte de Montsoreau, avec Françoise de Maridort [5] (la dame de Montsoreau), le 10 janvier 1576, devant François de Vauguyon, notaire au Mans pour le Roi et Monseigneur, frère de Sa Majesté, comte du Maine. (André Joubert, *Louis de Clermont, sieur de Bussy d'Amboise, gouverneur d'Anjou.* 1855, pp. 250-252).

---

1. La Perrinière, comm. Saint-Germain-lès-Montfaucon (Maine-et-Loire). En est sgr Pierre de la Perrinière, 1390. (C. Port.)
2. La Roussière, comm. Saint-Pierre-Montlimart (Maine-et-Loire).
3. Escoubleau (D') : *parti d'azur et de gueules, à la bande d'or brochant sur le tout.* SUPPORTS : *Deux levrettes rampantes.*
4. Denais mentionne une famille Le Comendeur du Haulme.
5. Maridort (De) : *d'azur, à trois gerbes de blé d'or.*

IV. Jacques Simon épousa Claude-Suzanne de Cheverue[1] de la Guidonnière, dont il eut :

1º Claude, qui suit.

2º Françoise Simon, qui fut la femme de Jean de Rousselé, chlr, sgr de la Pelairie, en Bretagne, fils de Thibault, sgr de la Treille et de la Pelairie, et de Françoise Le Gay de la Fautrière.

V. Claude Simon, écuyer, sgr de la Saulaye et de Vritz, embrassa d'abord la cause du duc de Mercœur, chef de la Ligue en Bretagne. Le duc de Mercœur, par lettres du 15 mars 1591, le fit gouverneur du château de Saint-Mars-la-Jaille[2]. Voici le texte de ce brevet :

« Philippes-Emanuel de Lorraine, duc de Mercœur et de Penthèvre,
« pair de France, prince du Saint-Empire et de Martigues, gouverneur
« de Bretagne, au sr de la Saulaye. Salut. Ayant puisnaguères le
« chasteau de Saint-Mars-de-la-Jaille esté remis en l'obéissance de la
« Saincte-Union des Catoliques soubz notre auctorité, il est nécessaire
« de l'y conserver pour le bien de ceste province et particulièrement
« des parroisses circonvoisines de ladite place, où il est, à ceste ocasion,
« besoing d'establir ung bon nombre de gens de guerre pour tenir
« garnison et estre comandez par quelque gentilhomme de la qualité
« et valeur requise, et cognoissant voz vertu, expériance et mérites,
« qu'avez au party de la Saincte-Union des Catholiques, qu'avez
« tousjours ambrassée. A ces causes, atandant la présance d'un Roy
« recogneu catholique, vous avons créé et ordonnons capitaine pour
« gouverner et comander en notre absence audit chasteau et pour le
« maintenir et garder avec le pays d'alentour en notre dite obéissance,
« vous donnons pouvoir d'y mettre et tenir en garnison jusques à
« vingt hommes armez et montez à la légère et quarante harquebuziers
« à pied, des myeux armez et aguerriz que pourez trouver, lesquelz
« seront avec vous et votre lieutenant, en ladite place, entretenuz
« et payez chacun moys des deniers qu'avons pour cest efet ordonné
« estre levez sur certaines parroisses suivant l'estat qu'en avons aresté.
« De ce faire vous avons donné et donnons pouvoir et comission par
« ces présentes. En tesmoing de quoy nous les avons signées et à icelles

---

1. CHEVERUE (De) : *de gueules, à trois têtes de chèvre arrachées d'argent, 2 et 1.*
2. Saint-Mars-la-Jaille (Loire-Inférieure), château du XIVe siècle, reconstruit en 1774, appartient actuellement à Mme la comtesse de la Ferronnays, mère du marquis de la Ferronnays, député de la Loire-Inférieure.

« fait mettre le cachet de noz armes, à Nantes, le XVe jour de mars
« mil cinq cens quatre vingtz unze.

      « *Signé* : Pls Emanuel de Lorraine.
       « Par Monseigneur :
        « Galinière. »

(*Arch. du chât. de la Saulaye*. Parch. orig. scellé aux armes du duc de Mercœur.)

Après avoir servi sous le duc de Mercœur, Claude Simon se rallia à Henri IV. En 1595, il rompit une trêve qui avait été conclue entre ce prince et le duc de Mercœur. Attaqué par les troupes de ce dernier, il fut grièvement blessé en sa maison forte de Montguerré, ainsi qu'il résulte du document suivant :

        1595.

Phles Emanuel de Lorraine, duc de Merceur et de Penthèvre, pair de France, prince du Saint-Empire et de Martigues, gouverneur de Bretaigne. Comme par cy davant on nous auroit faict entendre et aurions esté informez qu'en la maison de Montguerré [1], située au pays du Mayne, nonobstant la trefve accordée audict pays, retiroit les ennemys, faisoit la guerre jusques à prendre des prisonniers et les mettre à rançon, mesmes ung nommé Jossonnière, père d'ung des chevaulx légers du cappitaine La Varenne, qu'ilz auroient, de leur aucthorité privée, jugé à huict cens escus de rançon, et non contant, de la mesme aucthorité privée, levoient et exigeoient argent sur le vin et les autres marchandises, qui se conduysoient à Foulgères, contre l'article de ladicte trefve, occasion que nous aurions donné charge aux srs de L'Anderonde, Boisardière, Chevallerye, Tourraille, Minotière et aultres, de se saisir de ladicte maison de Montguerré et personnes y estant, pour en faire la justice ainsy qu'il appartiendroit, ce qu'ilz auroient essayé de faire, et entrez en ladicte maison, et, sur la résistance que faisoient ceulx de dedans, tué ung nommé le sr des Forges et quelques soldatz, mesmes blessé le sr de la Sollaye, seigneur en ladicte maison, qui seroit depuis décédé, et ayant reconneu ledict sr de la Jossonnière et mis en liberté, nous auroit représenté comme le tout auroit passé

---

1. Montguerré (Mayenne), 48 hab., château, comm. Montenay, cant. Ernée. Ancien fief vassal de la baronnie du Plessis-Châtillon et de la châtellenie d'Ernée. (Léon Maître, *Dictionnaire de la Mayenne*.)

et supplyé leur en donner adveu comme ayant faict la prise de ladicte maison, et ce qui s'en est suivy pour le service de l'Unyon. A ces causes, estant bien informez de la retraicte que les ennemys avoient en ladicte maison de Montguerré, de la retention dudict Jossonnière, exactions sur les marchandises par ceulx de ladicte maison, et mémoratif des grandes plaintes qui nous en auroient esté faictes, avons advoué et advouons la prise de ladicte maison et tout ce qui a esté faict d'acte d'hostilité en conséquence par lesditz L'Anderonde, Boisardière, Chevallerye, Tourraille, Minotière et aultres, néanmoins (*malgré*) ladicte trefve accordée audict pays du Maine, laquelle auroit esté rompue et violée par ledict s^r de la Sollaye et aultres estantz en ladicte maison de Montguerré, par les attentatz et violences cy dessus. Et sy avons déclairé et déclairons la prinse de ladicte maison et (de) tout ce qui estoit dedans bonne. En tesmoing de quoy nous avons signé les présentes de n^{re} main et à icelles faict mettre le cachet de noz armes. Donné au camp de.......... le....... jour du mois......... mil V^c quatre vingtz quinze. (Bibl. Nat., *Fonds français*, 18704, fol° 21. Minute originale sur parchemin.)

Claude Simon, contrairement au bruit qui en avait couru, ne mourut pas en 1595 des blessures qu'il avait reçues à Montguerré, puisqu'Antoine de Silly[1], comte de la Rochepot, gouverneur d'Anjou, adressait la lettre suivante au connétable de Montmorency[2], le 17 août 1596 :

Monseigneur,

Vous pouvez estre mémoratif comme le sieur de la Saulays comparut davant vous au moys de may dernier en l'assignation donnée de votre ordonnance au sieur du Goust, prisonnier de guerre de monsieur de Mercure, il c'estoit préparé pour retourner en la seconde assignation sur le défault obtenu contre ledict sieur du Goust, qui eschet au premier jour de septembre, mays il est tombé malade et en tel estat qu'il luy est impossible partir de cette ville. Cela, Monseigneur, avec ce qu'il luy est nécessaire d'estre en personne lors qu'il vous plaira ouïr les parties, me faict vous suplier très humblement recevoir la vérité de sa maladie pour excuse sufisante, et vouloir remettre lesdictes parties à deux ou trois moys, pour donner moïen audict sieur de la Sau-

---

1. Voir les renseignements que nous donnons plus loin, page 163, sur Antoine de Silly.
2. Henri Ier, comte de Damville, puis duc de Montmorency, connétable de France, né en 1534, mort en 1614.

laye de se guarir et fortifier, afin de ne manquer, comme il ne manquera, Dieu aydant, au jour qu'il vous plaira remétre ceste assignation, et m'asseurant que ceste mienne suplication faicte en faveur de personne de mérite comme je vous ay testifié ledict s^r de la Saulays ne vous sera désagréable, je vous supliré,

Monseigneur,

vouloir me conserver l'honneur de voz bonnes graces et me tenir tousjours pour

Vre très-humble et très-obéissant serviteur

La Rochepot.

D'Angers, ce xviie aoust 1596.

Au dos de la lettre est écrit :

A Monseigneur

Monseigneur le duc de Montmorency, pair et connestable de France.

(Bibl. Nat., *Fonds français*, 3570; f° 136.)

Le duc de Mercœur fit sa soumission à Henri IV en 1598, à la condition que la fille unique qu'il avait eue de son mariage avec Marie de Luxembourg, duchesse de Penthièvre, épouserait César, duc de Vendôme, fils légitimé de Henri IV et de Gabrielle d'Estrées. L'*Édit de Henri IV pour la réduction du duc de Mercœur* fut donné à Angers au mois de mars 1598. L'un des articles de cet édit décharge les héritiers du sieur de la Saulaye (Claude Simon) de la *représaille*[1] que pouvait avoir contre eux le sieur du Goust et fixe à 4,000 écus le chiffre de la rançon de celui-ci. (Dom Morice, *Preuves de l'Histoire de Bretagne*, vol. III, col. 1663.)

Claude Simon avait acquis la châtellenie de Vritz en Bretagne, le 11 avril 1582, de messire Étienne du Halay, époux de dame de Couesquin.

De son mariage avec Anne Davy, dame de la Duracerie, il n'eut qu'une fille : Renée Simon, dame de la Saulaye et de Vritz, qui, par contrat du 16 septembre 1612, épousa François de l'Esperonnière, IVe du nom. (Voir page 56.) Anne Davy, à cette date, était remariée avec Antoine Le Gras[2], écuyer, sieur de la Fresnaye[3].

---

1. *Représaille*, droit du particulier de reprendre en temps de paix par les voies judiciaires ce qui lui a été injustement enlevé par la force en temps de guerre.
2. Le Gras de la Fresnaye : *d'argent, à cinq fasces de sable, les trois du milieu chargées de cinq fusées de gueules.*
3. La Fresnaye-Mécrin, comm. Mozé (Maine-et-Loire).

Antoine Simon, écuyer, s^r de la Bénardais, demeurant par. de Véon (?), élection et sénéchaussée d'Angers, Antoine et Guy, ses frères, justifièrent, en 1666, leur titre de noblesse depuis l'année 1508, devant M. Voisin de la Noiraye, commissaire du Roi en la généralité de Tours. Ils portaient : *d'or, à une rose de gueules, au bouton d'or.* (Voir aussi la table de cette notice à Simon.)

XXXVI

(Voir page 57.)

LA SAULAYE[1], par. de Freigné, ancien fief et sgrie, avec droits de moyenne et basse justice, de quintaine[2], d'épave, etc., relevait du Breil et comprenait : le bourg et le prieuré de Beaulieu, près Candé, l'Aubriais, la Thibaudais, et suivait la séparation de Freigné et de la Cornuaille. En dépendaient également : la Garrelière, la Hingandière, la Rigolière, la Cavenelaye, la Renotière, la Brulairie, la Derouallaye, le Grand et le Petit Tesseau, les Malnutes, le Moulin de la Saulaye, les Moulins-Neufs; une pièce de terre appelée Girouart, entre le prieuré de Beaulieu et le Grand Tesseau; les Froux de la Saulaye, le Moulin de l'Arche, le village de la Rengourdière, la Petite Rengourdière; le clos Auray, tenu, en 1567, par honnête personne Etienne Fiot, châtelain de Candé. (Aveu rendu, en 1567, par Lancelot Simon; voir p. 154.)

En 1527, l'habitation était composée d'une maison ancienne avec vergers, jardins, réservoirs à poissons, etc , et d'un tenant clos, partie à murailles et partie à fossés.

Les Simon possédèrent la Saulaye depuis le commencement du XVIe siècle. (Voir la note xxxv.) Avant eux, elle était possédée par une famille du nom. L'ayeu rendu au Breil pour la Saulaye, en 1567, par Lancelot Simon, mentionne les héritiers de Guillemette de la Saulaye, femme de feu Jacques Mesnard et sœur de feu Jehan de la Saulaye, *prédécesseur* dudit Lancelot Simon[3].

---

1. On trouvera ci-jointe une vue exacte du château de la Saulaye en 1884.
2. Droit que les sgrs avaient de faire faire des *quintaines* (sortes de jeux) à des temps marqués. Celui qui devait frapper la *quintaine* (buste armé, placé sur un pivot) et manquait le but, payait une amende au profit du seigneur.
3. C. Port (t. I, p. 438) indique Jehan de la Saulaye comme sgr de la Boulairie, comm. La Cornuaille (Maine-et-Loire), en 1441.

En réunissant les éléments de cette note sur la Saulaye, nous avons trouvé, à la Bibliothèque Nationale, quelques documents relatifs à différents personnages de ce nom. Voici ces documents :

22 novembre 1411.

Pierre de la Saulaie, écuyer, dans la montre de messire Jehan, sgr d'Ynay, chlr bachelier, chambellan du Roi, et de 231 écuyers de sa compagnie, — reçue à Chartres, le 22 novembre 1411. (Collection Clairambault, vol. 41, pièce 4. Parch. orig.)

29 avril 1420.

La Reveue de Alain Le Felon dit de Beaudemers, escuier, et de quinze autres escuiers de sa chambre et compagnie, reveuz à Sablé le XXIXe jour d'avril l'an mil cccc et vingt.

C'est assavoir :

Ledit Alain Le Felon dit de Beaudemers.
Guillaume Avignon.
Guiot Lequeu.
Jehan Coustart.
Geffroy Saulay.
Jehan Légi.
Gervaise Moreau.
Jehan de Meslay [1].
Guion Le Roy.
Jehan de Pavie.
Yvonnet Guillart.
Thomas Le Comte.
Guillaume Frelin.
Raoullet de la Mote.
Jehan Béranger.
Estienne de Molins.

(Coll. Clairambault, vol. 46, pièce 145. Parch. orig.)

---

[1]. La présence de ce nom dans cette montre indique bien que nous sommes en présence d'écuyers du pays d'Anjou.

30 mars 1424. Émery de la Saullaye. (Cabinet des Titres. *Assises d'Anjou.*)

1545.

Jeanne de la Saulaye épousa, le 12 novembre 1545, noble Jean Picot, IIe du nom, sgr de Sauvieux, en Bretagne, fils de noble Jean Picot, Ier du nom, sgr de Sauvieux, et de Jeanne de Prigues. (Saint-Allais, *Nobil. Univ.*, t. IV, p. 106.)

1791.

Une famille de la Saulaye, bretonne sans doute, s'est éteinte à la fin du siècle dernier, dans la personne de messire Étienne-René de la Saulaye, page du duc de Penthièvre, puis officier dans le régiment de dragons-Penthièvre; comme tous les officiers de ce corps, il émigra en 1791; il ne se maria pas; il était fils de messire Étienne-Charles-Joseph de la Saulaye, ancien officier au régiment de la Reine-dragons, et de noble demoiselle Louise-Cécile Guetton, et frère germain de Julie-Marie-Joséphine-Louise de la Saulaye, qui épousa Louis-Jacques de Trémaudan, chlr. (Saint-Allais, *idem*, t. XV, p. 311.)

Pour en revenir à la Saulaye, objet de cette note, Jehan de Guignen[1] en était sgr en 1479, comme on le voit par le document suivant :

15 septembre 1479.

René, par la grâce de Dieu roy de Jhérusalem, de Sécille, d'Arragon, de l'isle de Sécille, Vallence, Maillorques, Sardeigne, Corseigne, duc d'Anjou, de Bar, conte de Barseloune, de Prouvence et de Pimont[2], etc., au premier huissier de nostre court des grans jours

---

[1]. Guignen, par. et château, évêché de Saint-Malo, qui a donné son nom à une maison fondue dans La Lande, puis Lelbiest et Saint-Amadour, en faveur de qui Guignen a été érigé en vicomté, en 1519. ARMES : *D'azur, au lion d'argent, l'écu semé de fleurs de lis de même.* Sur un sceau de 1306, Geoffroy porte six fleurs de lis et un lambel. Cette terre a été possédée successivement depuis par les maisons de Rieux, de Bretagne-Avaugour et de Rohan. (Potier de Courcy, *Nobil. de Bretagne.*)

Du Paz, dans ses *Maisons illustres de Bretagne*, in-fol°, 1620, donne la suite des sgrs de Guignen et mentionne Geoffroy de Guignen, sgr de Guignen, et Geoffroy son fils, chlrs en 1299.

[2]. Il s'agit de René d'Anjou (*le bon roi René*), né à Angers le 16 janvier 1409, mort à Aix, en Provence, le 10 juillet 1480.

d'Anjou, ou nostre sergent qui sur ce sera requis, salut. De la partie de nostre bien amé Jehan de Guignen, escuier, seigneur de la Saullaye, et du procureur de la court de Candé pour nostre très cher et très amé père[1], le conte de Laval, sire dudit Candé, adjoint avec luy, nous a esté exposé que despieczà se meut certain procès ès assises dudit lieu de Candé entre ung nommé Fouquet Léon, demandeur sur tort fait, d'une part, et ledit sgr de la Saullaye, défendeur, d'autre, où tellement a esté procédé que ledit de Guignen a obtenu sentence à son proffit et ledit Fouquet Léon condampné ès amendes près ladicte court de Candé, dont ledit Léon dit avoir appellé, et sondit appel... relève... de nosdicts grans jours..., et lesquelx grans jours sont de présent sans assignacion... de n'estre tenuz decy à longtemps et jusques à nostre bon plaisir, et par les longues suytes et délaiz qu'on trouve en plaidoirie ladicte cause pourroit longuement durer et le bon droit desdits exposans en voye de deppérir, (ce) qui seroit en leur très grand grief, préjudice et dommage, et plus pourroit estre, si par nous ne luy estoit personne de remède convenable de justice... Pourquoy nous, ces choses considérées, qui voulons les plez et procez d'entre noz subgects estre abrégez, te mandons, et, si mestier est, commectons que ledit Léon appellant tu adjournes à certain... jour, tel que de la part desdits exposans sera requis, à estre et comparoir à Angers, par devant noz amez et féaulx conseillers, messire Jehan Vinel, docteur ès loix, maistre Jehan Vinel, maistre Mathurin de Price et Jehan de la Vallée, pour monstrer et enseigner la dilligence qu'il a faicte, de sondict appel relever. . . . . jusques à l'adjudication dudict procès par cause d'appel, à laquelle nous voulons touz nosdits conseillers estre présens, ... en faisant aux parties, icelles oyes, bon et brief droit, car ainsi nous plaist il estre fait, nonobstant usaige, stille et coustume de pays. . . . . Donné à Angers, soubz nostre séel, le quinziesme de septembre l'an de grâce mil cccc soixante-dix-neuf.

Par le Conseil estant à Angers.
Signé : PELETIER.

---

1. *Père* pour *beau-père*. Le bon roi René avait épousé en secondes noces, en 1454, Jeanne de Laval, fille de Gui XIV, comte de Laval, et d'Isabelle de Bretagne. (Voir *le Roi René, sa vie, son administration, ses travaux artistiques et littéraires, d'après les documents inédits de France et d'Italie,* par A. Lecoy de La Marche. Paris, Firmin-Didot, 2 vol. in-8°, 1875.)

Au dos de l'acte est l'exploit de signification de Jehan Dorin, sergent du duc d'Anjou à Candé, — commençant par ces mots :

A vous, mes très honnorez et doubtez [1] seigneurs, messeigneurs, messieurs, messire Jehan Vinel, docteur ès loix, Jehan Vinel, Mathurin de Price, licencié ès loix, et Jehan de la Vallée, commissaires des grans jours d'Anjou en ceste partie, Jehan Dorin, sergent ordinaire du roy de Sécille, duc d'Anjou, ou bailliage de Candé, et le vostre, honneur, service, avecques toute obéissance. Plaise vous savoir moy avoir receu certaines lettres d'enticipation en cas d'appel, *etc.*

Signé : J. DORIN.

(Arch. du chât. de la Saulaye. Parch. orig. fruste.)

Comme nous l'avons dit, Claude Simon, sgr de la Saulaye et père de Renée Simon, qui épousa François de l'Esperonnière, IVᵉ du nom, prit parti pour le duc de Mercœur, chef de la Ligue en Bretagne. (Voir p. 155.) En conséquence, le château de la Saulaye fut assiégé, au mois d'avril 1591, par les troupes royales commandées par le sieur de la Rochepot; la garnison se défendit si bien que le sieur de la Rochepot dut lever le siège. Il se retirait sur Angers, lorsqu'il apprit que la poudrière de la Saulaye venait de sauter. Il revint aussitôt sur ses pas et put s'emparer facilement du château, ainsi privé de munitions. (Barthélemy Roger, *Histoire d'Anjou*, 1852, p. 451.) Dans les travaux qu'a fait exécuter, en 1884, M. le comte de l'Esperonnière, on a trouvé dans la cour du château des ossements divers, provenant sans doute de ce siège.

Voici les renseignements que nous avons pu rassembler sur le sieur de la Rochepot qui assiégea la Saulaye en 1591 :

Antoine de Silly [2], comte de la Rochepot, baron de Montmirail et de Trosnay, damoiseau de Commercy, était fils de Louis de Silly, sgr de la Rocheguyon, baron de Louvois, et d'Anne de Laval, dame d'Aquigny et de la Rochepot, lesquels avaient été mariés en 1539. Il épousa : 1º Marie de Lannoy, fille de Louis, sgr de Morvilliers, et d'Anne de la Vieuville; 2º Jeanne de Cossé, fille d'Artus de Cossé, sgr de Gonnord et maréchal de France ; il n'eut que deux filles de son premier mariage. Il fut successivement colonel d'infanterie, 1581 ;

---

1. Redoutés.
2. DE SILLY : *d'hermine, à la fasce vivrée de gueules, surmontée de trois tourteaux de même.*

commissaire extraordinaire des guerres, 1592; gouverneur et lieutenant général pour le Roi en Anjou, 1594-1608; chlr des ordres du Roi, 1595; conseiller du Roi en ses conseils d'État et privé, 1601; capitaine de 100 hommes d'armes des ordonnances du Roi et ambassadeur pour le Roi en Espagne, même année. Pendant son ambassade, il écrivait à Henri IV qu'apparemment il perdait la confiance de son maître, puisqu'à son insu on négociait en Espagne le mariage du dauphin (Louis XIII), qui venait de naître; il n'eut point de réponse, parce que la reine interceptait ses lettres; il envoya alors son secrétaire en porter une en main propre au Roi, qui, l'ayant lue, dit à Sully : « Ah! mon amy, je suis mort, ils me tueront. » (*Bibl. Nat. Pièces originales*, reg. 2705. Parch. originaux et note ancienne sur papier.)

Aux *Manuscrits* de la Bibliothèque Nationale se trouvent aussi un certain nombre de lettres originales d'Antoine de Silly, qui signait indifféremment *Antoine de Silly* et *La Rochepot*.

Voici l'une de ces lettres, adressée au Roi ; bien qu'elle soit étrangère à notre sujet, nous la publions cependant, parce qu'elle a été écrite à Angers :

25 août 1588.

SIRE,

Par deux lettres que j'ay eu cet honneur de recevoir de V^{re} M^{té}, l'une du xvie de ce moys par la voye de la poste, et l'autre du xxiie d'icelluy par ce courrier envoyé exprez, il plaict à icelle me faire entendre qu'elle se veult servir de ma compaignye de gens d'armes pour couvrir et asseurer son séjour de Bloys, du costé de Poictou, et à cette fin me commander que je la tienne preste et assemblée pour s'en pouvoir servir dans la fin du prochain moys de septembre, à quoy je suplye très humblement votre dicte M^{té} de croyre que je ne feray faulte et qu'elle en sera servye suyvant son intention. Aussy tost qu'elle sera ensemble, je la feray loger en ce gouvernement, du costé de Poictou, comme il luy plaict me commander, à Montreuilbellay ou en quelque autre lieu où je cognoistray qu'il en sera de besoing pour le service de votre dicte M^{té}, d'où je la feray partir incontinant après qu'icelle me l'aura commandé, pour la luy amener moy mesme ou la luy envoyer au lieu qu'elle trouvera bon de l'employer pour sondict service. Et sur ce, je prie Dieu donner à V^{re} M^{té}

SIRE,

en toute augmentation d'estat, prospérité et grandeur, très parfaicte santé, très heureuze et très longue vye. D'Angers, ce xxve aoust 1588.

Vre très humble, très obeyssant, très affectionné (et) très fidelle subject et serviteur,

LA ROCHEPOT.

Au dos de la lettre est écrit : AU ROY.

(*Bibl. Nat. Fonds français* 3378, f° 82. *Papier original.*)

La sgrie et le château de la Saulaye devinrent la propriété de la famille de l'Esperonnière par le mariage, en 1612, de Renée Simon, fille et unique héritière de Claude Simon, avec François de l'Esperonnière, IVe du nom.

En 1662, la maison noble de la Saulaye se composait de « logis, tours à mâchicoulis, etc., le tout circuité de murailles, douves et fossés, ainsi que de toute ancienneté elle a accoutumé estre ».

Antoine de l'Esperonnière obtint, en 1654, par lettres patentes de Louis XIV, la permission de faire agrandir les fossés et clore son château de la Saulaye, avec ponts-levis, canonnières, etc., ce qu'il exécuta aussitôt. Il fit établir dans l'une des tours une chapelle, qui fut bénite, le 22 février 1655, par le curé de Freigné et le prieur de Beaulieu, et dédiée à l'Immaculée Conception ; il fit aussi reconstruire le pont-levis et le portail d'entrée (1655). Les douves, agrandies à la même époque, mesurent 75 mètres de long et 12 mètres de large. La chapelle actuelle, à l'angle sud-est, occupe l'emplacement de la poudrière, qui sauta en 1591 ; elle fut consacrée le 7 octobre 1720. C'est à cette époque que le château actuel fut reconstruit et restauré (XVIIe au XVIIIe siècle). Les travaux qu'a fait exécuter, de 1877 à 1884, M. le comte de l'Esperonnière, ont transformé la Saulaye.

XXXVII

(Voir page 57.)

VRITZ ou VRIZ, en latin *Veris*, actuellement commune de la Loire-Inférieure, canton de Saint-Mars-la-Jaille, 1,741 habitants. Cette ancienne châtellenie relevait des sgries de la Cornuaille, de la Motte et de la Chapelle-Glain, avec droit de haute, moyenne et basse justice, et fut possédée, depuis la fin du XIIe siècle et sans doute antérieurement, par une famille de chlrs du même nom, qui s'éteignit vers 1425.

Olivier de VRIS, Ier du nom, chlr, sgr dudit lieu, vivait à la fin du XIIe siècle [1]. Entre 1177 et 1192, c'est-à-dire pendant que Geoffroy de Beaumont était abbé de Melleray, il fit plusieurs donations à cette abbaye.

Il figure parmi les témoins de l'acte des diverses donations qui furent faites aux moines de Marmoutiers pour la fondation du prieuré de Champtoceaux (autrefois Châteauceaux), par Geoffroy Crespin, sgr de Champtoceaux. (Dom Morice, *Preuves de l'Histoire de Bretagne*, t. Ier, col. 384.)

Il eut pour femme Béatrix, qui, avant 1199, fit don à la même abbaye d'une métairie sise près du Loroux-Bottereau (Loire-Inférieure). De ce mariage vinrent :

1° *Olivier* de VRIS, IIe du nom, chlr, sgr dudit lieu, qui, en 1243, confirma et augmenta les donations qui avaient été faites par ses père et mère aux moines de Melleray. Il n'eut qu'une fille : *Béatrix*, qui fut la femme de Geoffroy de Beaumortier ; ils vivaient tous deux en 1243.

---

1. Avant 1177, comme le prouve la charte suivante :

Rainaldus de Bellomonte dedit Mellereio quinque solidos de molendino suo annualim in perpetuum reddendos ad purificacionem Beate Marie. Hoc concessit frater ejus Gaudinus, filius et filia, Willelmus et Petronilla. Testes : domnus Ganfridus, frater ipsius Rainaldi, tunc monachus, postea abbas de Mellereio ; Oliverius de Veriz, Lambertus, filius Frapin, et alii.	Renaud de Beaumont a donné à Melleray, sur son moulin, une rente annuelle et perpétuelle de cinq sous, payables à la Purification de la Vierge. Son frère, Gaudin, son fils et sa fille, Guillaume et Pétronille, ont approuvé cette donation, qui fut faite en présence de dom Geoffroy, alors moine, puis abbé de Melleray, d'Olivier de Vritz, de Lambert, fils de Frapin, et de plusieurs autres.

(Bibl. Nat., Fonds français, 22,319, page 208.)

Geoffroy de Beaumont fut abbé de Melleray de 1177 à 1192. Cette donation est donc antérieure à 1177.

2º *Chotard* ou plutôt *Cotard* de Vris, chlr, vivait de 1222 à 1245. En 1222, il reçut une donation de Guillaume de Thouars; en 1243, il passa plusieurs actes avec les moines de Melleray, et, en 1245, il eut des démêlés avec le prieur de Rochementru.

La filiation qui précède résulte d'un certain nombre d'extraits du Cartulaire de Melleray, que nous allons reproduire avec leur traduction en regard, d'après des copies anciennes conservées au château de la Saulaye et le manuscrit 22,319 du Fonds Français de la Bibliothèque Nationale (ancien Blancs-Manteaux 36), dans lequel se trouvent des extraits du Cartulaire de Melleray, relevés au siècle dernier. Nous croyons que ces différentes chartes n'ont jamais été publiées. Quelques-unes d'entre elles ne se trouvent même qu'au château de la Saulaye, si le Cartulaire original de Melleray n'existe plus.

DONATION FAITE PAR OLIVIER DE VRITZ, Ier DU NOM

A L'ABBAYE DE MELLERAY.

Entre 1177 et 1192.

Oliverius de Veris dedit Mellereio decem et octo solidos censuales annuatim. Hujus rei testes sunt: domnus Aymarus, abbas de Ponte Octranni; Gestinus, abbas de Sancto-Guydalsio; Gaufridus, abbas de Mellereio; Raynaldus de Cornuallia, qui hoc donum concessit; Joannes de Freigné, Gaufri-

Olivier de Vritz a donné à Melleray [1] dix-huit sous de cens annuel. Les témoins de cet acte sont: dom Aymar, abbé de Pontron [2]; Gestin, abbé de Saint-Gildas [3]; Geoffroy [4], abbé de Melleray; Raynaud de la Cornuaille [5], qui consent à cette donation; Jean de Freigné [6],

---

1. Meillerayе (La), ou mieux Melleray, cant. Moisdon, arr. Châteaubriant (Loire-Inférieure). Abbaye de la Trappe, fondée en 1142, sous le vocable de la Vierge, par des religieux de l'ordre de Citeaux, venus de l'abbaye de Pontron. Les religieux Trappistes ont des colonies agricoles en Afrique, en Angleterre, en Irlande et aux États-Unis.
2. Pontron, comm. du Louroux-Béconnais (Maine-et-Loire), en latin *Pons Octrannus* ou *Beatæ Mariæ de Ponte Octranni abbatia*, abbaye d'hommes, ordre de Citeaux, diocèse d'Angers, fondée en 1134. Robert, sixième abbé de Pontron, confirma, en 1283, aux chanoines de Toussaint d'Angers les dîmes qu'ils possédaient à Vritz. (*Gallia Christiana*, vol. XIV, col. 731.)
3. Saint-Gildas-des-Bois (Loire-Inférieure), en latin *Sanctus Gildasius de Nemore*, abbaye de bénédictins. Geslin, Gestin, Justin ou Christin, dixième abbé.
4. Geoffroy de Beaumont (*de Bello-Monte*), quatrième abbé de Melleray (1177-1192).
5. La Cornuaille (Maine-et-Loire).
6. Freigné (*idem*).

— 168 —

dus Lostior. Hi testes et nomina terrarum de quibus nummi redduntur : la Bretoneria, duos solidos et tres denarios; la Poteria, octodecim denarios; la Bauteria, novem denarios ; la Rembergere, decem denarios; Charbochet, octodecim denarios; la Molere, novem denarios; les Places, octodecim denarios; le Chorai, novem denarios ; le Forein, octodecim denarios; Mongrison, octodecim denarios; Lermitrere, octodecim denarios; la Doernere, octodecim denarios; Berlate, octodecim denarios; Campiernault, novem denarios.	Geoffroy Lostior. S'ensuivent les noms des terres sur lesquelles sera prélevée ladite somme : la Bretonnerie, deux sous et trois deniers; la Poterie, dix-huit deniers; la Bauterie, neuf deniers; la Rembergère, dix deniers; Charbochet, dix-huit deniers; la Molère, neuf deniers; les Places, dix-huit deniers; le Chorai, neuf deniers; le Forein, dix-huit deniers; Mongrison, dix-huit deniers; Lermitrère, dix-huit deniers; la Doernère, dix-huit deniers; Berlate, dix-huit deniers; Campiernault, neuf deniers.
Post decessum vero sororis sue Leigrat, pro ejus anima, dedit eidem domui duos solidos quos habebat in feodo Herdeberti Le Monner. Hujus rei testes sunt : uxor Oliverii, que hoc donum concessit; Gaufridus, abbas de Mellereyo; Simon de Jheric, Robertus Crespin, Gaudinus de Sancto Maarso.	Après la mort de sa sœur Leigrat et pour le repos de l'âme de celle-ci, il donna à la même abbaye deux sous qu'il tenait en fief de Hildebert Le Monner. Les témoins de cette donation furent : l'épouse dudit Olivier[1], qui donna son consentement; Geoffroy[2], abbé de Melleray; Simon de Jhéric, Robert Crespin, Gaudin de Saint-Mars[3].

(Bibl. Nat., Fonds français 22,319, page 208, et Arch. du chât. de la Saulaye.)

Dedit etiam ipse Oliverius portionem illam decime sue, que eum contingebat de Sancto scilicet Medardo, excepta decima sue medietarie.	Le même Olivier donna aussi la portion de dîme qui lui revenait à Saint-Médard, excepté la dîme de sa métairie.
Et dedit suam decimam de Veris, retento ex illa uno sextario	Il donna aussi sa dîme de Vritz, déduction faite d'un setier

---

1. On verra plus loin qu'elle se nommait Béatrix.
2. Geoffroy de Beaumont, quatrième abbé de Melleray (1177-1192).
3. Saint-Mars-la-Jaille (Loire-Inférieure).

frumenti quod prius dederat leprosis de Jerusalem. Dedit etiam unum sextarium frumenti in molendino quod est ante ecclesiam Sancti Medardi, in anniversario patris et matris sue, quod fit octavo decimo calendas februarii. Hec omnia ipse Oliverius, sicut ab eo data fuerant, in capitulo monachorum Mellerii recensuit et iterum dando firmiter concessit; istis laicis presentibus Salomone, Guarino Jose, Rogerio et Willelmo Fabris, Rivallono, filio Rozé, Guiton, etc.

de froment qu'il avait déjà donné aux lépreux de Jérusalem. Il donna également, sur un moulin qui est devant l'église de Saint-Médard, un setier de froment pour l'anniversaire de son père et de sa mère, qui est le 15 janvier. Il confirma ces différentes donations au chapitre des moines de Melleray, en présence de Salomon, Guarin José, Roger et Guillaume Fabris, Rivallon, fils de Rozé, Guiton, etc.

Ces diverses donations furent confirmées par Maurice, cinquante-neuvième évêque de Nantes (1185-1198), dans les termes suivants :

Ego Mauritius, Dei gracia Nannetensis episcopus, notum fieri volo quod Oliverius de Veris dedit Mellereio decem et octo solidos, etc. (comme ci-dessus).

Maurice, par la grâce divine évêque de Nantes, faisons savoir qu'Olivier de Vritz a donné à Melleray dix-huit sous, etc.

Dedit etiam portionem illam decime de Sancto Medardo, que eum contingebat, et tertiam partem frumenti, vini, hordei, siliginis; avenam retinuit sibi et decimam partem sue medietarie; similiter etiam dedit tertiam partem decime sue de Veris, frumenti, vini, hordei, siliginis, retento ex illa uno sextario frumenti quod prius dederat leprosis Sancti Lazari de Jerusalem, etc.

Il donna aussi la portion de dîme qu'il avait à Saint-Médard, et sa tierce partie de froment, de vin, de troupeaux et de seigle; il garda l'avoine et la dîme de sa métairie; il donna pareillement la troisième partie de sa dîme de Vritz sur le froment, le vin, les troupeaux et le seigle, abstraction faite d'un setier de froment qu'il avait déjà donné aux lépreux de Saint-Lazare de Jérusalem.

Ad petitionem vero predicti Riverii presentem chartam fecimus et ut hec dona firmiter ac legitime in perpetuum teneantur, sigilli nostri, etc.

Nous avons fait rédiger la présente charte sur la demande dudit de Rivière, et nous l'avons scellée de notre sceau, afin que ces donations soient valables à toujours.

(Arch. du château de la Saulaye. Copie du XVIIe siècle.)

GEOFFROY, SOIXANTIÈME ÉVÊQUE DE NANTES,

VIDIME UNE DONATION FAITE A MELLERAY

PAR BÉATRIX, FEMME D'OLIVIER DE VRITZ, 1er DU NOM.

Entre 1199 et 1212.

Ego Gaufridus, Dei gracia Nannetensis episcopus, notum facio quod domina Beatrix de Veris dedit in elemosinam Beate Marie de Mellereio medietariam unam cum omnibus pertinenciis suis, quam ex dono matris sue prope Lauricorium Botari libere et quiete possidebat, et ut eam alicui religioni donaret ab ipsa matre in extremis agente mandatum acceperat.

Geoffroy, par la grâce divine, évêque de Nantes, faisons savoir que dame Béatrix de Vritz a donné en aumône à Notre-Dame de Melleray une métairie avec toutes ses dépendances près de Loroux-Bottereau; elle possédait cette métairie librement et sans aucune charge, et sa mère la lui avait remise *in extremis* avec mission de la donner à quelque couvent.

(Arch. du chât. de la Saulaye. *Idem.*)

DONATION FAITE PAR GUILLAUME DE THOUARS

A COTARD DE VRITZ.

1222.

† *Sancti Spiritus adsit vobis gratia.* † *Sciant universi, futuri et presentes quod ego Guillelmus de Thoarcio dedi, etc., domino Chotardo de Veriz et eredibus suis, propter servicium suum, CCC. solidos de ranta annuatim abendos in terra mea de Chalen* [1], *scilicet in*

† Que la grâce du Saint-Esprit soit avec vous. † Sachent tous présents et à venir que nous Guillaume de Thouars avons donné à Cotard de Vritz et à ses héritiers, en considération de ses services, une rente annuelle de 300 sous sur ma terre de

---

[1]. Challain-la-Potherie, cant. Candé (Maine-et-Loire). Le château de la Potherie, splendide demeure construite de 1847 à 1854, appartient au comte Henri de la Rochefoucauld-Bayers. Son père, le comte François-Denis-Henri-Albert de la Rochefoucauld-Bayers, avait épousé Mlle Louise-

feodo domini Gaufridi Britoin, etc.

De dono isto dominus Chotardus predictus homo meus est ligium de manibus suis et eredes sui quamdiu hanc habuerint rantam. Donum istud donatum fuit apud Sursam. Hoc vidit et audivit dominus Fulco de Jallia, dominus Alanus de Sancto Michaele, dominus Raginaldus de Molinetis. Data est carta ista anno ab incarnatione MCCXXII.

Chalain, et que nous tenons en fief de Geoffroy Britoin, etc.

A cause de cette donation, ledit Cotard et ses héritiers sont mes hommes liges de leurs mains tant qu'ils posséderont cette rente. Ladite donation fut faite près de Surzur? en présence de messires Foulques de la Jaille, Alain de Saint-Michel, Réginald des Moulinets. Cette charte fut donnée l'an de l'Incarnation 1222.

Pris sur l'original de Châteaubriens.

(Dom Morice, *Preuves de l'Histoire de Bretagne*, vol. I, col. 820.)

DONATIONS FAITES A L'ABBÉ DE MELLERAY

PAR OLIVIER DE VRITZ, IIe DU NOM, COTARD DE VRITZ

ET GEOFFROY DE BEAUMORTIER.

1243.

Ego Oliverius de Veris notum facio quod dominus Oliverius pater meus dedit monachis Mellerii in elemosinam decem et octo solidos censuales annuatim in vigilia Nativitatis Domini reddendos super terras in carta patris mei nominatas, quam habent de hoc predicti monachi sigillatam; addidit

Olivier de Vritz fais savoir que messire Olivier de Vritz, mon père, a donné en aumône aux moines de Melleray une rente annuelle de dix-huit sous de cens, payables la veille de Noël, sur les terres énumérées dans la charte scellée de mon père; il ajouta à ce don deux sous de

---

Idda Le Roy de la Potherie. Les Le Roy de la Potherie (éteints) possédaient, depuis 1740, la terre de Challain, qui fut érigée en comté en 1748.

Charles de Chambes, chlr de l'ordre du Roi, capitaine de cent chevau-légers, gentilhomme ordinaire de la chambre de Monseigneur, comte de Montsoreau, baron de Pontchâteau et sgr de la Coutancière, qui épousa, en 1576, Françoise de Maridort (la dame de Montsoreau), était le second fils de Philippe de Chambes, sieur de Montsoreau, et d'Anne de Laval. Il naquit au château de Challain, le 28 novembre 1549.

Son frère, Jean de Chambes, au nom de ses frères et sœurs, vendit, par acte du 7 janvier 1574, la terre de Challain à Antoine d'Espinay, sgr de Broon, auteur de la branche des Broon d'Espinay, fils de Guy, sgr d'Espinay, comte de Rochefort et de la Rocheguyon, baron d'Auneau et de Montfiquet, et de Louise de Goulaine.

et duos solidos quos habebat in feodo Odeberti Lomoners, in vigilia Nativitatis Domini censuales annuatim reddendos. Dedit insuper eidem domui omnem decimam suam de Sancto Medardo et de Veris, excepta avena et decima medietatis sue de Sancto Medardo. Sextarium vero quod ipse eis dederat in molendino quod est ante ecclesiam Sancti Medardi commutavi eis in decima de Veris, ut ita omnem decimam de Veris ex integro percipient annuatim. Dedit et Beatrix mater mea, post mortem patris mei, dictis monachis unam medietariam terre juxta burgum de Loricorio juxta Ligerim. Hec omnia concessit Cotardus frater meus, et, ut hoc ratum, etc. Anno 1243.

cens annuel, à lui dus, la veille de Noël, sur le fief d'Odebert Lomoners. Il donna en outre au même monastère toute la dîme de Saint-Médard et de Vritz, excepté l'avoine et la dîme de sa métairie de Saint-Médard. Le setier que mon père avait donné auxdits moines sur le moulin qui est devant l'église de Saint-Médard, je l'ai transporté sur la dîme de Vritz, afin qu'ils perçoivent cette dîme intégralement. Ma mère a aussi donné auxdits moines, après la mort de mon père, une métairie qu'elle possédait près du bourg de Loroux sur la Loire. Mon frère Cotard reconnut ces donations, et, afin de les assurer, etc.

(Arch. du chât. de la Saulaye. *Idem.*)

Universis presentes litteras inspecturis Chotardus de Veris, miles, salutem in Domino. Cum dominus Oliverius de Veris primogenitus dederit in perpetuam elemosinam abbatie de Mellercyo viginti solidos annui redditus in pedagio de Sancto Medardo l'Oliver, et postea Beatrix, filia et heres dicti Oliverii, uxor domini Gaufridi de Bello Morterio [1]*, similiter*

A tous ceux qui ces présentes lettres verront Cotard de Vritz, chevalier, salut dans le Seigneur. Messire Olivier de Vritz, mon frère aîné, a donné en aumône perpétuelle à l'abbaye de Melleray vingt sous de rente annuelle sur le péage de Saint-Médard l'Oliver, et dans la suite Béatrix, fille et héritière dudit Olivier et femme de messire Geof-

---

1. Geoffroy de Beaumortier fut aussi l'un des bienfaiteurs de l'abbaye de Melleray :

1230.

Universis presentes litteras inspecturis Gaufridus de Bello Morterio, miles, salutem in Domino. Noverint universi quod dedi Beate Marie de Mellereio centum solidos, etc.

A tous ceux qui ces présentes lettres verront, Geoffroy de Beaumortier, chevalier, salut dans le Seigneur. Sachent tous que j'ai donné à N.-D. de Mellery cent sous, etc.

(Fonds français, 22,319, page 212.)

dederit in perpetuam elemosinam dicte abbatie et fratribus ibidem Deo servientibus, quidquid ipsa habebat in pedagiis et coustumiis cheminorum de Sancto Medardo l'Oliver et de Bordineria. Tandem abbas ejusdem abbatie et conventus et ego Chotardus super predictis elemosinis composuimus et concordavimus in hunc modum, videlicet quod ego Chotardus et heredes mei de cetero tenemur singulis annis in perpetuum reddere pro dictis elemosinis dictis abbati et conventui de Mellereyo sex libras currentis monete in Nativitate Beate Marie Virginis, et centum solidos in Natali Domini, que omnia recipiens dictus abbas et conventus pacifice, etc. In confirmationem igitur et testimonium hujus rei dictis abbati et conventui dedi litteras sigillo meo sigillatas. Datum anno Domini 1243.

froy de Beaumortier, a donné pareillement en aumône perpétuelle à ladite abbaye, et aux frères qui y servent Dieu, tous les droits qu'elle avait sur le péage et les chemins de Saint-Médard l'Oliver et de la Bordinière. Enfin, l'abbé de ladite abbaye, le couvent et moi Cotard, nous avons fait une transaction et un accord, en vertu desquels, moi Cotard et mes héritiers, nous serons tenus de payer chacun an, pour lesdites aumônes et auxdits abbé et couvent de Melleray, six livres de monnaie courante à la Nativité de la Vierge et cent sous à Noël. Lesdits abbé et couvent jouiront sans trouble de ces rentes. En témoin et en confirmation de ce nous avons donné auxdits abbé et couvent des lettres scellées de notre sceau. Donné l'an du Seigneur 1243.

(Fonds français, 22,319, page 202, Arch. du chât. de la Saulaye et Arch. de la Loire-Inférieure. H. 75) [1].

Sans date

Universis, etc., Gaufridus de Bello Mortorio, etc. Noverit universitas vestra quod ego dedi Beate Marie de Mellereio, ad panem conventus, omnes decimas quas habebam in parochia de Penece [*]; *et ut hoc firmum, etc.*

A tous ceux, etc., Geoffroy de Beaumortier, etc. Sachent tous que j'ai donné à N.-D. de Melleray, pour le pain du couvent, toutes les dîmes que je possédais sur la paroisse de Pennecé. En foi de quoi, etc.

(*Idem*, page 198.)

1. Les Archives de la Loire-Inférieure contiennent aussi, sous la cote H. 217, les deux documents suivants, relatifs à Cotard de Vritz :

1245. Sentence arbitrale de deux chanoines d'Angers et d'un chanoine de Tours, portant que le sgr Cotard de Vritz, chlr, a eu tort de revendiquer la haute et basse justice sur les terres du prieuré de Rochementru [**] (*de Rocha Ermentrivi*) et que ce droit appartient au prieur, lequel est exempt de toute redevance envers lui. (Copie d'après le mss. 22,319 de la Bibl. Nat.)

[*] Pannecé, cant. Riaillé (Loire-Inférieure).
[**] Rochementru, comm. Le Pin, cant. Saint-Mars-la-Jaille (Loire-Inférieure).

1243.

Universis, etc., Gaufridus de Bello Morterio, etc. Noveritis quod Cotardus de Veris, miles, dedit abbatie Mellerii domum quamdam sitam in area decime apud Veris et censivam ejusdem domus, prout Jocet de Vrisseio (sic) *eam tenebat, quam donationem ego Gaufridus et Beatrix, uxor mea, benigne concessimus. Insuper, ad peticionem dicti Cotardi, ego Gaufridus et Beatrix, uxor mea, sigilla nostra presentibus litteris apposuimus, eodem Chotardo sigillum suum eisdem litteris apponente in munimen, etc. Anno* 1243.	A tous ceux, etc., Geoffroy de Beaumortier, etc. Sachez que Cotard de Vritz, chevalier, a donné à l'abbaye de Melleray une maison sise dans l'étendue de la dîme de Vritz et le cens de ladite maison, comme la tenait Jocet de Vrisseio. Moi et Béatrix, mon épouse, avons approuvé cette donation. En outre, à la demande dudit Cotard, nous avons, en garantie, apposé notre sceau aux présentes lettres, que ledit Cotard a lui-même scellées, etc. Année 1243.

(Arch. du chât. de la Saulaye.)

Les copies du Cartulaire de Melleray, qui se trouvent au château de la Saulaye, et que nous venons de reproduire, se terminent par ces mots :

« Par coppye vidimée et fidèllement collationnée sur l'original de la savante de l'abbaye de Melleray, à nous représenté par les R. P. soubsprieur et procureur de ladicte abbaye soubssignés, et à eux relaissée par nous notaires, soubssignés, des juridictions de Chasteaubriand, et la présente délivrée à messire Antoine de l'Espronnière, chevallier, seigneur de la Rochebardoul, Vriz, hault et bas Pineau, etc., lieutenant de la Vénerye du Roy, pour luy valloir et servir comme apartiendra, le vingt et cinquiesme jour de may mil six cents soixante et dix-neuf.

(Ont signé :)

F. G. Le Saulx,
Sousprieur de Melleray.

N. Choquet.

Jean Lamoureux,
Procureur de Melleray.

Fr. René Nau.

Genet,
Notaire.

Coué,
Notaire. »

1245. Déclaration du même sgr, dans laquelle il reconnaît qu'il a commis une usurpation en saisissant des meubles et des valeurs dans la mouvance dudit prieuré, et se désiste de toute prétention. (Copie, *idem*).

1366. Nicolas de Verries figure parmi les nombreux sgrs bretons qui furent présents, le 1er décembre 1366, à l'hommage rendu par Jean de Montfort, duc de Bretagne, à Charles V, roi de France, au château de Saint-Paul, à Paris. (Dom Lobineau, *Histoire de Bretagne*, vol. II, col. 528.).

1378. Simon de Verreiz, écuyer dans la montre de messire Alain de la Houssaye, chlr, un chevalier et vingt-huit écuyers de sa compagnie, reçue à Valognes, le 17 novembre 1378. (*Idem, idem*, vol. II, col. 578.)

1419. Himbaut de Vris, écuyer dans la revue de Lancelot de Maleret, écuyer, et de treize autres écuyers de sa compagnie, reçue à Carcassonne, le 29 mars 1419. (Coll. Clairambault, vol. LXIX, pièce 62, parch. orig.)

Les premiers sgrs de Vritz, dont nous venons de retracer l'histoire, ne sont pas inscrits sur les rôles des *Anciennes Réformations de Bretagne* de 1448 et de 1513; et l'on peut en conclure qu'ils se sont éteints dans la première moitié du XVe siècle.

Le 11 avril 1582, Claude Simon, sgr de la Saulaye, acheta la châtellenie de Vritz de messire Étienne du Hallay, époux de dame de Couesquin. (Voir page 158.) Comme nous l'avons déjà dit avec de longs détails, page 56, la fille unique de Claude Simon, Renée, épousa François de l'Esperonnière, IVe du nom, et lui apporta en dot la châtellenie de Vritz.

Entre autres prérogatives féodales, le sgr de Vritz avait droit de placer ses armoiries et de posséder un banc à l'endroit le plus apparent d'une chapelle qui existait au village de Préfouré, près de Vritz. Cette chapelle fut construite en 1588, sous le vocable de Saint-Philippe, et détruite en 1789.

Le chœur de l'église paroissiale de Vritz remontait à une époque très ancienne; les deux chapelles et la nef furent reconstruites en 1660, aux frais d'Antoine de l'Esperonnière, IIIe du nom, qui en posa la première pierre. (Voir page 61.)

Le nom de Vritz a été porté par plusieurs membres de la famille de l'Esperonnière, avec le titre de baron.

En 1864, après la mort d'Antoine-Marie-Jacques de l'Esperonnière de Vritz, la terre de Vritz échut en partage à Alexandrine, sa fille aînée, épouse de M. Jules Veillon de la Garoullaye, qui la possède actuellement. (Voir page 95.)

L'ancienne paroisse de Vritz était comprise dans l'évêché et le ressort de Nantes; en 1783, elle comprenait 1,800 communiants. Son prieuré était desservi par un moine de l'abbaye de Toussaint d'Angers, présenté par l'abbé de cette maison.

Voici, d'après les *Anciennes Réformations de Bretagne*, manuscrit de la Bibliothèque Nationale, l'état de la paroisse de Vritz en 1448 et 1513 :

1448.

Commissaires : Pierre Bonnabry et Jehan Rolland.

Jehan de Guignen [1] a une maison noble au bourg; métayer exempt.

Charles de la Ramée a le lieu noble de la Ramée.

Pierre Boyvin, de Vouvantes, a le domaine de la Lande, qui fut autrefois à Hector de la Jaille; a deux mestayers exempts.

Le prieur de Vris a la mestairie du prieuré exempte.

Jehan Rouault a le lieu noble de la Bouveraye; a un mestayer.

1513.

Le lieu et domaine de la Ramée où a demeuré, puis soixante ans, messire Charles de la Ramée, chlr, et après luy ung nommé Jacques Lambert, et à présent noble écuyer Vincent Rouxeau; y a deux mestairies et deux mestayers; l'une desquelles, nommée Vaubrun, fut bastie de neuf par ledict messire Charles.

La Tauperye, lieu noble sis au bourg, appartenant à Julien Colin, exempt; mais feu Jehan de Guignen, lors sgr dudict lieu, y adjouta des rotures, qui contribuoient jusqu'à dix journaux.

La Bouveraye à noble escuyer Jehan de la Motte, sgr dudict lieu et y demeurant; et y a un mestayer franc et exempt de tout tems.

Le chapelain de la chapellenie de la Basse-Ramée, fondée par un frère de Sainct Michel; a trente journaux de terre labourable et environ douze de pré, tout roturier, et son fermier ne paye rien, parce que est ledit.sr de la Ramée qui est noble (*sic*).

Le prieur de Vriz a de l'acquisition de ses prédécesseurs vingt journaux de terre labourable et de prairie, qui ne payent rien, lesdicts prieurs en ayant supplié les parroissiens.

Le sgr de Laval en possession d'avoir un sergent franc.

Les *Archives de la Loire-Inférieure* contiennent les documents suivants relatifs à Vritz :

---

1. Le même sans doute qui possédait la Saulaye en 1479. (Voir page 161.)

1722-1769. H. 220. Trois pièces papier. Titres de reconnaissance de la prestation annuelle de 40 sous, due à l'abbaye de Toussaint par le prieuré de Vritz, souscrits par J. Le Becq et J.-J. Chauveau, prieurs de Vritz.

1783. G. 611. Une pièce papier. Brevet présenté à Mgr Frétat de Sarra, évêque de Nantes, par Pierre Cœur de Roi, recteur de Vritz, chanoine régulier de la Congrégation de France, relatant que la paroisse comprend 1,800 communiants, et contenant l'énumération de toutes les fondations pieuses.

Voir aussi la Table de cette Notice à Vritz.

XXXVIII

(Voir page 58.)

12 février 1620.

Arrêt du Conseil d'État ordonnant aux magistrats conseillers royaux du présidial de Nantes d'avoir à décharger, en dernier ressort, s'il y a lieu, François Thomin, Jean Le Fort, Estienne Jousset, Pierre Le Tort, Michel Maczon, Pierre Le Large et Perrine Poultier, sujets et fermiers de la sgrie de Vritz, tous simples gens rustiques, qui ne savent lire ni écrire, du devoir de payer par chacun an deux boisseaux d'avoine de rente à messire François de l'Esperonnière, chevalier de l'ordre du Roi, et à dame Renée Symon, sa compagne, sieur et dame de ladite sgrie. Ces derniers avaient obtenu une sentence à la suite de laquelle ils avaient fait réformer le rôle rentier de leur sgrie par le sénéchal de celle-ci; l'affaire fut ensuite portée devant l'alloué de la juridiction correspondante, à la requête desdits fermiers; l'arrêt fait observer que les sieur et dame susdits s'appuient sur des aveux nouveaux, auxquels les aveux anciens doivent être préférés.

(*Arch. du chât. de la Saulaye*, Parch. orig.)

N. B. — Il est à supposer que les fermiers obtinrent gain de cause.

XXXIX

(Voir page 58.)

BREIL (Le), par. de Freigné. Cette importante sgrie, qui relevait de Bourmont et dont relevait la Saulaye, appartint jusqu'au XVIe siècle à une famille de ce nom. Christophe du Breil, chlr de l'ordre, capitaine de cinquante hommes d'armes des ordonnances, époux de Catherine du Bellay, la vendit à Jean Le Cerf, sieur de la Touche, fermier de la sgrie de Bourmont. Cette vente demeura sans effet, et le Breil fut vendu de nouveau, et cette fois définitivement, par René du Breil, chlr, sieur de Liré, à noble homme Jean Conseil, sieur de la Pasquière, le 23 septembre 1595. Les deux filles de ce dernier, Marie Conseil, épouse de Jean Dalleboust, écuyer, sr de Vaumort, demeurant à Château-Gontier, et Marguerite Conseil, femme de noble homme Gilles de Gennes, revendirent le Breil à François de l'Esperonnière, IVe du nom, le 12 juin 1619. (Voir page 58.)

En 1864, la terre de Breil échut en partage à Hermine de l'Esperonnière, épouse de M. Paul Le Bault de la Rochecantin, qui la possède actuellement. (Voir page 95.)

La sgrie du Breil avait droit de haute, moyenne et basse justice, reconnu par arrêt du Parlement de Paris du 16 mai 1665. (Voir page 64.) Le gibet seigneurial fut réduit de trois à deux piliers par sentence du 2 octobre 1533. Le poteau de justice était au pâtis Ronsin, près Freigné. Le sgr du Breil avait *droit de chasse et de tésurer* [1] *à toutes grosses bêtes rouges, noires, fauves et rousses, à conils, lièvres, perdrix, faisans et autres gibiers,* et droit de moulins banaux et quintaine sur les nouveaux maris. Le curé de Freigné et les prieurs de Rochementru et de Saint-Germain relevaient du Breil; le prieur de Rochementru devait trois messes par semaine. Le château, situé au Bas-Breil, était en ruines à la fin du XVIIIe siècle; il n'en reste aucun vestige.

Nous empruntons la plus grande partie de ces renseignements au *Dictionnaire de Maine-et-Loire* de M. Célestin Port.

---

1. Tendre des filets.

XL

(Voir page 59.)

HAYE-MONTBAULT (De la).

ARMES : *D'or, au croissant de gueules, à six étoiles de même en orle.*

FILIATION

I. Olivier de la Haye, écuyer, sgr de Montbault[1] et du Coudray[2], épousa Gabrielle de Garencières, dont il eut :

1° René, mort sans alliance.
2° Joachim, qui suit.
3° Louise, femme du sgr du Verger de Beaulieu.
4° Hardy, sgr du Coudray, épousa Madeleine de Coesmes, dont une fille morte sans alliance.

II. Joachim de la Haye, écuyer, sgr de Montbault et du Coudray, épousa, par contrat du 14 avril 1553[3], passé devant Pillais, notaire à Restigné, damoiselle Mathurine Hatte[4], fille de Guillaume, sgr de Charruau, et de damoiselle Julienne de la Roche. Il en eut :

1° Alexandre, qui suit.
2° N..., fille, morte sans alliance.

III. Alexandre de la Haye, écuyer, sgr de Montbault, des Bottereaux et du Coudray, chlr de l'ordre du Roi, s'allia, par contrat du 4 juin 1575, reçu par Jolivet, notaire à Angers, à damoiselle Cathe-

---

1. Montbault, comm. Nuaillé (Maine-et-Loire).
2. Le Coudray-Montbault. (Voir page 59, note 2.)
3. Le 20 mars 1539, noble homme Claude de la Haye-Montbault, l'un des cent gentilshommes de la maison du Roi, fit la déclaration, devant le lieutenant général de la sénéchaussée d'Anjou, de ce qu'il tenait en fief et arrière-fief en ladite sénéchaussée, entre autres la métairie de la Haye-en-Barault (actuellement ferme, comm. Cholet), *qui autrefois fut baillée en pariage aux sgrs de l'Esperonnière.* (Arch. de Maine-et-Loire. Notes d'Audouys.)
    Le 10 juillet 1546, Edmond de la Haye, sr de Montbault, contrôleur extraordinaire des guerres, était capitaine du château de Suse en Piémont et de quinze hommes de guerre à pied en garnison audit château. (Bibl. Nat., Pièces originales. Reg. 1496. Parchemin.)
    Guérin de la Haye, sgr du Coudray et de Saint-Jehan, par. de Brigné, 1567. (Arch. Nat., M. M. 685, f° 183 v°.)
4. Hatte : *De sable, au lion d'argent passant.*

rine de Saint-Amadour, fille de haut et puissant sgr Claude de Saint-Amadour, viçomte de Guignen, en Bretagne, et de Claude de la Touche-Limousinière. De cette alliance vint :

1º Philippe, qui suit.
2º Renée de la Haye, qui prit alliance, en 1613, avec David de Fesques, écuyer, sr de la Cacaudière.

IV. Philippe de la Haye, écuyer, sgr de Montbault et du Coudray, épousa, par contrat du 15 mai 1596, passé devant Voisin, notaire à Commequiers, en Poitou, damoiselle Suzanne du Puy du Fou, fille de haut et puissant sgr Eusèbe du Puy du Fou, sgr de la Séverie (la Sévrière?), chlr de l'ordre du Roi, capitaine de cinquante hommes d'armes de ses ordonnances et gouverneur de la Garnache, et de Catherine Prévost. De cette union vinrent :

1º François, qui suit.
2º Antoine de la Haye-Montbault, chlr, sgr des Hommes, fut maintenu dans sa noblesse d'ancienne extraction, le 10 mai 1667, par jugement souverain rendu à Tours par M. Voisin de la Noiraye, intendant du Roi en la généralité de Tours. Il épousa, par contrat du 15 février 1658, passé devant Charron, notaire à Angers, damoiselle Suzanne Mesnard, fille de messire Christophe Mesnard, chlr, sgr de la Vergne et de Préaux, et de Catherine Gallier. Il eut de ce mariage :

A. Jean-Baptiste de la Haye-Montbault, chlr, sgr des Hommes et du Coudray, qui épousa, par contrat du 9 février 1685, damoiselle Renée-Éléonore de l'Esperonnière. (Voir page 73.) Il en eut :

A. A. François-Antoine de la Haye-Montbault, chlr, sgr de Bourneau, né et baptisé à Coron, en Anjou, le 17 juin 1690, fut reçu page du Roi en sa Petite-Écurie, sous la charge du marquis de Béringhen, premier écuyer du Roi, le 30 août 1708. Il épousa, par contrat du 19 août 1724, reçu par Millet, notaire à Remeneuil, damoiselle Catherine Taveau de Mortemer[1], fille de haut et puissant sgr messire Taveau, chlr, baron de Mortemer, et de Jeanne Martel. Il eut de ce mariage :

A. A. A. Jean-Baptiste-Antoine de la Haye-Montbault, chlr, né et baptisé en 1725, reçu page du Roi en sa Petite-Écurie, sous la charge dudit marquis de Béringhen, le 21 mars 1742.

V. François de la Haye, chlr, sgr du Coudray-Montbault, transigea, le 27 mars 1647, devant Charron, notaire à Angers, avec son

---

1. Taveau de Mortemer : *d'or, à un chef de gueules, chargé de deux billettes d'argent, chargées chacune d'une ruche de sable.*

frère puîné, Antoine. Il épousa, par contrat du 17 février 1634, damoiselle Renée de l'Esperonnière. (Voir page 59.) Il en eut :

1º François-Abel, qui suit.
2º Antoine, chlr du Mont-Carmel et de Saint-Lazare de Jérusalem.
3º Autre Antoine, sgr du Teil.

VI. François-Abel de la Haye, chlr, sgr du Coudray-Montbault, qui, de son mariage avec Suzanne Carion (voir page 60), eut le fils qui suit.

VII. Philippe de la Haye, sgr du Coudray-Montbault et de la Sévrie (la Sévrière?), épousa, par contrat du 12 octobre 1720, reçu par Davy, notaire à Angers, damoiselle Jeanne Baron, fille de Jacques Baron, écuyer, sr de Beauroux, et de Marguerite François. Il en eut :

> A. Pierre-Philippe de la Haye-Montbault, baptisé le 7 septembre 1721, reçu page du Roi en sa Petite-Écurie, le 4 mars 1738, sous la charge dudit marquis de Béringhen.

(Bibl. Nat., Cabinet des Titres, vol. 287 et 290.)

La maison de la Haye-Montbault, l'une des plus anciennes de l'Anjou, s'est perpétuée jusqu'à nos jours.

XLI

(Voir page 61.)

FOI ET HOMMAGE

RENDU AU ROI PAR ANTOINE DE L'ESPERONNIÈRE, IIIe DU NOM,

POUR LE FIEF DU PINEAU AUX GARDES.

9 février 1640.

Louis, par la grâce de Dieu roy de France et de Navarre, à nos amez et féaux conseillers les gens de nos comptes à Paris, au (. . . . . . .) ou son lieutenant, et à noz procureur et receveur ordinaires audict lieu ou leurs substitutz, salut. Sçavoir faisons que notre cher et bien amé chevalier Anthoine de Lesperonnière, sieur de la Saulaye, nous a ce jourd'hui faict au bureau de nostre Chambre des Comptes les foy et hommage qu'il nous estoit tenu faire pour raison du fief du Pineau, sciz aux Gardes, contenant vingt-cinq septiers de terre ou environ, dans lequel est assis ung couvent de relligieux Augustins réformez, dont il est le fondateur, le tout tenu et mouvant de nous à cause de nostre chasteau d'Angers, et à luy appartenant au moyen du don et dellaissement qui luy en a esté faict par nostre aussi très cher et bien amé chevalier le s^r de Lesperonnière, son père, du quinziesme janvier MVI^c trente ung, ausquelz foy et hommage il a esté receu, sauf nostre droict et l'aultruy en toutes. Si vous mandons et ordonnons à chacun de vous en droict soy, comme à luy appartiendra, que si pour cause desdicts foy et hommage non faicts, ledict fief du Pineau ou aucunes de ses appartenances et deppendances sont ou estoient mis en nostre main ou autrement empesché, vous les mettez ou faictes mettre incontinant et sans délay à pleine et entière dellivrance et au premier estat et deub, pourveu que dans le temps de l'ordonnance il baille par escript en nostre dicte Chambre des Comptes son adveu et dénombrement, face et paye les autres droictz et devoirs, si aucuns nous sont pour ce deubz, si faictz et payez ne les a. Donné à Paris, le neufiesme jour de febvrier l'an de grâce mil six cens quarante et de nostre règne le trentiesme.

Par le Conseil estant en la Chambre des Comptes.

Signé : BOURLON.

(*Au dos de l'acte est écrit :*)

Expédié en la Chambre des Comptes à la charge de bailler le dénombrement dans le temps de l'ordonnance, selon qu'il est porté par l'expédition sur ce faicte, le XIVe jour de juing MVI^c quarante quatre.

Signé : DE FORTIA.

(Archives Nationales, registre P, 355 ^{1}, pièce 88. Parchemin original.)

28 décembre 1643.

AVEU ET DÉNOMBREMENT

DU FIEF DU PINEAU AUX GARDES, RENDU AU ROI PAR LE MÊME.

(*Fragments.*)

Au Roy, mon souverain seigneur, je messire Antoine de l'Espronnière, chevallier, seigneur de la Saullaye et des Gardes, cognois estre homme lige de Vostre Majesté au regard de vostre chastel d'Angers pour et à raison de mon fief et seigneurie du Pineau aux Gardes, contenant vingt ou vingt-cinq septrées de terre ou environ, qui jadis furent aux anciens comtes d'Anjou, terres infructueuses et dans lesquelles est basty et construict un couvent d'Augustins réformez, dont je suis fondateur[1], lesdictes terres joignant d'un costé le grand chemin qui conduist des Gardes au bourg de Sainct-Georges du puits de la Garde ; d'aultre au grand chemin Vieres, qui conduist de la Salle au May ; d'aultre aux terres de la Lizardière, et d'aultre aux terres de la Pignerie, dans lesquelles terres ledict couvent des Gardes est sittué et assis, fors une partye de leur jardin que je rends prochement au seigneur de la Pignerie, et dans lesquelles terres, oultre ledict couvent desdicts religieux Augustins, sont bastyes plusieurs maisons pour raison desquelles me sont deubz plusieurs cens, rentes et debvoirs, dont la déclaration s'ensuict :

Premier, le chappelain du chasteau du Pineau, un denier de cens pour et à raison de deux septiers de bled que deffunct Guy du Pineau luy a donné par le tiltre de fondation de la chapelle du Pineau.

Les révérends pères Augustins dudict couvent des Gardes, dont je suis fondateur, doibvent toutes les sepmaines deux messes et les sept pseaumes à l'intention de mes prédécesseurs, de moy et de mes successeurs ; oultre, à toutes les festes de Nostre Dame sont obligez de dire la messe à la mesme intention, et dans laquelle esglize et couvent des Gardes j'ay touttes sortes de droicts, qui de droict appartiennent au seigneur fondateur, mesmes au cas qu'ilz ne gardassent la réforme et vinssent à vivre licentieusement, en ayant donné advis au révérend

---

1. On trouvera à la suite de cet aveu une notice sur Antoine de l'Esperonnière, fondateur du sanctuaire de N.-D.-des-Gardes, en Anjou (1480).

père prieur des Augustins de Poictiers, à deffault d'y mettre ordre, de les chasser et oster dudict couvent et y mettre telz aultres religieux que bon me semblera...

Item, lesdictz religieux Augustins des Gardes par don à eux faict par Gilles de Lespronnière, escuyer, la pièce de terre appellée *La petite Lande*...... à la charge de prières et oraisons, tant pour ledict Gilles que pour ses successeurs...........

En toutes lesquelles choses cy dessus j'advoue droict de justice foncière et basse, avec les droicts, proficts et esmollumens, appartenans par la coustume d'Anjou aux seigneurs fonciers et bas justiciers, et ce sont touttes les choses que je tiens prochement de Vostre Majesté soubz ladicte foy et hommage, dont je me suis enquis avec parfaicte diligence, protestant où il se trouveroit de plus grandes choses ou debvoirs qui fussent deubz pour raison dudict hommage ou que j'eusse obmis à y employer, quelques debvoirs dont je n'eusse cognoissance, je ne m'en désadvoue pas, ains en veux servir Vostre Majesté comme mon Roy et mon seul seigneur suzerain. En vérité de quoy j'ay faict escrire ce présent adveu par escript, signé de mon seing manuel et scellé, et faict signer à ma requeste aux notaires soubsignez, le vingt huictiesme jour de décembre mil six cent quarante trois.

(*Ont signé:*)

ANTHOINE de LESPRONIÈRE.

DEILLE,
Notaire royal à Candé, à la requeste
dudict sieur de Lespronnière.

BESSON,
Notaire royal à Candé, à la requeste
dudict sieur de Lespronnière.

(*Arch. nat.*, P. 355¹, pièce 87. Original.)

ANTOINE DE L'ESPERONNIÈRE

FONDATEUR DES GARDES EN ANJOU.

1481.

Une notice écrite, vers le milieu du XVIIe siècle, par un religieux augustin de Notre-Dame-des-Gardes, donne les détails suivants sur la fondation de ce couvent :

« Messire Antoine de l'Esperonnière, sieur du Pineau et de la
« Rochebardoul[1], faisant voyage sur mer, environ l'an mil quatre cent
« octante[2], son vaisseau fut assailli par les barbares, lesquels étant plus
« forts le prirent d'emblée, et firent captifs tous ceux qui étaient dans
« ce navire. Le dévot seigneur jeta aussitôt ses yeux mouillés au ciel,
« et avec une abondance de larmes promit à Dieu que, s'il lui plaisait
« le tirer du malheur auquel il se voyait réduit, il ferait bâtir, au lieu
« le plus éminent et le plus élevé de ses terres, une chapelle en l'hon-
« neur de la très sacrée Vierge, à laquelle il se voua très humblement
« à la même heure. Je n'ai pu apprendre aucune particularité, sinon
« que le Ciel retint son vœu, entérina sa requête, et peu de temps
« après il se vit en liberté et hors de l'esclavage dans lequel il était.
« Mais, comme il ne fait pas bon promettre à Dieu, si on ne veut au
« plus tôt lui rendre ce qu'on lui a promis, notre cavalier fait libre et
« qui avait appris cette leçon du sage, pour ne différer plus longtemps
« l'exécution de son vœu, s'en retourna en son pays, où, étant, il fit
« choix du sommet d'une petite montagne située en l'une de ses terres,
« nommée le Puy de la Garde, en la paroisse de Saint-Georges, au
« territoire d'Anjou, diocèze de Maillezais, comme étant un lieu très
« conforme à son pieux dessein ; voulant ainsi que la Reine du Ciel et
« de la Terre, tenant le plus haut lieu de tout ce qui lui appartenait,
« présidât à ses biens aussi bien qu'à sa personne et à tous les siens.
« Ce fut donc en l'an mil quatre cent octante et un que notre

---

1. Le religieux augustin fait erreur : la Roche-Bardoul appartenait bien aux l'Esperonnière en 1480, et cela depuis plus de cent vingt ans, mais le Pineau n'entra dans la famille qu'en 1545.
2. Nous n'avons pas trouvé, dans nos recherches, d'Antoine de l'Esperonnière vivant en 1480, ce qui nous donne à penser que le religieux augustin s'est probablement trompé sur le prénom. Quoi qu'il en soit, la chapelle de N.-D.-des-Gardes fut fondée par la famille de l'Esperonnière bien avant 1601, date à laquelle Antoine de l'Esperonnière, IIe du nom, lui fit une donation que nous analysons en note (page 186).

« dévot seigneur commença de faire bâtir une petite chapelle en façon
« d'arceau...

« La dévotion s'augmentant tous les jours, certains prêtres des lieux
« voisins furent députés et nommés chapelains pour desservir ladite
« chapelle, et pour satisfaire à la piété des pèlerins.

« L'affluence à ce sanctuaire devenait de plus en plus considérable,
« en raison des miracles qui s'y opéraient; et on fut obligé de l'agran-
« dir à diverses reprises, de sorte qu'il fallut enfin se résoudre de bâtir
« une église entière...

« Le sieur du Pineau [1], ayant dessein d'augmenter et accroître ce
« même lieu d'un emplacement et étendue de terre, aussi ample que
« spacieux, qu'il savait nécessaire pour y bâtir un couvent de bons reli-
« gieux, afin de servir à Dieu et à la Sainte Vierge, demanda au père
« prieur des Augustins de Poitiers de venir occuper ce lieu de dé-
« votion.

« Le Père accepta. Ce fut donc en l'an 1605, le vingtième jour de
« mars, que sous le bon plaisir de monseigneur l'illustrissime et révé-
« rendissime Henry d'Escoubleau, évêque de Maillezais, le R. P.
« Martin Guillaume, assisté de quelques religieux de la communauté,
« prit possession de ladite chapelle et lieu destiné à bâtir un couvent
« de l'ordre de Saint-Augustin.

« Depuis ce temps, les pères Augustins mirent sur pied une assez
« belle église, comme on la voit aujourd'hui, laquelle fut bâtie au lieu
« de l'arceau et petite chapelle, qui était justement en la place où est
« à présent bâtie la première chapelle fondée par Mme la baronne de
« Vezins, douairière de la Tourlandry. De l'autre côté fut aussi bâti,
« par succession de temps, un beau couvent entier et parfait, accompli
« en tous ses lieux réguliers, où on a toujours eu vingt-cinq et trente
« bons religieux, vivant saintement selon leur profession. »

Les Augustins de Notre-Dame-des-Gardes, dispersés en 1793, ont
été remplacés en 1818 par des religieuses Trappistines.

Le trésor du couvent, pillé pendant la Révolution, était très riche.

---

1. Il s'agit d'Antoine de l'Esperonnière, IIe du nom, sgr de la Roche-Bardoul et du Pineau. Avant d'appeler aux Gardes les Augustins de Poitiers, — par acte du 13 novembre 1601, reçu par François Gadras, notaire à Chemillé, il fit donation, en sa qualité de patron de la chapelle de N.-D.-des-Gardes, aux frères et sœurs de la confrérie de N.-D.-des-Gardes, d'une pièce de terre attouchant à ladite chapelle, pour qu'il y soit édifié une autre petite chapelle en augmenta- tion de l'ancienne. Les deux témoins de cet acte furent : noble et puissant René de Vaugirault, écuyer, sieur de Bouzillé, et Louis Mesnard, habitant du Pineau. (Bibl. d'Angers, Mss 622.)

Il n'est pas admissible que le religieux augustin, auteur de la notice que nous reproduisons, ait confondu ledit Antoine de l'Esperonnière, IIe du nom, avec le fondateur de N.-D.-des-Gardes, vivant en 1480.

Une intéressante brochure de 29 pages in-8°, imprimée à Cholet, vers 1865, par H. Farré, rue du Verger, et intitulée : *Le Sanctuaire de Notre-Dame-des-Gardes au diocèse d'Angers*, se termine par ces lignes :

« La montagne des Gardes, que nous avons vue déserte à la fin du
« XVe siècle, est maintenant couronnée d'un joli bourg, dont les habi-
« tants semblent heureux de vivre à l'ombre du sanctuaire de la Mère
« de Dieu. Sa population est devenue assez nombreuse pour néces-
« siter la présence d'un curé. Aussi Mgr Angebault, qui depuis de
« longues années occupe si glorieusement le siège épiscopal d'Angers, a,
« dès le commencement de son épiscopat, érigé les Gardes en paroisse.
« Le Gouvernement lui-même a cru nécessaire de séparer cette popu-
« lation de celle de Saint-Georges pour en faire une commune. »

La statue de Notre-Dame-des-Gardes a été solennellement couronnée, le 8 septembre 1875, par Mgr Freppel, évêque d'Angers.

XLII

(Voir page 62.)

LETTRES PATENTES

AUTORISANT ANTOINE DE L'ESPERONNIÈRE, IIIe DU NOM,

A FORTIFIER LA SAULAYE.

Avril 1654.

Louis, par la grâce de Dieu roy de France et de Navarre, à tous présans et advenir salut. Nostre amé et féal Anthoine de l'Esperonnière, chevallier, sieur de la Rochebardoul, lieutenant de nostre vénerie, nous a faict remonstrance qu'il est seigneur et propriettaire de la terre, fief et seigneurie de la Saulais, située en Anjou, parroisse de Freigné, laquelle estant d'un revenu assez considérable, il désireroit icelle faire enclore de fossez avec pont levis, machecoulis et cannonnières, pour estre à couvert tant des volleurs que picoreurs, lorsqu'il passe des gents de guerre, ce qu'il ne peut faire sans avoir nos lettres de permission sur ce nécessaires. A ces causes, désirant gratifier et favorablement traitter ledict sieur de la Rochebardoul en considération des services qu'il nous a rendus et au feu Roy nostre très honoré seigneur et père, nous luy avons permis et par ces présantes signées de nostre main permettons qu'il puisse et luy soit loisible de faire clorre de fossez sa maison de la Saulais, avec ponts levis, machecoulis et cannonnières, pour se garantir des volleurs et courses des gents de guerre [1], sans pour ce luy estre donné aucun trouble ou empeschement au contraire, à la charge toutefois de prendre lettres d'attache du gouverneur ou nostre lieutenant en la province, à la manière accoustumée.

Sy donnons en mandement à nos amez et féaux conseillers les gents tenans nostre cour de Parlement à Paris que ces présantes lettres de permission ils ayent à registrer et du contenu en icelles fassent, souffrent et laissent jouir et user ledict sieur de la Rochebardoul, ses hoirs, successeurs et ayants cause, sans en ce luy estre faict, mis ou donné aucun empeschement au contraire. Car tel est nostre plaisir, et, affin que ce soit chose ferme et stable à tousjours, nous avons faict mettre nostre scel à ces présantes. Donné à Paris au mois d'avril l'an de grâce mil six cens cinquante quatre et de nostre règne le unziesme.

(Signé :) LOUIS.

Au dos de l'acte est écrit : Par le Roy,

(Signé:) PHÉLYPEAUX.

Registrées, oï le procureur général du roy, pour jouir par l'impétrant de l'effect et contenu en icelles, selon leur forme et teneur. A Paris en Parlement le vingtiesme may mil six cens cinquante quatre.

(Signé:) DUTILLET.

(Arch. du chât. de la Saulaye. Parch. orig. scellé du grand sceau de cire verte aux armes de France.)

---

1. Un édit de Louis XIII, rendu à Nanterre, le 31 juillet 1626, avait ordonné la destruction de toutes les places fortes, villes ou châteaux, dont la conservation ne serait pas jugée utile à la défense du royaume. (Bibl. Nat., Fonds français 3735.) L'autorisation que nous reproduisons doit donc être considérée comme une faveur toute spéciale accordée par Louis XIV à la famille de l'Esperonnière.

L'édit ci-dessus, dans lequel se manifestent le génie et la puissante volonté de Richelieu, eut pour conséquence la destruction d'un certain nombre de châteaux, qui avaient servi de repaires aux rebelles pendant les guerres de la Ligue. On détruisit notamment, en Dauphiné, le château de Crest; mais sa vieille tour, dont les fondations remontent aux Romains, fût jugée si curieuse

A la requête d'Antoine de l'Esperonnière, les lettres patentes ci-dessus et leur enregistrement par le Parlement de Paris furent signifiés, le 1ᵉʳ août 1654, par le sergent royal de Candé à messire Louis de la Tour-Landry, sgr marquis de Bourmont, de qui relevait la Saulaye. (*Idem.* Papier orig.)

XLIII

(Voir page 62.)

CONFIRMATION DES LETTRES PRÉCÉDENTES
PAR LE DUC DE ROHAN.

13 avril 1654.

Henry Chabot, duc de Rohan et de Frontenay, pair de France, prince de Léon, comte de Porhouet, marquis de Blein, etc., gouverneur de la province, pays et duché d'Anjou. Ayans veu les lettres pattantes de Sa Majesté du présent mois, obtenues par messire Antoine de Lespronnière, chevalier, sieur de la Rochebardoul, lieutenant de la Vennerie de Sa Majesté, par lesquelles il lui est permis de faire clorre de fossez avec ponts levis, machecoulis et canonières, sa maison de la Saulais, située en Anjou, paroisse de Freigné, pour se garantir des voleurs et courses des gens de guerre, Nous, attendu que ladite permission ne préjudicie en aucune façon au service de Sa Majesté ni au bien du public, consentons que ledit sieur de la Rochebardoul fasse clorre sadite maison de la Saulais avec ponts levis, machecoulis et canonières pour en jouir suivant et conformément lesdites lettres pattantes, et deffendons très expressément à tous gouverneurs particuliers des villes, places, chasteaux et forts, officiers de la justice, maires, eschevins et tous autres qu'il apartiendra, deppendans de nostre gouvernement, de lui donner, pour ce sujet, aucun trouble ou empeschement. En tesmoin de quoy nous avons signé les présentes, à icelles fait

---

qu'on n'eut pas le courage de la détruire. Elle appartient actuellement à M. Maurice Chabrières, trésorier général du Rhône, qui y a fait exécuter des réparations si importantes que c'est maintenant un des monuments les plus curieux de France.

apposer le cachet de nos armes et contresigner par un de nos secréttaires.

A Paris ce tréziesme jour d'avril mil six cens cinquante quatre.

(Signé:) HENRY CHABOT, duc de ROHAN.

Par Monseigneur,

BARRIÈRE.

(*Arch. du chât. de la Saulaye.* Parch. orig. scellé aux armes de Chabot: *d'or, à trois chabots (poissons) de gueules.*)

XLIV

(Voir page 67.)

LETTRES DU MARÉCHAL D'ALBRET

A ANTOINE DE L'ESPERONNIÈRE, IIIe DU NOM.

1658.

Pendant son séjour à la Cour, Antoine de l'Esperonnière eut, en 1658, des démêlés avec le duc de Brissac[1]. L'affaire fut portée devant les maréchaux de France, et Antoine de l'Esperonnière reçut à ce sujet les deux charmantes lettres suivantes du maréchal d'Albret[2]:

Première lettre, signée seulement par le maréchal d'Albret.

« MONSIEUR,

« J'ay fait voir vostre lettre à messieurs les maréchaux de France qui
« se sont trouvez à Paris. Ilz ne peuvent croire qu'une personne du
« mérite et de la qualité de monsieur le duc de Brissac puisse estre ca-
« pable de désavouer une chose véritable, et dont il est venu donner
« sa parolle à M. le maréchal d'Estrée en la présence de M. le mareschal

---

1. Louis de Cossé, duc de Brissac, époux de Marguerite de Gondi.
2. César-Phébus d'Albret, comté de Miossins, maréchal de France en 1654, mort en 1676.

« de Clérambault, et sur laquelle ensuite messieurs les mareschaux de
« France ont fait le règlement que vous avez emporté, signé de tous
« ceux qui estoient à l'assemblée. Ilz croyent, et moy avec eux, que les
« plaintes que vous faites sont sur de faux rapports que vous avez receus ;
« mais, en tout cas, vous devez avoir l'esprit en repos, puisque mes-
« sieurs les mareschaux de France sont vos garens. Ilz m'ont chargé
« de vous en asseurer de leur part, et de vous ordonner aussy de rendre
« à M. le duc de Brissac ce qui est deub à sa qualité. Après quoy vous
« ne devez avoir nulle inquiétude du reste ; c'est ce que vous con-
« seille sincèrement une personne qui est, avec beaucoup d'estime et
« de vérité, Monsieur, vostre très humble serviteur.

(*Signé :*) Le maréchal D'ALBRET.

Sur l'enveloppe : « Monsieur, Monsieur de la Roche Bardoul. »

Deuxième lettre, écrite tout entière de la main du maréchal d'Albret.

« De Paris, ce 7ᵉ mars 1658.

« MONSIEUR,

« La response que j'ay fait à la première lettre que vous avez pris la
« peine de m'escrire vous doit entièrement mettre l'esprit en repos.
« Mme la duchesse de Brissac a peu écrire ce quy lui a pleu, mais asseu-
« rément M. son mary ne sera jamais capable de désavouer des choses
« de fait et aussy véritables que celles qui sont portées dans l'escrit que
« vous ont donné MM. les mareschaux de France. C'est en ces
« mesmes termes qu'il en a parlé à M. le mareschal de Clérambault, et
« je puis mesme vous dire qu'il luy fit voir la lettre que je vous ay
« escritte par l'ordre de MM. les mareschaux. Ainsy je m'asseure qu'il
« ne se fera plus rien et que vous n'entendrez rien dire désormais qui
« vous puisse donner sujet de plainte. En mon particulier, je me
« porteray tousjours avec joye et affection à trouver vostre satisfaction
« en toutes occasions, et en recevray une très grande de vous pouvoir
« tesmoigner, par mes services, que je suis véritablement, Monsieur,
« Vostre très humble serviteur,

« Le maréchal D'ALBRET.

« A Monsieur, Monsieur de la Roche Bardoul. »

(*Arch. du chât. de la Saulaye. Papiers orig.*)

XLV

(Voir page 67.)

GODDES (De), marquis de Varennes, sgrs de la Perrière, etc.

Une intéressante généalogie de cette famille a été publiée dans le tome IV du *Nobiliaire Universel* de M. de Magny [1]. Nous nous bornerons en conséquence à quelques détails inédits.

François de Goddes, écuyer, sgr de Varennes, gentilhomme ordinaire de la Chambre du Roi, épousa, en 1647, damoiselle Marie Bonneau, fille de Jean Bonneau, sénéchal de Saumur, en la chapelle de la Singerie, comm. de Mazé (Maine-et-Loire).

Charles de Goddes de Varennes, abbé de Pontron en 1670, mourut à Angers, le 4 août 1705. (*Arch. de Maine-et-Loire*, G. G. 155.)

François de Goddes de Varennes, IIe du nom, naquit à Angers en 1643. En 1677, il se signala à la bataille de Cassel; il était alors aide de camp du duc d'Aumont; il fut nommé gouverneur de Landrecies en 1684. Mlle Le Clerc de Sautré lui apporta en dot le château de Sautré, par. de Feneu (Maine-et-Loire). Il mourut à Angers en 1701 et fut inhumé dans la chapelle d'Avrillé.

Son fils, Auguste-François de Goddes, marquis de Varennes, naquit au château de la Perrière en 1684; il mourut en 1771. Il fut père de :

Auguste-Claude-François de Goddes, marquis de Varennes, qui mourut, en 1782, au château de Sautré, où il avait formé une belle bibliothèque et un remarquable cabinet de physique et d'histoire naturelle.

Son fils, Auguste-François-Chrysanthe de Goddes, marquis de Varennes, baron de Sautré, chlr de Saint-Louis, s'adonna comme son père à la littérature. Il fut reçu à l'Académie d'Angers en 1772, et laissa un certain nombre de manuscrits en prose et en vers. Il mourut à Sautré en 1811.

Cette famille ne s'est pas éteinte, comme le dit M. Denais, dans les de la Motte Baracé de Senonés; elle existe encore.

---

[1]. Voyez aussi Saint-Allais, *Nobil. Univ.*, t. VIII, pp. 336 à 339.

XLVI

(Voir page 69.)

DES HERBIERS DE L'ESTANDUÈRE.

Armes : *De gueules, à trois fasces d'or.*

MM. Beauchet-Filleau, dans leur *Dictionnaire des familles du Poitou*, ont donné une généalogie complète de cette illustre famille, qui remonte aux Croisades et a produit un chef d'escadre célèbre au siècle dernier. Nous compléterons seulement cette généalogie depuis le XVIe degré, avec les renseignements que nous avons recueillis à différentes sources, dans l'intérêt d'une famille alliée.

XVI. Henry-Auguste des Herbiers, chlr, sgr de l'Estanduère et d'Ardelay, nommé lieutenant de vaisseau le 24 décembre 1667, puis capitaine, épousa, par contrat du 3 mai 1678, Marie-Françoise de l'Esperonnière. (Voir page 68.) Leurs enfants furent :

1º Alexis-Augustin des Herbiers, chlr, sgr de l'Estanduère et d'Ardelay, naquit au château de la Saulaye, le 29 juin 1680 ; il eut pour parrain : Antoine de l'Esperonnière, IIIº du nom, son grand-père maternel, et pour marraine : dame Gabrielle-Brigitte d'Escoubleau de Sourdis, femme de messire Alexis Charbonneau, chlr, sgr de Saint-Symphorien. Il épousa, le 17 février 1705, damoiselle Marie-Anne de la Haye-Montbault, fille d'Antoine, chlr, sgr de la Limousinière, par. d'Ardelay, capitaine de vaisseau, et de Louise Guiraud ; il n'en eut pas d'enfants.

2º Henri-François, qui suit.

3º Antoine-Benjamin, chlr de Malte, garde de la marine, eut la tête emportée par un boulet de canon au siège de Gibraltar.

4º Marie-Charlotte-Henriette, qui épousa, le 5 septembre 1701, Antoine d'Arcemale, chlr, baron du Langon, près de Fontenay, en Poitou.

XVII. Henri-François des Herbiers, chlr, marquis de l'Estanduère, chef d'escadre, fut baptisé dans l'église paroissiale de N.-D. de Lesvière d'Angers, le 15 juin 1682 ; il eut pour parrain : messire François de l'Esperonnière de la Roche-Bardoul, son oncle maternel, et pour marraine : dame Henriette Le Clerc, femme de François de Goddes de Varennes, capitaine au régiment des Gardes[1]. Dès l'âge de

---

1. Il était né à Angers le 6 juin 1682.

dix ans, il débuta comme mousse sur *le Téméraire*, monté par son oncle, Armand-Charles des Herbiers, sgr de Vernon, et fut témoin de la prise d'une flotte anglaise par le comte d'Estrées. En 1694, il s'embarqua, en qualité de simple soldat, sur *le Bizarre,* commandé par son oncle, M. de la Haye-Montbault. Le 12 mars 1697, à l'âge seulement de quinze ans, il fut nommé garde de la marine. En 1698, il servit sur *l'Emporté* et *le Faucon;* en 1701, il fut fait, par une distinction particulière, aide d'artillerie, puis enseigne. En 1703, il servait sur *le Gaillard*, que commandait le marquis d'Osmont, dont la sévérité était proverbiale. Cet officier, voyant *le Saint-Michel* en danger de se perdre sur un banc de sable, désigna l'Estanduère au comte de Toulouse, grand amiral de France, comme le seul marin capable de sauver ce navire. L'Estanduère le sauva en effet, ce qui lui valut d'être félicité publiquement par le marquis d'Osmont. Peu après, le 24 août 1704, à la bataille de Malaga, il eut la mâchoire fracassée par un éclat de bombe. « Ce combat, dit le président Hénault, eût été aussi utile à l'Espagne qu'il avait été glorieux pour le comte de Toulouse, qui commandait la flotte française, si on avait attaqué le lendemain les ennemis, comme il le voulait. » Les Anglais s'étaient emparés de Gibraltar le 4 août précédent; ils l'ont conservé depuis.

A peine remis de sa blessure, l'Estanduère reçut le commandement de la frégate *l'Étrille*, et fut envoyé à Carthagène pour y observer la flotte anglaise. Assailli par des forces supérieures, plutôt que de laisser sa frégate tomber au pouvoir des Anglais, il y mit le feu, après en avoir fait débarquer l'équipage. Il servit ensuite sur *l'Arrogant,* commandé par son oncle, Armand-Charles des Herbiers, mais ce vaisseau tomba aussi au milieu des escadres combinées d'Angleterre et de Hollande, et l'Estanduère, fait prisonnier, resta six mois à Lisbonne. Il profita de son séjour dans cette ville pour étudier les armées navales ennemies, et en rendit un compte exact à l'amiral de France, qui le nomma lieutenant de vaisseau le 1er novembre 1705, et, en 1706, le fit embarquer sur *l'Achille*. Il servait encore en 1709 sur ce navire, qui faisait partie de l'escadre de Duguay-Trouin. De 1718 à 1721, il dressa la carte de l'embouchure du Gange; de 1721 à 1725, avec les flûtes *le Portefaix* et *le Dromadaire,* qu'il commandait, il releva le plan des côtes du Canada. Le 18 mars 1727, il fut nommé capitaine de vaisseau. En 1730 et 1733, il remonta le cours du Saint-Laurent, dont il corrigea les cartes. En 1736, il fut nommé commissaire général d'artillerie au département de Rochefort. En 1740, il commanda *le Mercure* aux Antilles dans l'escadre du marquis d'Antin. Détaché pour une mission à la Martinique; il eut à soutenir un combat très vif contre les Anglais, dans la nuit du 18 au 19 janvier 1741. De retour en France, en 1742, il reçut le commandement du corps des canonniers de la marine à Dunkerque, et ce corps ayant été demandé, en 1744, par M. de Noailles pour le siège de Furnes, l'Estanduère prit une part si active à la prise de cette place qu'il fut fait chef d'escadre en 1745. Le 1er juin 1745, il prit le commandement de cinq vaisseaux pour escorter une flotte marchande jusqu'à Saint-Domingue, ce qu'il exécuta heureusement, après avoir pris en route quatre frégates anglaises. En 1746, à la suite d'une grave maladie, il inspecta les côtes de la Saintonge, de l'Aunis et du Poitou, pour les mettre en état de résister aux attaques de l'Angleterre.

L'année suivante, il soutint, avec des forces inégales, contre les Anglais, commandés par l'amiral Hawke, un combat héroïque, dont nous empruntons le récit à *la Gazette de France* du 18 novembre 1747 :

« Le sieur de l'Estanduère, chef d'escadre des armées navales, est
« arrivé à la rade de Brest le 9 de ce mois, avec les vaisseaux *le Tonnant*,
« qu'il monte, et *l'Intrépide*, commandé par le comte de Vaudreuil,
« capitaine de vaisseau. Il estoit parti le 18 du mois dernier de la rade
« de l'isle d'Aix, avec une escadre composée de ces deux vaisseaux, du
« *Monarque*, du *Terrible*, du *Neptune*, du *Severn* et du *Fougueux*, et
« de la frégate *le Castor*, ayant sous son escorte une flotte de deux
« cens cinquante-deux navires marchands. Le 25, il se trouvoit à la
« distance de quatre-vingt-huit lieuës du cap Finistère, qui luy restoit
« au sud-est, lorsqu'il aperçut, dès la pointe du jour, vingt vaisseaux
« anglois qui venoient à toutes voiles sur la flotte. Jusqu'alors il avoit
« navigué, laissant les navires marchands au vent et formant avec son
« escadre une ligne sous le vent. Pour tâcher de sauver la flotte, il la
« fit passer sous le vent, en luy faisant signal de forcer de voiles, et il
« se prépara à soutenir le combat contre l'escadre ennemie. Par cette
« manœuvre, les vaisseaux de guerre furent forcez de se tenir éloignez
« les uns des autres, afin de laisser passer entre eux tous les navires
« marchands, et, avant qu'il fût possible aux premiers de se rapprocher
« assez pour serrer la ligne, ils furent joints par les vaisseaux ennemis.
« C'est ainsy que le combat s'engagea à midy. Les Anglois attaquè-
« rent tout d'un coup les huit vaisseaux, mais ils partagèrent leurs
« forces, de façon qu'en combattant en nombre supérieur *l'Intrépide*,
« *le Terrible* et *le Trident*, qui formoient l'avant-garde, et *le Tonnant*,
« qui estoit au centre, ils environnèrent les quatre autres vaisseaux,

« qui faisoient l'arrière-garde. Après avoir fait une défense des plus
« vigoureuses pendant près de quatre heures, ces quatre derniers vais-
« seaux, qui ne pouvoient estre secouruz par ceux de l'avant-garde,
« se trouvèrent entièrement désemparez, et, estant accablez par le
« nombre, ils furent obligez de se rendre à peu d'intervalle les uns
« des autres. Le *Tonnant* estoit pour lors attaqué par cinq vaisseaux,
« ausquels il résistoit par un feu continuel des plus vifs de canon et
« de mousquéterie, et, comme il estoit presque entièrement désagréé et
« que ses mâts n'avoient plus de cordages pour se soutenir, il auroit peut-
« être esté dans la nécessité de céder, si *l'Intrépide* ne fût venu à son
« secours. Mais le comte de Vaudreuil, ayant veu l'estat où il estoit
« réduit, prit sur-le-champ le parti de revirer de bord, se fit un jour
« au travers de huit vaisseaux, qu'il écarta par la vivacité de son feu, et
« vint partager le danger auquel estoit exposé le sieur de l'Estan-
« duère. Le feu du *Tonnant* et de *l'Intrépide* ainsi réunis obligea les
« Anglois de s'éloigner. Ces deux vaisseaux profitèrent de cet inter-
« valle pour faire vent arrière, en coupant la ligne des ennemis, ce
« qu'ils exécutèrent sans qu'aucun vaisseau entreprît de les combattre,
« et ce ne fut qu'ensuite qu'il y en eut trois qui se détachèrent pour
« les attaquer de nouveau, mais qui furent bientost repoussez. Cepen-
« dant *le Terrible* et *le Trident*, qui, par le mauvais estat où ils se
« trouvoient, n'avoient pu suivre la manœuvre de *l'Intrépide*, soute-
« noient toujours le combat avec vigueur contre la moitié des vais-
« seaux ennemis. Le *Trident* fut enfin forcé d'amener vers l'entrée de
« la nuit, et il y a lieu de juger que le *Terrible* n'aura pu résister
« guères plus longtemps. Le *Tonnant* et *l'Intrépide* voulurent, à la fa-
« veur de l'obscurité de la nuit, se raccommoder et se mettre en estat
« de deffense pour le lendemain, mais *le Tonnant* estoit si endom-
« magé qu'il fut obligé de se mettre à la remorque de *l'Intrépide*. Ils
« estoient le lendemain dans cet estat, lorsqu'ils se trouvèrent à portée
« de quatre vaisseaux ennemis qui ne les attaquèrent point, et ce n'est
« que plusieurs jours après qu'ils ont pu se raccommoder l'un et l'autre.
« Il y a eu à bord de ces deux vaisseaux trente-quatre hommes tuez,
« parmi lesquels sont le sieur Barras, garde du pavillon sur *le Tonnant*,
« et le sieur Bayette, commandant des gardes de la marine sur *l'Intré-
« pide*. Plusieurs officiers sont blessez, la plupart sans danger, et le
« nombre des blessez dans les équipages est fort considérable[1]. A

---

1. L'Estanduère reçut lui-même deux éclats de poulie, l'un au bras droit, l'autre à la jambe, qui lui firent deux fortes contusions. (François d'Hozier, *Impôt du sang*, vol. II, Ire partie, p. 244.)

« l'égard de la flotte, à la suite de laquelle le sieur de l'Estanduère a
« détaché la frégate *le Castor*, elle ne paroissoit plus à la fin du combat,
« et il est à croire qu'elle se sera sauvée. »

Un tableau du musée de Versailles représente cette glorieuse lutte de deux vaisseaux contre une flotte.

Voltaire, ayant rendu compte d'une façon sommaire de ce combat dans son *Précis du siècle de Louis XV* (édition Garnier, t. XV, p. 324), reçut de Mme du Puy, fille de l'Estanduère, des renseignements détaillés, dont il accusa réception par la lettre suivante :

A Madame du Puy, née de l'Estanduère.

« Au château de Ferney, le 23 décembre 1769.

« MADAME ;

« Le triste état de ma santé, qui est la suite de ma vieillesse, ne m'a
« pas permis de répondre plus tôt à l'honneur que vous me faites.

« L'ouvrage dont vous me parlez n'est qu'un abrégé, qui n'a pas
« permis qu'on entrât dans les détails ; je ferai sans doute usage de
« ceux que vous avez bien voulu me faire parvenir, si mon âge et
« mes maladies me permettent d'étendre cette histoire selon mes pre-
« mières vues.

« Je suis flatté que vous ayez approuvé le peu que j'ai dit de mon-
« sieur votre père ; je n'ai fait que rendre gloire à la vérité et justice
« à son rare mérite.

« J'ai l'honneur d'être, avec les sentiments les plus respectueux,
« Madame, etc.

« VOLTAIRE. »

(Édition Garnier, t. XLVI, p. 519.)

Par acte passé devant Charles Huchelou, notaire à Angers, Henri-François des Herbiers, alors qu'il n'était que « lieutenant des vaisseaux du Roi », avait acquis la terre du Chesne, par. du Loroux-Bottereau, de dame Jeanne Préseau, veuve de messire Pierre de Rougé, chlr, sgr de la Bastière. (Cabinet des Titres. *Pièces originales*, reg. 1513.)

Le 19 avril 1749, il perdit son fils, Henry-Charles-François, âgé de vingt-quatre ans, ce qui lui causa un profond chagrin.

Il mourut à Rochefort, le 26 mars 1750, après cinquante-huit années de services actifs; dans son acte de décès il est qualifié « chlr, sgr du Chesne, Vernet, la Brosse-Moreau, Mourière et autres lieux, chef d'escadre des armées navales de Sa Majesté, commandeur de l'ordre royal de Saint-Louis, commandant la marine au département de Rochefort ».

Il avait épousé, en 1723, d^{lle} Olive Gaillard, fille de N... Gaillard, commissaire de la marine au département de Rochefort, et veuve de N... de Polignac d'Escoyeux, capitaine de vaisseau. Il eut de cette union :

1° Henry-Charles-François des Herbiers de l'Estanduère, né en 1725. En 1740, à l'âge de quinze ans, il s'embarqua avec son père et promettait d'être son fidèle émule, lorsque la mort vint le frapper à Rochefort, le 19 avril 1749, à l'âge de vingt-quatre ans; il était alors sous-lieutenant d'artillerie; il ne s'était pas marié.

2° Marie-Olive des Herbiers de l'Estanduère, qui épousa, en premières noces, à Rochefort, le 14 mars 1740, Charles des Herbiers, chlr, sgr de la Ralière, son cousin germain, lieutenant des vaisseaux du Roi, capitaine d'une compagnie franche de la marine à Rochefort, fils de feus messire Armand-Charles des Herbiers[1], chlr, sgr de Vernon, chlr de l'ordre militaire de Saint-Louis, capitaine des vaisseaux du Roi, et de dame Jeanne-Suzanne de Saint-Martin. Charles des Herbiers était, le 19 juin 1750, chlr de Saint-Louis, capitaine de vaisseau et commandant de l'île Royale; il décéda à Rochefort, le 18 avril 1752, à l'âge de cinquante-deux ans. Il avait eu de son mariage avec Marie-Olive des Herbiers :

A. Henry-Charles des Herbiers de l'Estanduère, écuyer, sgr marquis de l'Estanduère et de la Ralière, né en 1747, décédé à Rochefort le 7 mars 1770; il était alors enseigne de vaisseau.

B. Alexandre des Herbiers de l'Estanduère, qui périt sous la hache révolutionnaire, en juin 1794.

C. Antoine-Auguste des Herbiers de l'Estanduère était capitaine en 1789; il fit la campagne d'Italie, et le courage qu'il y déploya lui valut le grade de général de brigade. Accusé par les représentants du peuple, commissaires auprès de l'armée d'Italie, d'intelligence avec l'ennemi, il fut arrêté, conduit à Paris, condamné à mort, quoique innocent, et exécuté le 17 février 1794[2].

---

1. Armand-Charles des Herbiers était frère puîné de Henry-Auguste des Herbiers, qui épousa Marie-Françoise de l'Esperonnière en 1678.
2. Voici le texte de son acte de décès :

Extrait du registre des actes de la Municipalité de Paris, an deuxième.

Du trente pluviôse an deuxième de la République (18 *février* 1794), acte de décès d'Antoine-Auguste Desherbier Letenduaire, du vingt-neuf de ce mois, général de brigade, natif de Rochefort.

Vu l'extrait du jugement du Tribunal révolutionnaire et du procès-verbal d'exécution en date du vingt-neuf de ce mois. (*État civil de Paris*.)

D. N... des Herbiers de l'Estanduère, chlr de Saint-Louis, fut nommé lieutenant de vaisseau le 13 mars 1779; il était major général et commandant de la marine à Rochefort en 1789, lorsqu'il fut destitué; il est mort sans enfants.

Marie-Olive des Herbiers épousa en secondes noces, à Rochefort, le 20 février 1753, Gaspard Cochon du Puy[1], écuyer, docteur régent de la Faculté de médecine de Paris, médecin de la marine à Rochefort, fils de Jean Cochon, s^r du Puy, conseiller et médecin ordinaire du Roi à La Rochelle, et de d^{lle} Marie Le Roy.

Marie-Olive des Herbiers eut de son second mariage :

A. N... Cochon du Puy, mort sans postérité.

B. Jeanne-Henriette Cochon du Puy, qui épousa : 1° Jean-Charles Pascauld de Béarn, sgr marquis de Pauléon[2], dont : N... Pascauld de Béarn, marquis de Pauléon, épousa Julie de Crès, dont : N... Pascauld de Béarn, marquis de Pauléon, vivant à Paris en 1889, dont une fille; 2° en 1780, Louis-Maximilien Alexandre, comte de Hanache, second fils de Jérôme-Marie-Hugues Alexandre, comte de Hanache, et de N... de Mitifiaut, dont postérité.

---

1. Cette famille subsiste encore dans la branche aînée des Lapparent.
2. PASCAULD DE PAULÉON, maison noble, originaire d'Angoumois et établie en Aunis vers 1595. Messire N... Pascauld, écuyer, sieur de Villane, lieutenant au présidial de La Rochelle, puis conseiller du Roi en son Conseil d'État et privé, en 1635, acheta, la même année, du duc de Rohan, la baronnie de Pauléon* en Aunis. Il épousa Sara de Picasari, dont il eut, entre autres enfants : messire Jean Pascauld, chlr, baron de Pauléon, lieutenant-colonel de cavalerie, marié, en 1647, avec damoiselle Suzanne Galard de Béarn, dont : 1° messire Gaspard-Marie-Jean-Charles-Henry Pascauld, marquis de Pauléon; 2° messire Charles-Auguste-Emmanuel Pascauld, chlr de Pauléon; 3° Marie-Charlotte-Augustine-Pauline Pascauld de Pauléon.

ARMES : *Écartelé : aux 1 et 4, d'or, au mouton paissant de sable, surmonté et accosté de trois branches d'épine de sinople, posées en pal*, qui est Pascauld de Pauléon; *aux 2 et 3, d'or, à deux vaches passantes de gueules, accornées, accolées et clarinées d'azur*, qui est de Béarn. (*État de la Noblesse* de 1782, t. II, p. 472.)

* Pauléon, comm. Saint-Georges-du-Bois (Charente-Inférieure).

XLVII

(Voir page 75.)

CONSTANTIN DE LA LORIE.

(ANJOU ET BRETAGNE.)

ARMES : *D'azur, à un rocher d'or, mouvant des ondes d'une mer d'argent mouvante.* DEVISE : *Sans reproche. Mediis immota periclis*[1].

FILIATION

I. Hugues Constantin, écuyer, sgr de la Fraudière, de Miniac et de Montifaut, au diocèse de Saint-Malo, vint se fixer, vers 1550, en Anjou, où il fut conseiller, puis lieutenant général au présidial d'Angers. Il eut trois fils :

1º André, mort sans postérité.
2º Robert, qui suit.
3º Hugues, chanoine de Saint-Martin d'Angers en 1608.

II. Robert Constantin, écuyer, sieur de la Fraudière, de Montriou, de la Porée et de Varennes, par. de Savonnières, conseiller du Roi, juge magistrat au présidial d'Angers, acquit de Philippe du Pont, sgr de Marans, la métairie de Basse-Roche, mouvante de ladite sgrie de Marans, par acte passé devant Baudry, notaire à Angers, le 9 juillet 1584 Sa veuve, Jacquine Rousseau, donna quittance d'un quartier de rente au receveur des tailles de l'élection d'Angers, le 14 août 1608. (Bibl. Nat., *Pièces originales*, reg. 840.) Ils avaient eu de leur union :

1º Jacques, qui suit.
2º Gabriel Constantin, écuyer, sgr de la Fraudière, abbé de Saint-Jean de Chartres, grand doyen de l'Église d'Angers, conseiller au Parlement de Bretagne, et conseiller du Roi en ses conseils d'État et privé par lettres du 31 octobre 1649. Avant d'embrasser la carrière ecclésiastique, il avait épousé demoiselle Gabrielle Lasnier; il en eut, entre autres enfants, une fille : Charlotte Constantin, qui épousa, en 1640, messire César de Langan, baron

---

1. Inébranlable au milieu des dangers.

de Boisfévrier, chlr de l'ordre du Roi et gentilhomme ordinaire de sa Chambre.

III. Jacques Constantin, Ier du nom, écuyer, sgr de Montriou, conseiller du Roi, maître ordinaire en sa Chambre des Comptes de Bretagne, puis conseiller d'État et privé en 1659, laissa de sa seconde femme, Jeanne Martineau [1] :

1° Jacques, qui suit.

2° Robert Constantin, écuyer, sgr de Montriou, conseiller au Parlement de Rennes, vivant en 1658.

3° Gabriel, qui a continué la postérité et dont l'article suivra celui de son frère aîné.

IV. Jacques Constantin, IIe du nom, écuyer, sgr d'Aulnai et de Saint-Mars-la-Jaille, conseiller au Parlement de Bretagne, fut maintenu dans sa noblesse par arrêt de la Chambre de la Réformation de Bretagne du 26 août 1670. Il épousa Marie François, dont il n'eut que deux filles :

1" Marie-Anne-Gabrielle Constantin, qui fut unie, par contrat du 23 mars 1697, avec Pierre-Jacques Ferron, écuyer, sgr de la Ferronays, colonel d'un régiment d'infanterie et chlr de Saint-Louis.

2° Marie-Constance-Gabrielle Constantin, qui épousa, le 25 mars 1704, François de Guersan, écuyer, sgr de Guersan, conseiller au Parlement de Rennes.

IV bis. Gabriel Constantin, Ier du nom, écuyer, sgr de Varennes et de la Lorie, fut pourvu, le 5 janvier 1646, d'un office de correcteur en la Chambre des Comptes de Bretagne ; il exerça cette charge pendant trente-cinq ans. Il épousa, par contrat du 9 décembre 1652, reçu par des Mazières, notaire à Angers, damoiselle Anne Le Pelletier [2], sœur d'Armand Le Pelletier, écuyer, sieur de la Lorie [3], par. de la Chapelle-sur-Oudon, conseiller du Roi, prévôt général et provincial d'Anjou, tous deux enfants de René Le Pelletier, sieur de la Lorie, conseiller, maître d'hôtel du Roi, et de Jacqueline Bault. Il eut de ce mariage neuf enfants, savoir :

1° Gabriel, qui suit.

---

1. MARTINEAU : *D'argent, au chevron d'azur, accompagné de trois merlettes ou martinets de sable, au chef de gueules.*
2. PELLETIER DE LA LORIE (LE) : *De vair, à un chevron d'hermine, brochant sur le tout.*
3. Cette terre a appartenu dans la suite aux familles de Marmier et de Fitz-James.

2º Joseph Constantin, prieur de Saint-Mars, puis grand doyen de l'Église d'Angers.

3º Érasme Constantin, mort chanoine de Sainte-Croix-de-la-Bretonnerie.

4º Jacques Constantin, capitaine au régiment de la Marine, tué au siège de Barcelone.

5º Madeleine Constantin, baptisée dans l'église de Saint-Nicolas-des-Champs, à Paris, le 19 décembre 1659; elle épousa Louis de la Motte, sgr d'Aubigné et de Pontveix, en Bretagne.

6º Anne Constantin, baptisée à Paris, dans la même église, le 6 décembre 1660, et morte fille.

7º Marie Constantin, religieuse dans l'abbaye de Saint-Georges, à Rennes.

8º Jacquine Constantin, baptisée le 18 octobre 1664.

9º Catherine Constantin, qui épousa, en 1689, François de l'Esperonnière, Vᵉ du nom. (Voir page 75.)

V. Gabriel Constantin, IIᵉ du nom, écuyer, sgr de la Lorie, de Marans et de Daillon, fut baptisé dans l'église Saint-Pierre d'Angers, le 22 juillet 1655. Après avoir servi dans les gardes-françaises, il fut fait grand prévôt d'Anjou par lettres obtenues en la Grande Chancellerie le 5 mars 1683, puis lieutenant criminel de robe courte au présidial d'Angers par lettres de provisions du 29 juin 1685. Il épousa, par contrat passé devant Gaudicher, notaire à Angers, le 8 janvier 1688, damoiselle Perrine-Renée Le Clerc [1], fille de Jean Le Clerc, écuyer, sgr des Émereaux, et de damoiselle Renée Charlot. Il en eut, entre autres enfants, le fils qui suit :

VI. Gabriel-Félix Constantin, sgr de la Lorie, de Daillon, etc., né le 18 novembre 1688, fut reçu, le 27 mars 1704, page du Roi en sa Grande Écurie, sous le commandement du comte d'Armagnac, grand écuyer de France, après avoir fait ses preuves de noblesse devant Charles-René d'Hozier, généalogiste du Roi. (Bibl. Nat. Cabinet des Titres, vol. 278. Voir aussi, pour plus de détails sur la famille Constantin, d'Hozier, *Armorial* [imprimé], reg. IIᵉ, 1ʳᵉ partie.)

Paul-Félix Constantin, sgr de Montriou, par. de Feneu, vicaire du diocèse d'Angers, né à Angers en 1729, mourut à Rome en 1777, au moment où il allait être nommé évêque.

Le marquis Charles Constantin, sgr de la Lorie, dont la fortune était considérable et qui fut l'ami du fameux ministre anglais Pitt, fit de son château de la Lorie, à la fin du XVIIIᵉ siècle, l'une des plus élégantes résidences de l'Anjou.

---

1. Le Clerc des Émereaux : *D'argent, à la croix engrêlée de gueules, cantonnée de quatre aigles de sable, becquées et onglées de gueules.*

XLVIII

(Voir page 77.)

ANNE-SOPHIE DE L'ESPERONNIÈRE

RELIGIEUSE DE LA VISITATION SAINTE-MARIE, SUPÉRIEURE
ET FONDATRICE DU PREMIER COUVENT DE MADRID.

(1691-1759.)

Arrière-petite-nièce de sainte de Chantal et héritière de ses vertus et de son zèle, la sœur Anne-Sophie eut le mérite et la gloire de porter au loin l'esprit de saint François de Sales, et de fonder un monastère qui, depuis, a donné naissance à plusieurs autres couvents.

Anne-Sophie de l'Esperonnière, originaire de l'Anjou, était alliée par son père à la maison souveraine de Lorraine, et par sa mère à la vieille noblesse de la province.

Elle naquit vers 1691 ou 1692. Son père était François de l'Esperonnière, marquis de la Rochebardoul, l'un des quatre lieutenants de la grande vénerie de France, et sa mère damoiselle Catherine Constantin.

Ses parents ne négligèrent rien pour lui donner une pieuse et brillante éducation. Douée d'un esprit vif et pénétrant, Anne-Sophie donna bientôt à penser au monde que, malgré sa beauté angélique et ses aimables qualités, elle ne lui était point destinée : son cœur n'aspirait qu'à se consacrer à Dieu, mais sa retraite n'entrait pas dans les vues de sa mère.

Après plusieurs années d'attente, désespérant de triompher des obstacles par les moyens ordinaires, elle se déroba un jour secrètement de la maison maternelle et vint se présenter au monastère de la Visitation d'Angers.

Accueillie avec empressement, Anne-Sophie dut cependant, malgré ses désirs et sa ferveur, attendre le consentement de sa famille : elle reçut enfin l'habit le 7 août 1707.

Dès ce moment, elle courut d'un pas rapide dans la carrière de la perfection ; aussi mérita-t-elle d'être admise avec applaudissement à la sainte profession. Vingt années se passèrent ensuite dans les plus humbles et plus fervents exercices.

Au mois d'octobre 1730, Anne-Sophie arrivait au monastère d'Annecy, en Savoie. On la nomma aussitôt assistante, puis, de cet emploi, elle passa dans celui de sacristine. Rien ne lui semblait difficile quand il s'agissait de contribuer à l'embellissement du sanctuaire : elle dora elle-même six autels, et travailla de ses mains à plusieurs magnifiques ornements, puissamment aidée qu'elle était par les grandes libéralités du comte de la Ferronays, son grand-oncle et son ancien tuteur, lequel, en sa considération, se rendit le bienfaiteur du monastère.

En 1748, Ferdinand VI, roi d'Espagne, s'étant rendu maître de la Savoie, ses officiers allèrent en foule à Annecy pour vénérer le tombeau de saint François de Sales et réclamer quelques parcelles de ses reliques. Anne-Sophie de l'Esperonnière fut chargée de leur répondre et leur fit entendre qu'ils ne sauraient mieux prouver leur confiance dans saint François qu'en procurant une fondation de son ordre dans leur patrie. Cette proposition leur plut, et le marquis de Bondadréal sollicita le roi de l'exécuter. La reine Barbe, de Portugal, épouse de Ferdinand VI, la prit aussi fort à cœur. Peu après, le marquis de la Ensenada, ministre des finances, dépêchait l'ordre d'envoyer à Madrid trois religieuses professes du premier monastère d'Annecy. L'ordre royal arriva le 18 août 1748.

La sœur Anne-Sophie de l'Esperonnière, réclamée personnellement comme supérieure, partit avec une assistante, une coopératrice et une postulante. A leur arrivée à Madrid, la reine d'Espagne ordonna aussitôt qu'on cherchât une maison convenable pour l'établissement du nouveau monastère. Pendant deux mois, deux cents ouvriers travaillèrent activement à la restauration de la nouvelle maison choisie ; l'archevêque fit faire l'autel, les vases sacrés, et la reine offrit de nombreux et riches cadeaux

Le 18 février 1749, les religieuses entrèrent dans le monastère. Le lendemain du jour où l'archevêque établit la clôture, la reine visita la nouvelle communauté et attacha au lit d'Anne-Sophie et à ceux de l'assistante et de la coopératrice de grands reliquaires en argent ; l'un d'eux était enrichi de rubis. Ils servirent à orner l'église.

La reine revint encore quelques jours après, assista à une prise d'habit et donna elle-même le voile à la prétendante. Depuis, elle honora de cette grâce toutes les prétendantes et les novices, tant à la prise d'habit qu'à la profession, se chargeant, en ces occasions, du luminaire de l'église et de la nourriture de la communauté.

Ce même jour, le roi Ferdinand VI vint aussi visiter le monastère, et, assurant les religieuses de sa royale protection, il leur dit : « Je suis le fondateur de votre couvent et la reine en est la fondatrice. »

En effet, le roi et la reine comblèrent de dons le nouveau monastère.

Bientôt le roi choisit lui-même un vaste terrain et fit immédiatement travailler à la construction d'une église et d'un couvent. La première pierre fut posée le 26 juin 1749.

La mère Anne-Sophie voulait fonder une communauté dans la parfaite observance des règles ; aussi chercha-t-elle à arrêter les libéralités des souverains, qui, si elle les eût laissés faire, eussent élevé un palais. Quelques courtisans la blâmèrent, mais le roi et la reine leur fermèrent la bouche en leur disant : « Si nous aimons la mère Anne-Sophie à cause de ses belles qualités, nous la respectons plus encore pour ses rares vertus et pour son zèle à maintenir sa règle. »

Le nouveau monastère fut terminé en 1756. Il était magnifique et le trésor donné par le roi et la reine était d'une grande richesse.

« Nous devons de si grands avantages, écrivait la nouvelle supérieure, à notre très honorée sœur Anne-Sophie de l'Esperonnière. »

A la fin de l'année 1755, Anne-Sophie avait en effet cessé d'être supérieure. Le roi et la reine d'Espagne voulaient demander au Pape un bref qui la maintînt pendant toute sa vie dans le gouvernement du monastère de Madrid ; mais Anne-Sophie, dans son humilité, sollicita si vivement les souverains et parla avec tant de fermeté au nonce qu'elle put se déposer.

Après sa déposition, Anne-Sophie fut chargée de la direction d'un nombreux noviciat et apporta tous ses soins à cette œuvre, donnant à la communauté l'exemple de toutes les vertus, et, véritable modèle de toutes les religieuses dans ses communications intimes avec Dieu, elle reçut souvent des lumières surnaturelles touchant l'avenir.

En 1759, pendant une retraite, Anne-Sophie fut avertie par Dieu qu'elle ne tarderait pas à mourir. Peu après, en effet, elle tomba gravement malade. Sa piété et sa résignation firent l'admiration de la communauté. La reine envoya son médecin à son amie, mais rien ne put conjurer le mal. Anne-Sophie de l'Esperonnière mourut le 15 octobre 1759. Elle avait cinquante et un ans de profession.

Le R. P. Panel, jésuite, son confesseur, dit aussitôt : « Nous venons de voir comment meurent les saints. Si vous avez perdu une mère pleine de bonté et de sagesse, croyez, mes chères sœurs, que vous avez gagné une protectrice au Ciel. »

Après sa mort, le visage d'Anne-Sophie parut comme transformé. Une beauté céleste, une douce majesté, étaient répandues sur ses traits. Trente-six heures plus tard, ses membres étaient souples comme ceux d'un enfant. L'archevêque de Tolède assista à ses funérailles, ainsi que plusieurs grands d'Espagne et les seigneurs de la cour.

(Extrait de l'*Année sainte de la Visitation Sainte-Marie*, Annecy et Lyon, 1870, in-8°.)

XLIX

(Voir page 79.)

NEPVEU, sgrs d'Urbé, de Gaigné, de Pouancé, de Bellefille, de la Manouillère, de Neuvillette, de Rouillon, de la Hamardière. (Anjou et Maine.)

Pierre Nepveu était sénéchal de Sablé en 1360

Thomas Nepveu, sr de Gaigné, maire d'Angers (1628-1629), épousa N..., dont il eut : 1° Thomas Nepveu, écuyer, sr de Pouancé, assesseur au présidial d'Angers, qui fit des preuves de noblesse, en 1667, devant M. Voisin de la Noiraye, intendant du Roi en la généralité de Tours ; il portait : *d'azur, à trois besants d'or, chargés de trois croix de gueules ;* 2° Madeleine, qui épousa Simon Cupif, conseiller en la prévôté d'Angers. (Ménage, *Vie de Pierre Ayrault*.)

Françoise Nepveu, fille de noble homme Michel Nepveu, sieur de Villetrouvé, et de Béatrix Joinet, épousa, par contrat du 18 janvier 1633, Pierre Crespin, écuyer, sieur des Cloteaux et de la Chabosselaie, par. de Chazé-sur-Argos, en Anjou.

Le 5 juin 1720, par-devant Étienne Prestreau, notaire à Angers, Simon-Pierre et François-René Nepveu, fils de noble homme Michel Nepveu, donnèrent quittance à Pierre-César de Cheverue, chlr, sgr de Chemant. (Bibl. Nat., *Pièces originales*, reg. 2104.)

Thomas Nepveu, sgr d'Urbé, père de Marie-Renée, qui épousa Antoine de l'Esperonnière, IVe du nom (voir page 79), fut nommé conseiller au Parlement de Bretagne, en 1680 ; il fit enregistrer ses armes à l'*Armorial officiel de France*, de 1696. (Registre 1er de Bretagne, p. 430, bureau de Rennes.) Son fils, Thomas Nepveu, sgr d'Urbé, fut aussi nommé conseiller au Parlement de Bretagne, en 1723.

La terre d'Urbé était située par. d'Antoigné (Maine-et-Loire). Elle passa, en 1746, à Prudent-Antoine-César de Santo-Dominguo, par son mariage avec la fille d'Antoine de l'Esperonnière, IVe du nom, et de Marie-Renée Nepveu d'Urbé; elle fut vendue, en 1751, à Pierre Gaullier, procureur à la cour de Saumur. (Voir page 81.)

L

(Voir page 99.)

BUAT (Du), comtes du Buat, sgrs de la Subrardière, de Brassé, du Teillay, de Saint-Gault, etc. (Normandie, Bretagne, Maine et Anjou.)

ARMES : *D'azur, à trois quintefeuilles d'or, 2 et 1.* COURONNE : *De marquis.*

La maison du Buat paraît avoir eu pour berceau la terre du même nom, située dans la comm. de Lignerolles, cant. de Tourouvre, arr. de Mortagne (Orne).

Ses plus anciens membres connus sont Payen du Buat et Hugues, son fils, Gervais et Hugues, son fils, qui vivaient au XIIe siècle. Ils sont cités dans une charte rétrospective de l'abbaye cistercienne de la Trappe, près de Mortagne, en Perche. (L. du Bois, *Histoire de l'abbaye de la Trappe,* p. 294.) Peu après, ils prirent part à la troisième croisade, et on les retrouve, en 1191, dans la ville de Saint-Jean-d'Acre, contractant un emprunt de 200 marcs d'argent avec des marchands génois, sous la caution de Guillaume de Prunelé, mandataire de Renaud, évêque de Chartres. (Delley de Blanc-Mesnil, *les Salles des Croisades au musée de Versailles,* pp. 428 et 475.)

Les descendants de Payen du Buat résidèrent dans la terre sgriale du Buat pendant environ quatre cents ans, jusqu'à son aliénation, en 1565.

La maison du Buat se répandit aussi en Bretagne et de là en Anjou.

Elle a formé différentes branches, entre autres celle des sgrs de Brassé et celle des sgrs de la Subrardière.

BRANCHE DES SEIGNEURS DE BRASSÉ,

DE LA MOTTE DE BALOTS, DE BARILLÉ ET DE CHANTELOU,

EN CRAONNAIS.

I. Charles du Buat, écuyer, épousa, au commencement du XIVe siècle, une demoiselle de la maison de Montauban, en Bretagne; il en eut :

II. Jean du Buat, écuyer, né au pays de Dol, en Bretagne, eut pour femme Guillemette du Vergier, dont :

III. Jean du Buat, IIe du nom, écuyer, alla s'établir en Aujou, où il justifia de ses francs-fiefs, et, par suite, de sa noblesse, devant les commissaires du Roi, le 15 avril 1395. Il épousa Colette de Saint-Aignan, fille de Pierre de Saint-Aignan, chlr, sgr dudit lieu en Craonnais. De ce mariage vint :

IV. Jean du Buat, IIIe du nom, écuyer, sgr de Brassé, fut maintenu dans sa noblesse par lettres de Charles VII, données à Saumur, le 13 février 1439, et adressées aux élus sur le fait des aides ordonnées pour la guerre, en la ville et élection d'Angers. (*Arch. du chât. de la Subrardière*. Copie en papier du XVIe siècle.) Ces lettres certifient « que Jean du Buat, escuyer, est de noble lignée, que luy et ses
« ancêtres ont joui depuis si longtemps des prérogatives attachées à
« la noblesse qu'il n'est pas mémoire du contraire; qu'il a combattu,
« monté et armé à ses frais, contre les Anglois, nos anciens adver-
« saires, etc. »

Jean du Buat épousa : 1° Jeanne de Lamboul, famille de Bretagne; 2° vers 1435, Louise de la Touchardière, dame de la Motte de Balots, en Craonnais. Il eut du premier lit :

1° Guillaume du Buat, qui continua la filiation.

2° Jean du Buat, auteur de la branche des sgrs de la Subrardière, que nous allons rapporter avec détails.

BRANCHE DES SEIGNEURS DE LA SUBRARDIÈRE
ET DE BRASSÉ.

V. Jean du Buat, écuyer, second fils de Jean du Buat, IIIe du nom, et de Jeanne de Lamboul, fut sgr de Brassé en la par. de Beaulieu. Il épousa, par contrat du 8 août 1442, passé devant les notaires royaux de la cour de Saint-Laurent-des-Mortiers, en Anjou, Jeanne de Charnacé, fille aînée d'André de Charnacé, sgr dudit lieu, en la par. de Champigné, en Anjou, et de Catherine de la Touchardière. De ce mariage vinrent :

1º Gilles, qui suit.

2º Gillot du Buat, écuyer, sr de la Blandinière, cité avec son frère aîné dans un bail de terres en Ballots, passé devant Guipoulle, notaire à Craon, le 27 mars 1502. Il était marié et avait, en 1507, un héritier qui n'a pas laissé de trace.

3º Marin, prêtre.

4º Catherine, mariée, par contrat du 20 mai 1462, passé devant Greteril, notaire de la cour de Craon, à Olivier Cheminart, écuyer, fils de Jean Cheminart, écuyer, sgr de la Porcherie, et de Bertranne du Tertre.

5º Bertranne, dame de la Carterie, mariée, par contrat du 12 juillet 1478, passé devant la cour de Craon, à Pierre de la Tousche, écuyer, sgr de la Beunèche, en Thouarcé (Anjou).

6º Jeanne, qui épousa Pierre Lambert, écuyer, sgr de la Pommeraye, fils aîné de Mathurin Lambert, écuyer, et de feue Marguerite Le Poulchre, par contrat passé devant Chevillard, notaire en la cour de Craon, le 23 janvier 1481.

VI. Gilles du Buat, écuyer, sgr de Brassé et de la Subrardière, épousa, en 1475, Catherine Pinçon de Boutigné, dont :

1º Georges, qui suit.

2º Jean du Buat, écuyer, sgr de Cramaillé, mort dès 1522.

3º François, mentionné dans les partages de la succession de Georges du Buat, en 1522.

4º Renée, religieuse du tiers ordre de Saint-François, à Laval, décédée avant 1562.

5º Perrine, mariée à Louis Baraton, sgr de l'Isle-Baraton, par. d'Athée en Anjou.

VII. Georges du Buat, chlr, sgr de Brassé et de la Subrardière, épousa, par contrat du 29 avril 1507, passé devant P. Boullay, notaire de la cour de Candé, Perrine de Bois-Joullain, fille de Jean de Bois-Joullain, écuyer, sgr dudit lieu, et de Béatrix de Seillons. De ce mariage vinrent :

1º Guillaume, qui suit.
2º et 3º Thibaut et René, prêtres, religieux Cordeliers en la communauté des Anges, près Craon.
4º François, auteur de la branche des du Buat, sgrs du Teillay et de Saint-Gault. (Voir le *Dictionnaire de La Chenaye-Desbois*, article *du Buat*.)
5º Françoise, mariée, par contrat du 20 septembre 1543, passé devant Maulny, notaire, à François de la Morellière, écuyer, sgr de la Behuignerie et de la Cour-Fourrée, par. de la Selle-Craonnaise, en Anjou.

VIII. Guillaume du Buat, chlr, sgr de Brassé et de la Subrardière, épousa, par contrat du 19 juin 1533, passé devant Galery, notaire de la cour de Durtal, Jeanne de Mauviel, fille aînée de René de Mauviel, écuyer, sieur de la Druère, et de Jeanne Coron ; il en eut :

1º René, qui suit.
2º Marin du Buat, qui épousa Jeanne de Bois-Hébert, dont : Renée, femme de Thibaut Le Gay, écuyer, sieur du Teilleul.
3º Pierre, mort sans alliance.
4º Marthe, mariée, par contrat du 18 novembre 1559, reçu par Hunaud, notaire en la cour de Craon, à Claude de Langellerie, écuyer, sgr dudit lieu, fils de François de Langellerie, écuyer.
5º Marie, qui épousa, par contrat du 12 novembre 1562, devant le même notaire, Jean Lenfant, écuyer, fils de Guy, écuyer, sieur de la Guesnerie, et de Renée Guerrif.

IX. René du Buat, chlr, sgr de la Subrardière et de Brassé, épousa, par contrat du 2 juillet 1559, passé devant Samson Le Roux, notaire royal au Mans, Anne de la Roussardière, fille de René de la Roussardière, écuyer, sgr de Paronneau et de Gaultret, et de Renée d'Availloles. De ce mariage vinrent :

1º Jean, qui suit.
2º Perrine, qui épousa, par contrat du 4 février 1584, reçu par René Vieil, notaire de la cour du Mans, Louis de Champagné, écuyer, sgr de la Motte-Ferchauld et de la Roussière, fils de François de Champagné, écuyer, et de Marie de la Roussière.

X. Jean du Buat, V^e du nom, chlr, sgr de la Subrardière et de Brassé, fut confirmé dans sa noblesse, le 20 avril 1627, par Jérôme de Bragelongue, commissaire du Roi. Il épousa, par contrat du 12 novembre 1609, passé à Montigné, devant J.-B. Poullier, notaire dudit lieu, Madeleine de Birague, fille de messire François de Birague, baron d'Entrammes, chlr de l'ordre du Roi, gentilhomme de la chambre du duc d'Alençon, et de Jeanne de la Pommeraye. De ce mariage sont issus :

1º Charles, qui suit.

2º Marie, qui épousa messire Pierre d'Aubert, écuyer, fils de René d'Aubert, chlr, sgr de Langron et de Launay, au Maine.

3º Madeleine, inhumée dans l'église de Méral, en 1621.

4º et 5º Catherine et Anne du Buat, bénédictines de Sainte-Scholastique de Laval.

XI. Charles du Buat, IIe du nom, chlr, sgr de la Subrardière, Chanteil, la Bodinière et Ballots, épousa, par contrat du 12 février 1646, passé devant Jean Marcoul, notaire royal à Cossé-le-Vivien, Élisabeth de la Corbière, fille de messire Charles de la Corbière, chlr, sgr de la Benichère et des Alleux, et de Marie de Pidoux. En 1667, il justifia la possession du titre de noblesse, commençant en la personne de son cinquième aïeul, devant M. Voisin de la Noiraye, intendant du Roi en la généralité de Tours; il portait : *d'azur, à trois quintefeuilles d'or, deux et une*[1].

Il eut de son mariage avec Élisabeth de la Corbière quinze enfants, parmi lesquels :

1º Charles-Joseph du Buat, chlr, sgr de la Subrardière, Chanteil, Saint-Pois, mort sans postérité, en 1687 ou 1688.

2º Malo-Marie du Buat, chlr, sgr de Saint-Pois, qui épousa, par contrat du 24 janvier 1682, passé devant Jean Garnier, notaire à Château-Gontier, Gabrielle de la Fontaine, fille de Julien de la Fontaine, s[r] du Tertre, et d'Anne Charil; il mourut sans descendance en 1690.

3º Magdelon-Hyacinthe, qui suit.

4º Jean-Baptiste du Buat, chlr, sgr de Volaines, épousa N... Domestissac et mourut en 1731.

5º Philippe du Buat, chlr, sgr de Chanteil, officier au régiment de Penthièvre, tué dans un combat, avant 1708.

---

1. Anne Éveillard, veuve d'Anselme du Buat, écuyer, sgr du Teillay, demeurant en la par. de Saint-Gault, élection de Château-Gontier, justifia aussi la noblesse de ses enfants mineurs devant le même intendant, en 1667. Lesdits mineurs, comme cadets, brisaient leurs armes d'un chef d'argent, à cinq losanges de gueules.

6° Élisabeth-Charlotte, femme de messire François-Daniel de la Chevalerie, écuyer, sgr de la Daumerie.

7° Anne-Henriette, qui épousa dans l'église de Ballots, en 1699, René-François Minault, écuyer, fils de Georges Minault, écuyer, sgr de la Charbonnerie, et d'Anne de Breslay.

XII. Magdelon-Hyacinthe du Buat, chlr, sgr de la Subrardière et de la Motte-de-Ballots, épousa, par contrat du 10 juin 1690, passé devant Le Roy, notaire de la baronnie de Craon, Marie-Anne-Élisabeth Blavet, fille de René Blavet et de Jeanne Le Seurre.
Il en eut treize enfants, parmi lesquels :

1° Magdelon-Hyacinthe, qui suit.

2° Philippe du Buat, prieur de Lohéac, né le 10 août 1697.

3° François du Buat, prieur de Saint-Michel du Bourg-Neuf, puis chanoine de Saint-Léonard de Chemillé, ensuite curé de Méral, où il mourut en 1756.

4° Charles-Joseph du Buat, chanoine régulier et prieur du Port-Ringeard en 1720.

5° Henri-Louis du Buat, prêtre, titulaire de la chapellenie de la Romiverie, mort en 1791.

6° Élisabeth-Antoinette-Rose-Gabrielle, née en 1712, et qui épousa, le 3 octobre 1746, messire Charles-César d'Aubert, chlr, sgr de Launay et de la Forêterie.

XIII. Magdelon-Hyacinthe du Buat, IIe du nom, chlr, sgr de la Subrardière et de la Motte-de-Ballots, né en 1690, épousa, par contrat du 17 janvier 1728, passé devant Jean Potier, notaire à Loiré, Marie-Renée du Mortier, fille et unique héritière de messire Pierre du Mortier, chlr, sgr de la Ruchenière, et de Marie-Élisabeth Serin. De ce mariage vinrent :

1° Louis-Joseph-François-Ange-Pierre-Hyacinthe, qui suit.

2° Magdelon-Hyacinthe-Pierre-Marie du Buat, né en 1730, mort jeune.

XIV. Louis-Joseph-François-Ange-Pierre-Hyacinthe du Buat, chlr, sgr de la Subrardière, Maupertuis, la Hunaudière, etc., naquit en 1734, au château de la Subrardière. Il prit part, en 1789, aux assemblées de la noblesse d'Anjou pour l'élection des députés aux États-Généraux. Il se maria trois fois.

De son premier mariage il eut un fils : Louis-Jean-Marie du Buat, né en 1759, mort en 1760.

Il épousa en secondes noces, par contrat du 24 mai 1763, passé devant Perrier, notaire, en la sénéchaussée de Hennebont (la cérémonie religieuse eut lieu le 31 mai), Thérèse-Charlotte du Bouëtiez, fille puînée de messire Jacques-Pierre du Bouëtiez, chlr, sgr dudit lieu, de Kerlan et de Kersemé, capitaine général garde-côte, chlr de Saint-Louis, ancien capitaine au régiment de Navarre, et de Jacquette des Portes de Saint-Nudec. De ce mariage vinrent :

1° Louis-Charles-Marie, qui suit.

2° Louis-Jean-Marie du Buat, né le 5 avril 1772 et baptisé à Méral le 15 du même mois, reçu de minorité dans l'ordre de Malte le 1ᵉʳ avril 1775, et dont les preuves furent admises, en février 1780, par les commissaires de la Langue de France au Grand Prieuré d'Aquitaine. D'abord page du prince de Condé, il se trouvait à Malte lors du passage de Bonaparte, en 1798. Il suivit l'armée française en Égypte et devint aide de camp du général Régnier. Rentré en France après l'émigration, il épousa, en 1802, Françoise-Louise-Amélie du Pont de Compiègne, et se fixa en Champagne. Il n'a laissé que des filles.

3° Thérèse-Esther-Marie-Jacquine, née à Méral, et baptisée le 26 juin 1764, chanoinesse de l'ordre de Malte, morte à Ernée (Mayenne), en 1833.

4° Marie-Fortunée, non mariée, morte à Angers en 1785.

Louis-Joseph-François-Ange-Pierre-Hyacinthe du Buat eut d'un troisième mariage deux fils, dont l'un mourut en bas âge; l'autre, Magdelon-Hyacinthe du Buat, épousa, en 1820, Marie-Élisabeth de Jousselin, dont : Marie-Dieudonnée du Buat, née en 1826, mariée, en 1845, à M. le marquis Édouard-Marie de l'Esperonnière; elle est décédée au château de la Saulaye, le 24 septembre 1875. (Voir p. 99.)

XV. Louis-Charles-Marie, comte du Buat, né au château de la Subrardière, le 5 juin 1765. D'abord reçu page du prince de Condé, le 1ᵉʳ mai 1778, il fut nommé lieutenant au régiment de Bourbon-infanterie en 1782. Il émigra en Autriche, où il fut lieutenant au régiment de la Tour, puis capitaine des uhlans de Schwarzemberg, et décoré de la médaille du Mérite Militaire.

Il rentra en France en 1802 et épousa, le 19 avril 1803, Marie-Renée de Valleaux, fille d'Ambroise-Balthazar-Abraham de Valleaux, chlr de Saint-Louis. Il mourut à Laval en février 1808, laissant le fils unique qui suit.

XVI. Charles, comte du Buat, né le 9 juin 1804, chlr de la Légion d'honneur. Il épousa, le 27 mai 1833, Anne-Marie-Clotilde d'Anthenaise. Il n'en eut que deux filles :

1° Berthe, née le 1ᵉʳ juin 1834, mariée : 1° en 1855, à Arthur-Joseph-Charles, comte de Perrien de Crénan, décédé en 1861 ; 2° en 1864, à Fortuné-Joseph-Jules de la Charlonnie, vicomte de la Blotais.

2° Marguerite, née le 8 juin 1837, mariée, en 1855, à Auguste-Jean-François, comte de Chabot.

Le comte Charles du Buat est mort au château de la Subrardière au mois de juillet 1888.

Les du Buat prirent part aux Guerres de Religion. Anselme du Buat, sgr du Teillay, ardent ligueur, suivit la bannière d'Urbain de Laval, maréchal de Bois-Dauphin, et prit part au siège de Vitré, où il tomba aux mains d'une bande anglaise (1591). L'un de ses descendants, Charles du Buat, fils d'Anselme du Buat, chlr, sgr du Teillay, et d'Anne Éveillard, tomba, en 1675, sur un champ de bataille d'Alsace, dans la même campagne où Turenne perdit la vie.

Au XVIIᵉ siècle apparaissent les du Buat, sgrs de Garnetot, et aux XVIIᵉ et XVIIIᵉ siècles, les du Buat de Saint-Denis. Ces derniers ont produit le comte Louis-Gabriel du Buat de Nançay, chlr de Malte, diplomate, ministre de France à Vienne et à Ratisbonne, et auteur de travaux historiques. Son frère, Pierre-Louis-Gabriel du Buat, né en 1734, mort en 1809, a publié des ouvrages sur l'hydraulique. Il eut un fils, André-Augustin du Buat, en qui s'éteignirent les du Buat de Saint-Denis et de Nançay ; il trouva la mort au désastre de Quiberon, en 1795.

LI

(Voir page 99.)

Gaallon ou Gaalon (De), sgrs de Montigny, des Carreaux, des Préaux, du Cairon, d'Antigny-le-Petit, de Dorière, de Bérolles, de la Meulte, de l'Espine, de Barsay, de Courdault, etc.

Armes : *De gueules, à trois rocs d'échiquier d'or, 2 et 1.* Couronne : *De comte.* Supports : *Deux lévriers.*

La maison de Gaallon paraît s'être fixée en Normandie lors de la conquête de cette province par Rollon, dont la sœur aurait épousé Walla Gaalon.

On retrouve le nom de Gaalon à l'époque des Croisades, en 1096 et 1147, dans les personnes de Jean Gaallon et de Pierre Gaallon.

A la bataille de Bouvines (1214), le roi Philippe-Auguste ayant été renversé de son cheval, Gaalon de Montigny lui fit un rempart de son corps, et, par sa résistance héroïque, donna aux chevaliers français le temps d'accourir au secours du roi, qui lui confia la garde de l'Oriflamme. Un tableau du musée de Versailles représente cet épisode de la bataille.

On trouve, par la suite, les Gaallon établis à Mortain, Falaise, Avranches, Caen, etc.

La maison de Gaallon a formé plusieurs branches. Celles de Normandie ont été maintenues dans leur anciene noblesse, en 1463, par Raymond de Montfaut, commissaire du Roi en Normandie, en 1523 par les élus de Bayeux, et en 1666 par Chamillart, intendant du Roi dans la même province. Celle de Champagne, des sgrs de Dorière, fut maintenue par Caumartin en 1669. Celle d'Avranches s'est éteinte en 1872, en la personne du comte Auguste de Gaallon, qui, de son mariage avec Mlle Adèle de Querhoënt, n'eut que deux filles :

1º Marie, qui a épousé, en 1877, le marquis Robert de Beaucorps.

2º Anne-Marie, femme de M. le comte de l'Esperonnière. (Voir page 99.)

La filiation de la maison de Gaallon s'établit, d'après les titres qu'elle a produits, en 1463 devant Montfaut, et en 1523 devant les élus de Bayeux, à partir de Richard de Gaalon, écuyer, vivant en 1329.

A la branche des Carreaux appartenait Eustache de Gaalon, écuyer, sgr des Carreaux, qui épousa Marie de Verney ; il en eut :

1º Charles de Gaallon, écuyer, qui eut deux fils :

    A. Pierre-Charles de Gaallon, gendarme de la compagnie du Roi.

    B. Michel de Gaallon, écuyer, chlr de l'ordre du Roi, auteur de la branche des sgrs de Dorière, en Champagne, qui fut maintenue dans sa noblesse par Caumartin, en 1669.

2º Nicolas de Gaallon, écuyer, sgr des Carreaux, exempt des gardes du corps du Roi, puis capitaine d'une compagnie de chevau-légers, colonel d'un régiment d'infanterie et gouverneur de Doulevant-le-Château, épousa, par contrat du 19 décembre 1585, reçu par Stain, notaire à Châlons, en présence de très haute et très puissante princesse Mme Catherine de Clèves, duchesse de Guise, damoiselle Jeanne de Brugny, fille de feu Paul de Brugny, vivant écuyer, s^r de Wailly, et de damoiselle Bonne de Maillefeu, dame d'honneur de la duchesse de Guise. Les témoins de ce contrat furent : Jean Desbatement, écuyer, sgr de Saint-Maurice, en la vicomté de Paris, et noble homme Jean Péricard, secrétaire ordinaire de Mgr le duc de Guise. (*Bibl. Nat., Pièces originales,* reg. 1260.)

La maison de Gallaon a produit des officiers généraux, des prélats, plusieurs chlrs des ordres du Roi, un gentilhomme ordinaire de la chambre du Roi, des chlrs de Saint-Louis.

LII

(Voir page 99.)

Adèle-Louise-Marie de Querhoënt[1] était fille de Louis-Joseph, comte de Querhoënt, né en 1784, et qui épousa, en 1825, Adélaïde Daen de Kermenenan[2], née en 1801, décédée en 1871.

Louis-Joseph de Querhoënt, sous-lieutenant au 8e hussards en 1809, fit avec ce grade la campagne d'Espagne, puis comme lieutenant celle de Russie ; il fut décoré de la Légion d'honneur à Leipsick. En 1823, il fit la campagne d'Espagne avec le grade de capitaine au 5e hussards, et donna sa démission en 1826. Il fut élu, en 1849, député à l'Assemblée Nationale par l'arrondissement de Saint-Malo, et se retira de la vie politique après le coup d'État. Il mourut au château de Beauchêne, le 4 février 1866.

---

1. DE QUERHOËNT : *losangé d'argent et de sable.*
2. DAEN DE KERMENENAN : *d'argent, à trois rencontres de daim de sable, sommés d'or.*

APPENDICE

APPENDICE [1]

Vers 1510. Guillaume de l'Esperonnière, sgr de la Safranière (sic), épousa, vers 1510, Jeanne du Pont [2], fille de François du Pont, sgr du Pont, de Négron, de la Roche-Huon, et de Renée de la Rivière, lesquels avaient été mariés par contrat passé en la cour du Plessis-aux-Moines, en 1490. (Saint-Allais, *Nobil. Univ.*, t. VII, p. 92.)

---

31 janvier 1514. Catherine du Perray, veuve de messire Pierre Jarry et à présent femme de noble homme Jehan de l'Esperonnière (IIIe du nom, voir page 11), rend aveu et dénombrement de quelques héritages qu'elle possédait à Poillevrette. (*Arch. de Maine-et-Loire.* H. 155.)

---

12 février 1514. Noble et puissant sgr François de l'Esperonnière, sgr de la Bonnardière et de la Chapelle (l'un des fils sans doute de François de l'Esperonnière, IIe du nom, et de Jehanne de Sanzay, voir page 35), vend à Jehan d'Alinault, sgr de Broc, demeurant à Trélazé, deux closeries sises, l'une à Frémur, l'autre par. Saint-Léonard, à Angers. (*Idem.* H. 155.)

---

1. Nous plaçons sous cette rubrique et dans leur ordre chronologique un certain nombre de documents non utilisés pour la filiation ou qui ont été trouvés pendant l'impression de la notice.
2. La famille du Pont fut autorisée, par une ordonnance de Charles IX de 1570, à ajouter à son nom celui de la sgrie d'Aubevoye, en Anjou. Elle a fait des preuves de noblesse pour l'ordre de Malte, Saint-Cyr et l'École royale militaire. ARMES : *D'argent, à deux chevrons de gueules.* SUPPORTS : *Deux lions.* DEVISE : *Virtute et labore.*

13 mars 1519. Régnier de l'Esperonnière, chlr, reconnaît tenir quelques héritages de Régnier de Bretagne, comte de Penthièvre, à cause de N. de Puygirault, son épouse. (*Beauchet-Filleau.*)

1555. Tanneguy de l'Esperonnière servait comme archer dans la compagnie de M. de Gonnord, laquelle fut passée en revue à Chauvigny, le 15 janvier 1555. (*Idem.*)

1573-1593. Marguerite de l'Esperonnière, dame de la Touche, de Saint-Hilaire et de Ligné, était femme de Jacques d'Aloue [1], écuyer, sgr du Breuil-Coiffaud [2], en 1573. Le 9 décembre 1593, étant veuve, elle fit un échange avec Mathurin Ayrault. (*Idem.*)

Sans date. Françoise de l'Esperonnière épousa Baudouin de Tucé [3], sgr dudit lieu, comme on le voit par le mariage de leur fille, Jeanne, avec François de Beaumanoir, baron de Lavardin. (*Généalogie de Nuchèze.*)

24 février 1593. Devant Jacques Bionneau, notaire de la châtellenie de Gillebourg, Pierre Durcot, sgr de Lestang et de la Pélissonnière, demeurant au lieu de Lestang, par. de Chavagnes, en Poitou, en vue de son futur mariage avec damoiselle Jehanne de l'Esperonnière (voir page 54), donne à celle-ci la tierce partie de tous ses biens présents et à venir. (*Arch. de Maine-et-Loire. B. Livre des Insinuations.*)

---

[1]. ALOUE (D') : *D'argent, à deux chevrons de gueules, posés l'un au-dessus de l'autre et accompagnés en chef de deux macles de sable.* René d'Aloue du Breuil, chlr de Malte au diocèse de Poitiers, prieuré d'Aquitaine, en 1546.

[2]. Deux-Sèvres, comm. Hanc, cant. Chef-Boutonne.

[3]. TUCÉ (De), élection de Mortagne et de Verneuil (Normandie) : *De sable, à trois jumelles d'argent.*

(Voir pages 14 et 120.)

8 novembre 1589.

ACCORD

ENTRE GABRIELLE ET CATHERINE DE L'ESPERONNIÈRE.[1]

En la cour du comté de Chemillé et dans la maison de Bouzillé, accord entre damoiselle Gabrielle de l'Esperonnière, dame de Lessart, demeurant en la maison noble de l'Esperonnière, par. de Vezins, d'une part, et damoiselle Catherine de l'Esperonnière (sa tante), femme de noble homme Claude Rorteau, sr et dame de la Crestinière, d'autre part. Pour l'amitié qu'ils lui portent, Catherine de l'Esperonnière et son mari cèdent à Gabrielle de l'Esperonnière, moyennant la somme de 133 écus 1/3, quatre setiers de blé qu'ils ont droit d'avoir chacun an sur le lieu de la Galliotière en la Séguinière[2]. Gabrielle de l'Esperonnière transporte à perpétuité trois de ces setiers au chapelain de la chapelle de l'Esperonnière du cimetière de Vezins, « pour augmentation de la fondation de ladite chapelle, à la charge « de dire en cette chapelle un anniversaire de l'office des trespassez, « chascun an, au jour de son décès, et en la chapelle expiatoire de la « maison de l'Esperonnière, une messe de la Passion de N.-S. J.-C.

« Et le quatriesme septier, elle le donne au sr et dame de l'Espe-
« ronnière, à la charge de faire distribuer, chascun an, au jour de son
« décedz, dix bouesseaulx de bled, en pain, à la porte de la maison
« seigneuriale de l'Esperonnière, aux paouvres de la parroisse de Vezins.

« Oultre, la damoiselle Gabrielle de l'Esperonnière donne à Mar-
« guerite Rorteau, fille desdictz sr et dame, 500 escuz sur 700, que
« lesdictz sr et dame ont confessé avoir entre leurs mains, et qui appar-
« tiennent à ladicte damoiselle. » (Arch. de Maine-et-Loire. Idem.)

---

1. Ce document et le suivant se rapportent bien à Gabrielle de l'Esperonnière, fondatrice du Calvaire de Poitiers, née en 1572, morte en odeur de sainteté le 21 juillet 1641.
2. Cant. Cholet (Maine-et-Loire).

(Voir pages 14 et 120.)

10 avril 1600.

TESTAMENT DE GABRIELLE DE L'ESPERONNIÈRE.

En la cour du comté de Maulévrier, testament de Gabrielle de l'Esperonnière, dame de Lessard, demeurant au lieu de Maulévrier.

Elle veut être ensevelie en l'église Saint-Jehan dudit Maulévrier.

« Qu'aux jours de ses obit et obsecques soict faict solennel service
« par M. le curé dudict Saint-Jehan;.....

« Qu'au jour de son ensépulture y ait 13 torches pour luminaire,
« au nom des 13 apostres..... et 13 cierges, lesquelz auront, pour
« deuil, chascun une aulne de drap noir.

« Le lendemain de l'enterraige sera faict pareil enterraige et huic-
« taine, avec les torches et cierges portez par 13 paouvres, ausquelz
« elle donne à chascun 3 deniers, comme aussi à tous aultres qui s'y
« présenteront. »

Elle lègue tous ses biens à noble homme Guy Carion, s^r du Pasty, son cousin, pour « les bonnes amitiés et agréables services qu'elle a
« receuz de luy ».

« Faict et passé à Maulévrier, en la maison où gist, mallade, ladicte
« testatrice, en présence de noble homme Pierre Buignon, s^r de
« la Foucherie [1], et Jehan Bouchet, demeurant au lieu et maison noble
« de l'Esperonnière. » (*Arch. de Maine-et-Loire. Idem.*)

(Voir page 54.)

15 février 1627.

Devant Hilaire Bertrand, notaire royal de la cour d'Angers, et en la maison seigneuriale de Millé-les-Loges, contrat de mariage de messire François Le Bascle, chlr, sgr du Fresne, fils aîné de feu François Le Bascle, écuyer, sgr du Pin, et de damoiselle Florance de

---

1. Maine-et-Loire, comm. Les Cerqueux-de-Maulévrier.

la Rivière, avec damoiselle Marie de l'Esperonnière, fille de feu Antoine de l'Esperonnière (IIe du nom), sgr du Pineau, et de damoiselle Perrine d'Ampoigné. Parmi les personnages qui donnèrent leur consentement à cette union figure noble et discret messire Victor de la Tour d'Ampoigné, prêtre, oncle maternel de la future épouse. (*Arch. de Maine-et-Loire. Idem.*)

(Voir page 61.)

8 août 1635.

COMMISSION DU ROY

AU SEIGNEUR DE LA ROCHE-BARDOUL

(ANTOINE DE L'ESPERONNIÈRE, IIIe DU NOM).

Louis, par la grâce de Dieu roy de France et de Navarre, à notre cher et bien amé le sieur de la Roche-Bardoul, salut. Ayant résolu d'augmenter les forces que nous avons sur pied d'un régiment de cavallerye légère, du nombre de cinq compagnies de cent hommes chacune, sous la charge du sieur....., et sçachant que pour commander l'une d'icelles nous ne pouvons faire un meilleur choix que de vostre personne, pour la particullière confiance que nous avons en vostre suffisance, valleur et expérience au faict des armes, fidélité et affection à nostre service, bonne conduite et dilligence. A ces causes vous avons commis, ordonné et député, commettons et députons, par ces présentes signées de nostre main, pour lever et métre sur pied, incontinent et le plus dilligemment qu'il vous sera possible, une compagnie de cavallerye, dudit nombre de cent hommes, armés à la hongroise de deux pistollets, d'une émousse et d'une carabine, des plus vaillants que vous pourrez trouver, laquelle vous conduirez et exploicterez soubz nostre auchtorité et service de nostre cher et bien amé cousin, le comte d'Allays, collonel général de la cavallerye légère de France, partout ainsy qu'il vous sera par nous ou nos lieutenants généraulx commandé et ordonné pour nostre service. Et nous ferons payer ensuite les officiers et chevaulx-légers de vostre dite compagnie des soldes, estats et appoinctements qui vous seront pour eulx deus, suivant les monstres qui en seront faictes par les commissaires de nos guerres à ce députtez, pour longueur de tems qu'ils seront sur pied à nostredit service; tenant la main qu'ils vivent si modestement que nous ne recepvions aucune plainte.

De ce fait, vous avons donné et donnons pouvoir octroyer commission, et par mandement spécial mandons à tous qu'il appartiendra qu'à vous, en ce faisant, ils obéissent. Car tel est nostre plaisir.

Donné à Chantilly le huictiesme jour d'aoust mil six cens trente cinq et de nostre règne le vingt sixiesme.

Signé : Louis.
Et scellé du grand sceau.

La commission cy dessus a esté enregistrée au registre du greffe civil de la seigneurie d'Anjou et siège présidial d'Angers pour y avoir recours quand besoing sera, et requérant ledit sieur de la Roche-Bardoul, auquel auroit esté décerné acte, et moy greffier soubzigné lesdits jour et an cy dessus [1]. (*Arch. de Maine-et-Loire. Idem.*)

1668.

Louise de l'Esperonnière épousa Jacques Le Maignan [2], sgr du Coing, avec lequel elle vivait en 1668.

1669.

En 1669, messire Urbain de l'Esperonnière, chlr, était l'homme de foi lige d'Armand-Charles Mazarin, pair de France, duc de Mayenne, à cause de sa terre et sgrie de Courteille, mouvante de la châtellenie d'Ernée, sous le devoir féodal d'une paire de gants blancs ou de six deniers. (Arch. Nat. *Aveux d'Anjou.* P. 398, f° 23 v°.)

---

[1]. La signature du greffier manque.
[2]. Cette famille fut déclarée noble d'extraction par arrêts des 3 janvier 1669 et 12 mars 1671, rendus en la Chambre de la Réformation de Bretagne. ARMES : *De gueules, à une bande d'argent, chargée de trois coquilles de sable.*

Nous terminerons ce long travail sur l'Anjou et les provinces voisines par l'analyse de quelques documents relatifs à la ville et à la baronnie de Candé :

1098. Du temps que Lambert était abbé de Saint-Nicolas d'Angers (1096-1139), Geoffroy Rorgon donna audit Lambert et à ses moines une place à Candé pour y bâtir une église ; ils y bâtirent l'église de Saint-Denis.

Le 2 février 1390, Geoffroy de la Tour fit bâtir l'église et le couvent des Augustins de Candé ; il permit aux religieux de pêcher aux anguilles dans ses trois étangs, à la charge de dire tous les matins une messe et des prières en français à leur grand'messe pour lui et pour défunte Jeanne de Rougé, sa femme. Charles de Dinan, sgr de Châteaubriant et de Candé, ratifia la fondation dudit couvent et « indemna » les terres qui en dépendaient, à la charge que lesdits Augustins célébreraient tous les ans, le 1er mai, un service avec trois grand'messes pour ses amis trépassés. (Jean Hiret, *Antiquitez d'Anjou*; Angers, 1618, pp. 223 et 411.)

11 août 1730. Le prieur de Saint-Nicolas de Candé rend aveu et dénombrement de son prieuré à la baronnie de Candé. (Archives Nationales. *Titres de Conti*. R3 57.)

25 septembre 1738. Messire Louis de Ghaisne, sgr de la Cornuaille, rend aveu à la baronnie de Candé. (*Idem. Idem. Idem. Observations sur les aveux rendus à la baronnie de Candé depuis l'année* 1567, manuscrit in-f° de 153 feuillets, accompagné d'une table des noms avec renvois aux pages.)

12 mai 1756. A cette date, Son Altesse Sérénissime Mlle Louise-Anne de Bourbon, princesse du sang, était dame de la ville et baronnie de Candé. (*Idem. Idem.* R 3 56.)

20 octobre 1759. A cette date, Louis-François-Joseph de Bourbon-Conti, comte de la Marche, prince du sang, était baron de Candé, en conséquence du legs universel à lui fait par sa grand'tante, ladite Louise-Anne de Bourbon de Charolais, suivant le testament olographe de celle-ci du 2 avril 1758, déposé chez Me Mareschal [1], notaire au Châtelet de Paris, le 8 desdits mois et an; délivrance de ce legs universel avait été faite par arrêt du Parlement de Paris du 7 septembre 1758. (*Idem. Idem.* R 3 57.)

26 mai 1769. Compte que rend à Son Altesse Sérénissime Mgr le comte de la Marche, prince du sang, René-François Charlery, sénéchal de la baronnie de Candé, de la régie par lui faite des revenus de la baronnie de Candé, en continuation des comptes qu'il a ci-devant rendus à S. A. S. Mlle de Charolais. (*Idem. Idem. Idem.* In-fo de 22 pages.)

30 mai 1769. Par-devant Me Mareschal, notaire au Châtelet de Paris, liquidation et partage de la succession de défunte très haute, très puissante et très excellente princesse, Mlle Louise-Anne de Bourbon-Condé de Charolais, princesse du sang. Très haut, très puissant et très excellent prince Mgr Louis-François-Joseph de Bourbon-Conti, comte de la Marche, prince du sang, légataire universel de ladite défunte.

L'article 10 de cet inventaire comprend la baronnie de Candé et la châtellenie de Chanzeaux, situées coutume d'Anjou, produisant 1537 livres 4 deniers et estimées 38,400 livres. (*Idem. Idem.* R 3 97. Papier in-fo.)

---

1. Successeur actuel : Me Fontana, rue Royale, 10.

TABLES

TABLE

DES NOMS DE PERSONNES

Cette table et la suivante ont été établies à la façon ancienne, c'est-à-dire qu'aucun des noms qui les composent n'a été placé à l'article *le, la, les,* ou à la particule *de, du, des*. Les noms imprimés en majuscules sont ceux des familles, des personnages ou des terres, auxquels nous avons consacré des notices ; les chiffres placés entre parenthèses renvoient à ces notices [1]. Les astérisques renvoient aux armoiries des familles. Un certain nombre de noms se trouvent répétés plusieurs fois dans la même page, il est par suite nécessaire de parcourir la page complètement.

A

Ableiges (d'). Voir Maupeou.
Agonet (d'), 67.
Aigle (de l'), 19.
Aiguillon (d'), 88.
Airon (d'), 154.
Albret (d'), 190.
Alexandre de Hanache, 199.
Alinault (d'), 219.
Allays (d'), 223.
Aloue (d'), 220 *.
Amaillou (d'). Voir Liniers (de).
Amboise (d'), 108.
Amelon, 105.
Amesnard, 146.
Amoureux (l'), 174.
Ampoigné (d'), 53 *, 54, 57, 223.
Anderonde (l'). 156, 157.
Andigné (d'), 67, 78.
Angebault, 187.
Angellerie (de l'), 210.
Angennes (d'), 108.
Angevin, 65.
Angle (de l'), 94, 120.
Anjou (René d'), 162.
Anthenaise (d'), 213.
Antin (d'), 194.
Appelvoisin (d'), 46 *.
Arcemale (d'), 193.
Armagnac (d'), 78, 202.
Armaillé (d'). Voir Forest (la).
Arnault, 113.
Ars (d'), 25, 130, 131.
Asnier (l'), 72, 200.

---

1. Nous empruntons ce mode de renvoi à la belle continuation du Père Anselme par M. Potier de Courcy. Firmin-Didot, éditeur.

— 230 —

Aubert, 44.
Aubert (d'), 211, 212.
Auberville (d'), 91.
Aubevoye (d'). Voir Pont (du).
Aubiers (des). Voir Roux (Le).
Aubigné (d'), 39, 41, 48, 75, 105, 116, 144.
Aubigné (d'). Voir Motte (de la) et Roixand.
Aubraye (de l'). Voir Suriette.
Aubry, 13.
Audayer, 31, 32, 45, 106.
Audiband, 20.
Aufray, 87.
Aulbin, 53, 58.
Aumont (d'), 192.
Aussigné (d'). Voir Mesnil (du).
Autichamp (d'). Voir Beaumont (de).
Availloles (d'), 210.
Avignon, 160.
Avoynes (d'), 98.
Ayrault, 220.

B

Baïf (de), 107.
Bailleur (de), 57.
Baranger (de), 43.
BARATON, 8 *, 9, (115), 209.
Barbot, 25.
Bardoul, 5, 7, 79, 112, 114.
Bareau, 24, 25.
Barentin, 70.
Barolle, 131.
Baron, 181.
Barou, 59.
Barras, 196.
Barre (de la), 108, 109.
Barrière, 190.
Barrou (de), 14, 120 *.
Barthomeuf, 89.
Barville (de), 109.
BASCLE (LE), (54) *, 58, 222.
Bas-Plessis. Voir Chenu.
Baudet, 13.
Baudry, 6, 200.
Bauldin, 65.
Bault, 75, 201.
Bault de la Morinière et de la Rochecantin (Le), 95 *, 178.
Baye, 11, 13.
Bayette, 196.
Bazin de Puyfoucaud, 109.
Béarn (de). Voir Galard.

Beaucorps (de), 215.
Beaudemers (de). Voir Felon.
Beaumanoir (de), 153, 220.
Beaumont (de), 24, 108, 113, 128, 166, 167, 168.
Beaumont d'Autichamp (de), 79.
Beaumortier (de), 166, 172, 173, 174.
Beauveau (de), 53.
Beauvilliers (de), 37.
Becq (Le), 77, 81, 177.
Bellay (du), 9, 19, 25, 105, 147, 178.
Belleville (de), 111.
Bellinaud (de), 130.
Bellion, 8.
Benoît, 79.
Béranger, 160.
Bérard, 146, 148, 150 *.
Béraudière (de la), 8, 10, 41.
Beringhen (de), 180, 181.
Bernard, 130.
Bernier, 7.
Bertrand, 58, 59, 222.
Bessin, 93.
Besson, 184.
Biau, 18.
Billon, 43, 44.
Binet, 49.
BINTINAYE (DE LA), 50, (89 *), 91, 93, 94, 95, 99.
Bionneau, 220.
Birague (de), 211.
Bitault, 51, 141.
Blanc-Mesnil (de). Voir Delley.
Blavet, 212.
Blays (de), 18, 144.
Blotais (de la). Voir Charlonnie (de la).
Blouyn, 19.
Boberil de Cherville (du), 94.
Bohal, 50.
Boinnaye (de), 20.
Bois (du), 56.
Boisardière, 156, 157.
Bois de la Ferté (du), 57, 150.
Boisgelin (du), 104.
Bois-Hébert (de), 210.
Bois-Joullain (de), 210.
Boissonnière, 98.
Boju de la Ménollière, 50 *.
Bondadréal (de), 204.
Boner, 30.
Bonnabry, 176.
Bonneau, 67, 192.
Bonnivet (de), 17.
Borde (de la), 131.
Borie, 93.

Bory, 25, 68.
Bossaut, 7.
Boucher, 149.
Bouchereau, 43.
Bouchet, 34, 105, 222.
Bouchet (du), 131.
Boucicault, 25.
Boudaut, 124.
Bouëtiez (du), 213.
Bouëx (du), 45.
Bougon (de). Voir Robineau.
Bouju, 104.
Boulé, 22, 29.
Boullay, 209.
Boullet, 70.
BOURBON (DE), 47, 135, 136, (225 à 226).
Bourbon-Condé (de), 44.
Bourdays (Le), 118.
Bourdeselle, 131.
Bourdonnaye-Montluc (de la), 94.
Bourlon, 182.
Bourré (de), 153.
Bourreau, 144.
Bouschet (du), 116.
Boussiron (de), 53, 152.
Boutigné (de). Voir Pinson.
Bouzac (de), 120.
BOYLESVE (DE), 72 *.
Boyvin, 176.
Bragelongue (de), 211.
Brandelles de Saint-Marsault, 109.
Brandon (de), 131.
Breil (du), 57, 154, 178.
Breizel (du), 148.
Brémond, 44.
Breslay (de), 212.
Bretagne (de), 162, 220.
Bretagne-Avaugour, 161.
Bretin, 51.
Brie (de), 41, 129, 130, 137, 138.
Brillet, 60.
Brioul, 22.
Brioul (de), 105.
Britoin, 171.
Broc (de), 43.
Brossard (de), 45.
Brosse (de la). Voir Brun (Le).
Brouart, 23.
Brugny (de), 215.
Bruilionnet, 24.
Brun de la Brosse (Le), 19 *.
BUAT (DU), 45, 99 *, (207 * à 214).
Bûcher, 59.
Buignon, 222.

Buneau, 23.
Butay (du), 144.

C

Cadelac (de), 103 *.
Caillon, 131.
Campagnolle (de). Voir Roger.
Camus, 105.
Carbonnel, 118.
Cardon (de), 113.
CARION, 12, 13 *, 46, 60, (105), (117 *), 181, 222.
Carné (de), 70.
Cars (des). Voir Pérusse.
Carte, 125.
Casau (du), 144.
Caumartin, 215.
Caumont (de), 152.
Cazeau (du). Voir Villeneuve (de).
Cerf (Le), 178.
Cépaye (de la), 126.
Ceppy (de), 131.
CHABOT, 23, 61, (127), 128.
Chabot (de), 214.
Chabot-Rohan, 189, 190.
Chabrières, 189.
Chaffault (du), 148.
Chalonne (de), 8.
Chalopin, 14.
Chalotais (La), 88.
Chambes (de), 154, 171.
Chamillart, 215.
Champagné (de), 210.
Champeignetes, 19.
CHAMPION DE CICÉ, 89, (92 *), 93.
Chandos, 39.
Changy (de), 117, 125.
Chantal (de), 203.
Chapelain, 10.
Charbonneau, 68, 193.
Charil, 211.
Charlery, 226.
Charlonnie de la Blotais (de la), 214.
Charles VI, 17.
Charles VII, 208.
Charlot, 125, 202.
Charnacé (de), 209.
Charrette, 147.
Charron, 60, 180.
Chartres (de), 49.
Charvau, 112.
Chasnay (de), 117.
Chastelet (du), 45.

Chat de Vernée (Le), 87.
Châteaubriand (de), 154.
Châteautre (de), 147.
Châteauvilain (de), 131.
Châteigneraye (de la), 52.
Châteigneraye du Fourny (de la), 146.
Châtillon (de), 25.
Chault (de), 131.
Chausseraye (de la), 30.
Chauveau, 177.
Chauvigné (de), 108.
Chemillé (de), 5, 125.
Cheminart, 209.
CHENU DU BAS-PLESSIS, 41, 49, 50 *, 52, 57, 58, (146 * à 148).
Cherville (de). Voir Boberil.
Chesnaye (de la), 104.
Chesne (du), 43.
Chesneau, 43.
Chevalerie, 156, 157.
Chevalerie (de la), 108, 212.
Chevalerie (de la). Voir Hunault.
Chevalier, 6, 78.
Cheverue, 6.
Cheverue (de), 75, 150, 154 *, 155, 206.
CHEVIGNÉ (DE), 36 *.
Chevillard, 209.
Cheviré (de), 51.
Chiron (du). Voir Davy.
Choquet, 174.
Cicé (de). Voir Champion et Varennes (de).
Cierzay (de), 18.
Cintré (de), 107.
Clais de la Forêt (de), 148.
Clausse, 75.
Clérambault (de), 40, 43, 191.
Clerc (Le), 10, 75, 77, 193.
Clerc des Émereaux (Le), 202 *.
Clerc de Sautré (Le), 192.
Clermont (de), 154.
Clèves (de), 215.
Clisson (de), 146.
Cloteaux, 154.
Cochon du Puy et de Lapparent, 197, 199.
Coesmes (de), 179.
Cœur de Roy, 90, 177.
Cointrie (de la). Voir Collas.
Coiscault, 61.
Colbert, 46, 62.
Colin, 68, 78, 129, 176.
COLLAS DE LA COINTRIE ET DE L'ESPERONNIÈRE, (106 *, 107).

Collasseau, 39.
Collasseau (de), 105.
Collichet, 98.
Collinet, 124.
Collousseau, 135, 137.
Comendeur du Haulme (Le), 154.
Comte (Le), 160.
Coniac (de). Voir Prévalaye.
Conigan (de), 39.
Conseil, 58, 178.
CONSTANTIN DE VARENNES ET DE LA LORIE, 73, 75 *, 76, 77, 78, 79, 81, 82, (200 * à 202), 203.
Contades (de), 79 *, 80, 81, 82, 84, 93.
Conte (Le), 141.
Corbière (de la), 211.
Cordier, 119.
Cordon, 65.
Cornu (Le), 71.
Cornuaille (de la), 167.
Cornulier (de), 107.
Coron, 210.
Corteteau, 23, 25.
Corvay (de), 37.
Cossé (de), 163.
Cossé-Brissac (de), 190.
Coué, 174.
Coué (de), 50, 146.
Couëdic (du), 89.
Couesquin (de), 158, 175.
Cour (de la), 111, 152.
Cours (Le), 71.
Courtarvel (de), 148 *.
Courtemblay (de), 108.
Coustard, 80, 160.
Coustigné, 5.
Crénan (de). Voir Perrien.
Créquy (de), 92.
Crès (de), 199.
Crespen, 81.
Crespin, 80, 166, 168, 206.
Cressonnière (de la), 41.
Crestinière (de la). Voir Rorteau.
Croix (de la), 10 *, 119.
Crossonnière (de la), 71.
Crossonnière (de la). Voir Marié (Le).
Crouillon ou Croullon, 26 *.
Cuissard, 67.
Cupif, 206.
Cureau, 25.
Curée (de la), 150.

D

Daen de Kermenenan, 216 *.
DAILLON DU LUDE (14 *), 118, 119.
Dalleboust, 58, 178.
Davort, 6.
Davy, 56 *, 57, 71, 158, 181.
DAVY DU CHIRON, 44 *, 45.
Deille, 118, 184.
Deillé, 57, 65.
Delley de Blanc-Mesnil, 207.
Desbatement, 216.
Dinan (de), 225.
DINTIVILLE, 25, (131 *).
Dives, 143.
Dolbeau, 30.
Domestissac, 211.
Dorin, 163.
Dréneuc (du). Voir Long (Le).
Drouen, 118.
Drouin, 57, 62, 93.
Duguay-Trouin, 194.
Duras (de), 84.
Durcot, 220.
Durcot de l'Estang, 54 *.
Duret, 17.

E

Édin de la Touche, 13, 118.
Émereaux (des). Voir Clerc (Le).
Enfant (L'), 210.
Enseneda (la), 204.
Escarbot (d'), 117.
Escorce (l'), 26.
Escoubleau (d'), 57 *, 68, 154 *, 186, 193.
Escoyeux (d'). Voir Polignac.
Eslion, 131.
Esperonnière (de l'). Voir Collas et Carion.
Espinay de Broon (d'), 171.
Espinière (de l'), 57.
Estanduère (de l'). Voir Herbiers (des).
Estang (de l'). Voir Durcot.
Estouteville (d'), 37.
Estrades (d'), 66.
Estrées (d'), 134, 158, 190, 194.
Étoile (de l'), 58, 126.
Éveillard, 211, 214.

F

Fabris, 169.
Falloux, 45.
Farcy (de), 94.
Farré, 187.
Fautrière (de la). Voir Gay (Le).
Fay (du), 151.
Febvre (Le), 42.
Felon de Beaudemers (Le), 160.
Feltre (de), 97.
Ferdinand VI, roi d'Espagne, 204, 205.
Ferron, 93.
Ferron de la Ferronnays, 77, 81, 82, 155, 201.
Ferté (de la). Voir Bois (du).
Feschal (de), 128.
Fesques (de), 19 *, 59, 109, 180.
Feuillée (de la). Voir Nos (des).
Fèvre, 5.
Fèvre (Le), 20, 130.
Fiot, 159.
Fleins (de). Voir Jourdan.
Fleury, 22, 126.
FLORY DE LA SANSONNIÈRE, 22 *, 27, 35, (126), 127.
Fontaine (de la), 144, 211.
Fontana, 226.
Fontanes (de), 97.
Fontbrune (de), 84.
Fontenay (de), 18.
Forateau (de), 44.
Foreau, 65.
Forest d'Armaillé (La), 94.
Forêt (de la), 19, 24.
Forêt (de la). Voir Clais.
Forges (des), 156.
Fort (Le), 177.
Fortia (de), 182.
Foucher, 24, 154.
Fouquet, 129 117.
Four (du), 48.
Fourier, 61.
Fourny (du). Voir Châteigneraye (de la).
François, 120, 181, 201.
François de Sales (Saint), 203, 204.
Frapin, 24, 166.
Freigné (de), 167.
Frelin, 160.
Freppel, 187.
Fresnaye (de la). Voir Gras (Le).
Fresneau, 118, 119.
Frétart, 18.

Frétat de Sarra, 177.
Frézeau, 151.
Frioul, 18.
Fromentières (de), 118.
Fusée de Voisenon, 92.

G

GAALLON (DE), 99 *, (214 * à 216).
Gabard, 67.
Gadras, 186.
Gaignard, 49.
Gaigneux (Le), 62, 118.
Gaignières (de), 113.
Gaillard, 198.
Galard, 65.
Galard de Béarn, 199.
Galardin, 126.
Galery, 210.
Gallier, 73, 180.
Garencières (de), 179.
Garnier, 144, 211.
Garoulaye (de la). Voir Veillon.
Gaudicher, 202.
Gaulier, 207.
Gault, 14, 58.
Gautier, 137, 142.
Gautron, 134.
Gautron de la Late, 82.
Gauvaing, 46.
Gay (Le), 210.
Gay de la Fautrière (Le), 150, 155.
Gayette (de), 131.
Gaymaut, 46.
Gebert (du), 52, 151.
Gencian, 152 *.
Genet, 174.
Gennes (de), 58, 178.
Ghaisne (de), 64, 87, 93, 225.
Giffard, 98.
Gilberge, 69.
Gilbois de Martineau, 105.
Gilles, 66.
GODDES DE VARENNES (DE), 45, 52, 61, 65, 67 *, 73, 74, 75, 77, 79, 144, (192), 193.
Gombier, 80.
Gondon, 16.
Gonnord (de), 220.
Goucardi, 144.
Goulaine (de), 153 *, 171.
Gourdon, 8, 22.
Goureau, 53.
Goût (du), 157, 158.

Goutard, 85.
Goutier, 110.
Gras (Le), 56.
Gras de la Fresnaye (Le), 158 *.
Grasse (de la), 25.
Grellerin, 53.
Grénedan (de). Voir Plessis (du).
Grésille (de la), 18, 126.
Gresle, 7.
Greteril, 209.
Grignon (de), 106.
Grimaudet, 14.
Griveau, 19, 21.
Grudé, 51, 52.
Grue (de la), 18, 21, 125.
Guéménée-Montbazon, 74.
Guère (de la). Voir Pantin.
Guérin, 17, 37, 124.
Guérin de Saint-Brice, 104.
Guérineau, 22, 33.
Guerres (de), 131.
Guerrif, 210.
Guersan (de), 201.
GUESDON, 11 (12 *), 48, 145.
Guetton, 161.
Guibret, 107.
Guichard, 69, 106.
Guichardy de Martigné (de), 87.
Guignard, 129, 130.
GUIGNEN (DE), (161 *), 176.
Guillart, 160.
Guillaume, 186.
Guillon, 12.
Guindron, 36.
Guipoulle, 209.
Guiraud, 193.
Guise (de), 215, 216.
Guyard, 49.
Guyet, 49.

H

Halay (du), 158.
Halgouët (du), 94.
Hallay (du), 19, 175.
Hamon, 35.
Hanache (de). Voir Alexandre.
Harcourt (d'), 108.
Hastelou, 144.
Hatte, 179 *.
Hattes (de), 113.
Haume (du). Voir Comendeur (Le).
Hawke, 195.
Hay, 36.

Hay des Nétumières, 94.
Haye (de la), 60, 111, 125, 145.
Haye-Joulain (de la), 112*.
HAYE-MONTBAULT (DE LA), 59*, 60, 67, 73, 79, 105, (179* à 181), 193, 194.
Haye-Passavant (de la), 112*.
Haye de Plouër (de la), 93.
Héard, 65.
Heaulme, 154.
Henri IV, 156, 157, 164.
Herbereau, 51.
HERBIERS (DES), 68, 69, 74, 79, 144, (193* à 199).
Hernault de Montiron, 107.
Héryau, 151.
Hiret, 225.
Hommeau (l'), 11.
Hommes (des), 18, 21, 119.
Houssaye (de la), 175.
Housses (des), 46.
Hozier (d'), 4, 17, 76, 78.
Huau, 145.
Huchedé, 62, 66.
Huchelou, 197.
Huet, 54.
Hunaud, 210.
Hunault de la Chevalerie, 99.
Hune (de la), 19, 39.

I

Isle (de l'), 125.
Isle-Bouchard (de l'), 23, 127.

J

Jaille (de la), 145, 171, 176.
Jarry, 219.
JARZÉ (DE), 53*, 54, 58, (151* à 153).
Jasson, 48.
Jean (le roi), 147.
Jehannet, 53.
Jeune (Le), 75.
Jhéric (de), 168.
Joinet, 206.
Jolivet, 179.
José, 169.
Jossonnière, 156.
Jouaust, 92.
Joubert, 9, 65.
Jourdain, 34.
Jourdan de Fleins, 106.

Jousseau, 22.
JOUSSEAUME, 36, 60, 70, (71*), 73, 110.
JOUSSELIN (DE), 99, 100*, 213.
Jousset, 177.
Juchault de la Moricière, 91.
Juigné (de), 56.
Jullait, 53.

K

Kermenenan (de). Voir Daen.

L

Lambert, 176, 209.
Lamboul (de), 208, 209.
Lançonneur, 54.
Lande (La), 161.
Landes (des), 54*.
Langán (de), 200.
Lannoy (de), 163.
Lantivy (de), 108.
Lapparent (de). Voir Cochon.
Large (Le), 177.
Late (de la). Voir Gautron.
Laurens (de), 80.
Lautrec (de), 131.
Laval (de), 25, 162, 163, 171, 214.
Légi, 160.
Leigrat, 168.
Lelbiest, 161.
Léon, 162.
Lequeu, 160.
Lesguern (de), 94.
Letort, 109, 177.
Ligondès (du), 45*.
Limonnier (Le), 104.
Linières (de), 46.
LINIERS D'AMAILLOU (DE), 36*.
Livenais, 80.
Loffre (de), 125.
Loges (des). Voir Pont (du).
Lomoners, 172.
Long du Dréneuc (Le), 94*.
Longueil (de), 80.
Loré (de), 151.
Lorie (de la). Voir Constantin.
Loriost, 52.
Lorioust, 13.
Lorraine (de), 20.
Lory, 61.
Lostior, 168.

Lou de la Motte-Glain (Le), 87.
Loüet, 14, 47, 141.
Louis XI, 20, 23, 24.
Louis XIII, 164.
Loyau, 16.
Luard, 82.
Lude (du). Voir Daillon.

M

Maçon, 177.
MAIGNAN (LE), 224 *.
Maillard, 65.
Maillé (de), 64, 65.
Maillebaille (de), 132.
Maillefeu (de), 215.
Maillet, 21.
Maire (Le), 98.
Maleret (de), 175.
Malicorne (de), 131.
Maligneau, 19.
Mallet, 46.
Manchon, 49.
Mantaignac (de), 109.
Marans (de). Voir Pont (du).
Marchais (du). Voir Tigernère (de la).
Marche (de la), 45.
Marcoul, 211.
Mare (de la). Voir Collas.
Mareschal (Le), 57, 226.
Maridort (de), 154 *, 171.
Marié (Le), 71.
Marié de la Crossonnière (Le), 69.
Marigny (de), 146.
Marion, 16, 61, 126.
Marnault, 24.
Marquès, 81.
Marsault, 23.
Marsays, 124.
Martel, 180.
Martin, 8, 39.
Martineau, 77, 201 *.
Martineau (de). Voir Gilbois.
Masson, 62, 72.
Mastin (Le), 35 *.
Maubert, 152, 153.
Maugeays, 11.
Maulévrier (de), 112.
Maulny, 210.
Maupeou d'Ableiges (de), 72.
Mauviel (de), 210.
Maynière, 154.
Mazarin, 224.
Mazières (de), 201.

Meaulne (de), 105.
Meaune (de), 152.
MÉLAY (DE), 7, 9, 18, 19, 20, 113 *.
Mélay (de). Voir Meslay (de).
Ménage, 57.
Ménard, 145.
Ménollière (de la). Voir Boju.
MENOU (DE), 44 *.
Merceron, 98.
MERCŒUR (DE), 118 (155 à 158), 163.
Mériaud, 20.
Mériaudeau, 44.
Mesgaudais (de), 103.
Meslay (de), 160.
Meslay (de). Voir Mélay (de).
Mesnard, 23 *, 24, 25, 30, 73, 128, 129, 159, 180, 186.
Mesnil (du), 37.
Mesnil d'Aussigné (du), 144.
MESNIL-SIMON (DU), 37 *.
Meulles (de), 22, 31, 32, 45 *, 46, 134, 135.
Mézières, 65.
Millepied (de). Voir Rigault.
Millet, 180.
Milon, 149.
Minault, 212.
Minotière, 156, 157.
Mintier de Léhélec, 94.
Mitifiaut (de), 199.
Moine (Le), 23.
Molins (de), 160.
Monner (Le), 168.
Montalembert (de), 37.
Montauban (de), 208.
Montausier (de), 46.
Montespedon (de), 41, 47, 112, 135, 136, 141, 142.
Montfaut (de), 215.
Montfort (de), 175.
Montigny (de), 215.
Montiron. Voir Hernault.
Montluc (de), 92.
Montmorency (de), 52, 134, 150, 157.
Montpensier (de), 140, 141.
Morant (de), 150.
Moreau, 60, 160.
Morellière (de la), 210.
Moricière (de la). Voir Juchault.
Morin, 6, 18, 90, 135, 142.
Morinière (de la). Voir Bault (Le).
Mortemer (de). Voir Taveau.
Mortier (de), 212.
Mosnac (de), 46.
Mote (de la), 160.

Mothe (de la), 22.
Motier, 14.
Motte (de la), 176.
Motte d'Aubigné (de la), 202.
Motte Baracé de Senones (de la), 192.
Motte-Glain (de la). Voir Loup (Le).
Motte de la Villarmois (de la), 94.
Mouchy (du). Voir Noë (de la).
Moulinets (des), 171.

N

Nau, 174.
Navarre (Antoine, roi de), 141.
Nepveu, 107.
Nepveu d'Urbé, 79 *, 80, 81, 82, 86, 114, (206).
Nétumières (des). Voir Hay.
Noailles (de), 195.
Noë du Mouchy (de la), 94.
Noë (de la). Voir Rat (Le).
Noiraye (de la). Voir Voisin.
Normand, 45.
Norméhy (de). Voir Villéon (La).
Nos de la Feuillée (des), 104.

O

Odiau, 43.
Ogeron, 111.
Oiseau (L'), 48.
Oiselière (de l'), 42.
Olivet (d'), 36, 113.
Olivier, 126.
Orvaux (d'), 80.
Osmont (d'), 194.
Oudard, 18.
Ouille (d'). Voir Pont (du).
Oustillé (d'), 113.
Oville (d'). Voir Pont (du).

P

Paluau. Voir Regnault.
Panel, 205.
Pannetier, 12.
Pantin de la Guère, 148.
Paon, 113.
Papin, 20.
Parc, 23.
Pascauld de Pauléon, 199 *.

Pasquier, 10.
Pauléon (de). Voir Pascauld.
Pauvre (Le), 50.
Pavie (de), 160.
Pélegrin, 131.
Pellault, 76.
Pellé, 143.
Pellerin, 11.
Pelletier, 162.
Pelletier de la Lorie (Le), 75, 201 *.
Penthecost, 126.
Pérault, 37.
Péricard, 216.
Pérou, 18, 21, 50.
Pérou de la Touche, 125.
Perray (du), 219.
Perrien de Crénan (de), 214.
Perrier, 213.
Perrinière (de la), 154.
Perrot, 148.
Pérusse des Cars (de), 72, 97.
Petit, 111.
Phélipeau, 42.
Philippe-Auguste, 215.
Picasari (de), 199.
Picot, 161.
Pidoux (de), 211.
Piédouault (de), 12, 146.
Pierre, 18, 19.
Pierres (de), 108, 109 *.
Piétin, 62.
Pilet, 24.
Pillais, 179.
Pillault, 66.
Pimont (de), 37.
Pineau, 22, 129.
Pineau (du), 12, 19, 30, 48 *, 49, 51, 52, (144 à 145), 147, 183.
Pinson de Boutigné, 209.
Pinson de Valpinson, 58.
Pitt, 202.
Planchon, 6.
Plantis (du), 145, 146.
Planty (du), 134.
Plesse (de la), 81.
Plessis de Grénedan (du), 94.
Plessis-Jarzé (du), 153.
Plouer (du). Voir Haye (de la).
Poillevoisin (de), 30.
Polignac d'Escoyeux (de), 198.
Pollier, 58.
Pommeraye (de la), 211.
Ponceau (du), 152.
Ponchier (de), 131, 132.
Pont (du), 87, 213.

Pont d'Aubevoye (du), 219 *.
Pont des Loges (du), 93.
Pont de Marans (du), 200.
Pont d'Oville ou d'Ouille (du), 79 *.
Portes de Saint-Nudec (des), 213.
Potel, 13.
Potherie (de la). Voir Roy (Le).
Potier, 68, 212.
Poulchre (Le), 209.
Poullier, 211.
Poultier, 177.
Poussineau, 20.
Pré (du), 141.
Préau, 48.
Prégent, 37.
Préseau, 197.
Prestreau, 206.
Prévalaye de Coniac, 94.
Prévost, 9, 143, 180.
Price (de), 162, 163.
Prieur, 48.
Prigues (de), 161.
Proust (Le), 48.
Prunelé (de), 207.
Puy (du). Voir Cochon.
Puy du Fou (du), 59, 115 *, 180.
Puyfoucauld (de). Voir Bazin.
Puygirault (de), 220.
Puyguion (du), 6.

Q

Quantineau, 152.
Quentin, 48.
Querhoent (de), 99, 215, (216 *).
Quesnoy (du), 94.
Question (de), 131.

R

Racapé, 142.
Racault, 71.
Ragot, 60.
Raillonet, 35.
Ramée (de la), 176.
Raslet, 18.
Rat (Le), 56, 139.
Rat de la Noë (Le), 79.
Raye (de), 44.
Raymond, 44.
Regnault du Paluau, 71 *.
Regniau, 69.
Régnier, 213.

Regnyo, 69, 70, 71.
Reignart, 126.
Reorteau. Voir Rorteau.
Richard, 39, 49.
Richer, 43, 48, 49.
Richeteau, 46.
Richoudeau, 24, 27.
Ridelières (des), 144.
Rieux (de), 161.
Rigault, 58.
Rigault de Millepied, 42 *.
Rioulle (La), 129.
Rivière (de la), 48, 54, 119, 146,
    169, 219, 223.
Robichon, 76.
Robin, 87.
Robineau de Bougon, 91 *.
Robineau de Rochequairie (87 *), 89,
    91.
Roche (de la), 7, 179.
Rochecantin (de la). Voir Bault (Le).
Rochefoucauld (de la), 74, 170.
Rochejaquelein (de la). Voir Vergier (du).
Roche-Maillet (de la), 11.
Rochepot (de la). Voir Silly (de).
Rochequairie (de la). Voir Robineau.
Roches-Baritault (des), 51, 147, 149.
Rogais, 11.
Roger de Campagnolle, 81.
Rohan (de), 199.
Roigné, 49 *.
Roixand d'Aubigné, 113.
Roland, 176.
Rollon, 215.
Romain, 127.
Rorgon, 225.
Rorteau, 11, (13 *), 221.
Rorthays (de), 45, 52.
Rouartays, 41.
Rouauld, 118, 176.
Rougé (de), 64, 70, 71, 106 *, 197, 225.
Roullon, 8.
Roussardière (de la), 210.
Rousseau, 69, 119, 200.
Roussellé, 52 *, 53, 54, 56, 57, 61,
    (150 * à 151), 155.
Roussière (de la), 210
Rouvray, 131.
Roux (Le), 210.
Roux des Aubiers (Le), 18 *, 21.
Rouxeau, 176.
Rouxellé. Voir Roussellé.
Roy (Le), 160, 199, 212.
Roy de la Potherie (Le), 171.
Royer (Le), 69, 76, 141.

S

Sabin, 65.
Saint-Aignan (de), 128. 208.
SAINT-AMADOUR (DE), 60, (110*), 161, 180.
Saint-Brice (de). Voir Guérin.
SAINTE-FLAYVE (DE), 5*, 39, 40, (110), 111, 127.
Saint-Germain (de), 126.
Saint-Mars (de), 168.
Saint-Marsault (de). Voir Brandelles.
Saint-Martin (de), 198.
Sainte-Maure (de), 46*.
Saint-Michel (de), 171.
Saint-Nudec (de). Voir Portes (des).
Saint-Offange (de), 45, 106, 152*.
Sansonnière (de la). Voir Flory.
SANTO-DOMINGUE (DE), (81*), 86, 87, 92, 93, 114, 143, 207.
SANZAY (DE), 34, 35*, 39, 42, (133 à 134), 219.
Sarra (de). Voir Frétat.
Sasselange (de), 84.
Saulay, 160.
SAULAYE (DE LA), 57, (159 à 160), 161.
Sauleau, 20.
Saulx (Le), 174.
Sautré (de). Voir Clerc (Le).
Savary, 19, 30, 52, 150, 153.
Savereau, 73.
Savonnières (de), 69, 151.
Scépeaux (de), (107*, 108).
Seillons (de), 210.
Sénéchal (Le), 37.
Senones (de). Voir Motte Baracé (de la).
Serezin, 71.
Serin, 212.
Serpillon, 18.
Seurre (Le), 212.
Sidracq, 56.
SILLY DE LA ROCHEPOT (DE), 157 (163* à 165).
SIMON, 56*, 57, 59, 60, 61, 62, 67, 69, 73, 143, 150 (153* à 159), 163, 165, 175, 177.
Sochet, 60.
Sonnet, 144.
Sorieu, 43.
Sorinière (de la), 22.
Soullaye (de la), 131.
Sourches (de), 144.
Souvigné (de), 18.

Stain, 215.
Stofflet, 100.
Sully, 164.
Suriette de l'Aubraye, 49*, 50.

T

Tahureau, 125.
Tardiveau, 10.
Tascher, 109.
Taveau de Mortemer, 180*.
Tellier (Le), 62.
Tertre (du), 209.
Terves (de), 106.
Terville (de), 131.
Thais (de), 134.
Theurel, 58.
Thévin, 57.
THIBIVILLIERS (DE), 37*.
Thomin, 177.
Thouars (de), 167, 170.
TIGERNÈRE (DE LA), 113*.
Torbechet (de), 104.
TORCHARD (DE), 8, 19, 41, 117, (125*).
Tort (Le), 109, 177.
Touchard, 108.
Touchardière (de la), 208, 209.
Touche (de la), 20, 25, 209.
Touche (de la). Voir Édin et Pérou.
Touche-Limousinière (de la), 180.
Toulouse (de), 194.
Tour (de la), 213, 225.
Touraille, 156, 157.
TOUR-LANDRY (DE LA) (64*), 189.
Tourtereau, 71*.
Trémaudan (de), 161.
Tremblay (du), 49.
Trémoille (de la), 41, 49, 110, 111, 127.
Trochu, 89.
Tucé (de), 220*.
Turpin, 10, 50, 117, 147.
Turquéty, 94.

U

Urbé (d'). Voir Nepveu.
Urcot (d'). Voir Durcot.

— 240 —

V

Valin, 7.
Valleaux (de), 213.
Vallée (de la), 162, 163.
Valory (de), 87.
Valpinson (de). Voir Pinson.
Vandel (de), 128.
Varenne (la), 156.
Varennes (de), 148.
Varennes (de). Voir Goddes.
Varennes de Cicé (de), 92.
Vau (du), 48.
Vaudreuil (de), 195, 196.
VAUGIRAULT (DE), 11, 12 *, 13, 40, 41, 42, 50, 52, 53, (116), 117, 138, 186.
Vauguyon (de), 154.
Vaux (des), 98.
VEILLON DE LA GAROULAYE, 57, (95 *), 98, 175.
Vergier (du), 208.
Vergier de la Rochejaquelein (du), 19 *, 24, 31.
Veris (de). Voir Vritz (de).
Vérité, 65.
Vernée (de). Voir Chat (Le).
Verney (de), 215.
Vezins (de), 186.
Vieil, 210.

Vienne-Listenois (de), 14.
Vieuville (de la), 163.
Vigny (de), 117.
Villarmois (de la). Voir Motte (de la).
VILLENEUVE (DE), 8, 9 *, 1-1, 36, 39, 40, 42, 45, 50, 52, (116), 135, 139, 145, 146.
Villeneuve du Cazeau (de), 107.
Villéon de Normény (la), 94.
Villeprouvée (de), 35, 42.
VILLIERS (DE), 72 *.
Villoutreys (de), 148.
Vimond, 65.
Vinel, 162, 163.
Virolais (de), 113.
Visdelou, 94.
Vivonne (de), 34.
Voisenon (de). Voir Fusée.
Voisin, 180.
VOISIN DE LA NOIRAYE, 125.
Voltaire, 197.
Vrigné (de), 109.
Vrisseio (de), 174.
VRITZ (DE), (166 à 175).

Y

Ynay (d'), 60.
Yvan,

TABLE

DES NOMS DE TERRES, VILLES, CHATEAUX, COMMUNAUTÉS, PROVINCES, ETC.

Les noms imprimés en majuscules sont ceux des terres, châteaux ou communautés, auxquels nous avons consacré des notices originales ou empruntées au beau *Dictionnaire de Maine-et-Loire* de M. Célestin Port; les chiffres placés entre parenthèses renvoient à ces notices. Le même nom pouvant se trouver répété plusieurs fois dans la même page, il est par suite nécessaire de parcourir la page complètement.

A

Alleux (les), 211.
Alloir, 138.
Amaillou, 36.
Ambrières, 115.
Andormière (l'), 148.
Anet, 36.
Anetz, 87.
Angellerie (l'), 210.
Angers, 7, 8, 9, 19, 23, 40, 43, 49, 51, 52, 54, 57, 58, 59, 60, 61, 65, 72, 78, 79, 80, 93, 106, 107, 111, 117, 144, 179, 180, 181, 187, 200, 201, 202, 206, 222.
Angers (Saint-Julien d'), 107.
Angers (Saint-Martin d'), 106, 200, 202.
Angers (Saint-Maurice d'), 112, 139.
Angers (Saint-Nicolas d'), 225.
Angers (Toussaint d'), 107, 167, 176, 177.

Angers (Ursulines d'), 107.
Angers (la Visitation d'), 203.
Anges, près Craon (les), 210.
Angrie, 67.
Anjou, 11, 13, 14, 20, 35, 36, 40, 42, 47, 54, 61, 62, 75, 78, 79, 105, 115, 119, 139, 140, 145, 154, 160, 161, 163, 164, 189, 225.
Annecy, 204.
Antigny-le-Petit, 214.
Antoigné, 86.
Aquigny, 163.
Archaiz (les), 16.
Arche (Moulin de l'), 159.
Ardanne, 10.
Ardelay, 193.
Ardennes, 133.
Arfeuillère (l'), 109.
Argenteuil, 54.
Argenton, 25.
Argonne, 150.
Armaillé, 12.
Ars, 130.

Artois, 117.
Auberdière (l'), 72.
Aubespinay (l'), 128.
AUBEVOYE, 219.
Aubiers (les), 18.
Aubigné, 202.
Aubraye (l'), 49.
Aubriais (l'), 159.
Augustins des Gardes, 69, 186.
Aulnai, 201.
Aulnais (les), 72.
Auneau, 171.
Auray (le clos), 159.
Autigny, 49.
Auxerre, 25.
Avoir, 112.
Avrillé, 192.

B

Ballots, 211.
Bardouglerie (la), 40, 138.
Barillé, 208.
Barillonnière (la), 42.
Barlot, 42.
Barsay, 214.
BAS-PLESSIS (LE), 41, 49, 50, 52, (146 à 148).
Basse-Goujonnière (la), 138.
Basse-Rivière (la), 05.
Basse-Roche, 200.
Bassetière (la), 54.
Basse-Ville (la), 95.
Bassin, 139.
Bastière (la), 197.
Bauche (la), 72.
Baugé, 8.
Baulle, 134.
Bauterie (la), 168.
Beauchêne, 99, 216.
Beaufort, 42.
Beaulieu, 52, 59, 61, 64, 65, 69, 78, 85, 89, 159, 165.
Beaupréau, 9, 41, 47, 112, 115, 135, 142.
Beau-Puy (le), 26.
Beaurepaire, 18, 24.
Beauroux, 181.
Beauvais, 58.
Behuignerie (la), 210.
Belindinière (la), 113.
Bellefille, 206.
Belleux (le), 37.
Bellière (la), 70.

Bellinière (la), 38.
Bellonnière (la), 52.
Belloy (le), 147.
Bénardais (la), 153, 159.
Benichère (la), 211.
Béraudière (la), 125.
Berlate, 168.
Bernardière (la), 146.
Bérolles, 214.
Beunêche (la), 209.
Beuvrière (la), 80.
Beyne, 37.
Bigeotière (la), 35, 43.
Bigottière (la), 125.
Billardière (la), 20.
Bizollière (la), 11, 12.
Blainville, 37.
Blanchecoudre, 25.
Blandinière (la), 209.
Blein, 61.
Blois, 131.
Blouin, 41.
Blouyn (le moulin), 138.
Bodinière (la), 211.
Boisardière (la), 116.
Bois-Bertrand, 45.
Bois-Chauvigné (le), 50.
Bois-Chemin (le), 41.
Bois-Dauphin (le), 214.
Bois-Geslin (le), 104.
Boisgroleau, 116.
Bois-Joullain (le), 210.
Boissière (la), 115.
Bonchamps, 108.
Bonhardy, 19.
Bonnardière (la), 219.
Bonnelaye, 103.
Bonnet, 36.
Borderie (la), 154.
Bordinière (la), 173.
Bottereaux, 179.
Bouche d'Usure, 108.
Bouère (la), 133.
Bouëtiez (le), 213.
Bougon, 91.
Bouillé, 58.
Bouillé Saint-Paul, 22, 126.
Bouin (île de), 87, 133.
BOULAIRIE (LA), 56, (57), 67, 82, 85, 86, 118, 159.
Boulancourt, 61.
Boullaye (la), 49.
Boullerie (la), 42, 43, 48, 49.
Bourg-Neuf (Saint-Michel du), 212.
Bourgogne, 78.

Bourmont, 64, 87, 93, 178, 189.
Bourneau, 180.
Bourreau, 22, 23.
Bourreau (le), 115.
Boursay, 148.
Boussay (le), 44.
Boussonnière (la), 10.
Bouteville, 150, 151.
Boutonnière (la), 75.
Boutron, 93.
Bouveraye (la), 176.
Bouvines, 215.
Bouzillé, 11, 13, 41, 48, 52, 53, 76, 116, 138, 186.
Brain-sur-Longuenée, 69.
BRASSÉ, 207 à 210.
BREIL (LE), 56, 58, 61, 64, 65, 68, 74, 75, 78, 82, 85, 86, 18, 154, 159, (178).
Bresse, 25, 130.
Bressuire, 24, 35, 46.
Bretagne, 88.
Bretêche (la), 70.
Brétignolles, 109.
Bretonnerie (la), 168.
Breuil-Coiffaud (le), 220.
Brèves, 153.
Brézé, 136.
Briffières (les), 12.
Brignolesse, 148.
Brinière (la), 58, 148.
Brionne, 78.
Brisarderie (la), 72.
Brissonnière, 150.
Broc, 219.
Broon, 171.
Brosse (la), 19, 37, 115.
Brosse-Moreau (la), 198.
Brulairie (la), 159.
Buat (le), 207.
Buisson (le), 21.
Burelière (la), 57.
Bussy d'Amboise, 154.

C

Cacaudière (la), 60, 180.
Caen, 147.
Cairon (le), 214.
Campiernault, 168.
CANDÉ, 13, 64, 66, 68, 85, 88, 95, 98, 118, 136, 159, 162, 163, 184, 189, 210, (225 à 226).
Candé (Augustins de), 225.

Carreaux (les), 214, 215.
Carterie (la), 209.
Carteron (le), 41.
Casau (le), 144.
Cavenelaye (la), 159.
Cazaut (le), 116.
Cerizay, 46.
Chaboceau, 130.
Chabosselaie (la), 206.
Chaligny, 46.
CHALLAIN-LA-POTHERIE, 170 à 171.
Chalonge, 115.
Chalonnes, 107.
Châlons, 215.
Chamballan, 72.
Chambon, 30.
Chambrac, 54.
Champ (le), 80.
Champagne, 215.
Champcervier, 14.
Champiré, 115.
Champtoceaux, 115, 166.
Chanteil, 211.
Chanteloup, 16, 208.
Chantonnay, 128.
Chanzé, 47, 139, 143.
Chanzeaux, 19, 80, 226.
Chapelle (la), 219.
Chapelle-Glain (la), 87, 166.
Chapelle-Rousselin (la), 135.
Chaperonnière (la), 51, 56, 72.
Charbochet, 168.
Charbonnière (la), 212.
Charibaudière (la), 70.
Charnacé, 209.
Charny, 78.
Charruau, 179.
Chartebouchère (la), 118.
Chartres (Saint-Jean de), 200.
Chartres (évêque de), 207.
Chartrigné, 19.
Chassée (la), 25, 34.
Chasteigner (le), 22, 23, 36.
Chastelier-Berle (le), 35.
Château-Bosset, 150.
Châteaubourg, 103.
Châteaubriant, 174, 225.
Châteauceaux, 166.
Châteauceaux. Voir Champtoceaux.
Château-Gontier, 211.
Châteauneuf, 111.
Château-Regnault, 61.
Châteauroux, 50.
Châtillon-sur-Sèvre, 30.
Chaudron, 147.

— 244 —

Chaume, 25.
Chauvière (la), 60, 107.
Chauvigny, 220.
Chavagnes, 40.
Chavais, 16.
Chazay, 40.
Chazé-sur-Argos, 80.
Chemant, 206.
Chemillé, 7, 9, 16, 17, 18, 20, 21, 22, 23, 25, 39, 47, 48, 49, 58, 112, 114, 123, 130, 135, 137, 138, 139, 142, 143, 186.
Chemillé (Saint-Léonard de), 212.
CHEMILLÉ (SAINT-PIERRE DE), 123 *.
Chenaie (la), 115.
Chenetz, 131, 132.
Cherbonnerie (la), 108.
Cherveux, 18.
Chesne (le), 93, 197, 198.
Chesnes, 131.
Chevalerie (la), 125.
Chiron (le), 44, 45, 71.
Chizé, 18, 138.
Cholet, 7, 18, 52.
Chorai (le), 168.
Claunay, 23.
Clermont, 148.
Clisson, 153.
Cloteaux (les), 206.
Cohignac, 70.
COINCÉ, (51), 52, 54, 145.
Coing (le), 224.
Cointrie (la), 106.
COMBRÉE, 95, (98).
Commaray, 131.
Commequiers, 180.
Commercy, 163.
Conillard, 137, 139.
Conives, 45.
Conysière (la), 13.
Cornuaillé (la), 13, 64, 166, 167, 225.
Coron, 21.
Cossay, 47, 135, 136.
Cossé, 134.
Cossé-le-Vivien, 211.
Coudray (le), 11, 12, 13, 48, 70, 112, (179 à 181).
Coudray-Montbault (le), 40, 59, 60, (179 à 181).
Coudre (la), 107.
Coué, 116.
Coulombier, 70.
Courboureau (le), 70, 71.
Courdault, 214.

Cour-Fourrée (la), 210.
Courseriers, 35.
Courtandon, 49.
Courteille, 224.
Courteraye (la), 130.
Courivoisie (la), 38.
Coustouère (la), 23.
Coutancière (la), 171.
Cramaillé, 209.
Craon, 109, 111, 118, 209, 210, 212.
Crespellière (la), 25.
CREST (TOUR DE), 188 à 189.
Crestinière (la), 11, 13, 221.
Crèvecœur, 151.
Crosmières, 49.
Crossonnière (la), 71.

D

Daillon, 202.
Dampmartin, 131.
Damville, 157.
Daumerie (la), 212.
Deannerye (la), 138.
Deffais (le), 48.
Deniollaye (la), 95.
Devansaye (la Grande), 80.
Dindonnière (la), 126.
Doernère (la), 168.
Domay, 45.
Dorière, 214, 215.
Douces, 111.
Doulevant-le-Château, 215.
Doussay, 133.
Dreuillé, 41.
Drouellaie (la), 159.
DRUÈRE (LA), (18), 150, 210.
Drugle (le), 22.
Dunkerque, 195.
Duracerie (la), 56, 158.
Durbellière (la), 31, 45, 52.
Durtal, 210.

E

Émereaux (les), 202.
Entrammes, 211.
Ernée, 156, 224.
Esglandière (l'), 43.
ESPERONNIÈRE (L'), 105 à 109.
ESPINAY (L'), (40), 58, 128, 145, 153.
Espine (l'), 214.

Estanché, 26.
ESTANDUÈRE (L'), 68, 74, 79, (193 à 199).
Estang (l'), 54, 220.

F

Falaise, 130.
Fautrière (la). 150, 155.
Faye (la), 30.
Fayette (la), 14.
Feneu, 52.
Ferrière (la), 35.
Ferronnays (la), 77, 79, 201.
Ferté (la), 57.
Feuil (le), 153.
Feuillée (la), 104.
Flèche (la), 48.
Fleurancière (la), 113.
Flocellière (la), 34.
Florencière (la), 20.
Fontaine (la), 20.
Fontaine-à-Mer, 71.
FONTAINE DE COINCÉ (LA), 51.
Fontainebleau, 62.
Fontaines (les), 105.
Fontenailles, 146.
Fontenay, 42, 61.
Fontevrault, 14, 120.
Forein (le), 168.
Forêt (la), 24, 25.
Forêterie (la), 212.
Forêt-Landry (la), 113.
Forêt-Montpensier (la), 45.
Forêt-sur-Sèvre (la), 23, 25.
Forge (la), 44.
Forges (les), 12, 48.
Forte-Écuyère (la), 30.
Foucherie (la), 222.
Fougeray-Vigré, 109.
Fougères, 156.
Fourmeslay, 72.
Fourny (le), 146.
Fraudière (la), 200.
Frébaudière (la), 70.
Freigné, 61, 64, 77, 78, 83, 89, 95, 159, 165, 167.
Frelandière (la), 42, 43, 44.
Frelonnière (la), 115.
Frémur, 219.
Fresnay (le), 152.
Fresnaye (la), 56, 64.
Fresnaye-Mécrin (la), 158.
FRESNE (LE), 31, (54) 69, 134, 222.

Fresne-Chabot, 45, 46.
Frézelière (la), 151.
FRIBAUDIÈRE (LA), 12.
Frogerie (la), 30.
Frottière (la), 12.
Furnes, 195.

G

Gaigné, 206.
Galaisière (la), 72.
Galliotière (la), 221.
Garare, 22.
GARDES (LES), 48, 54, 61, 68, 75. 187.
Gardes (Augustins des), 69, 180
Garnache (la), 180.
Garnetot, 214.
Garnier, 154.
Garotinière (la), 41, 138.
Garoullaye (la), 95.
Garrelière (la), 159.
Gaschet (Moulin), 139.
Gaucherie-aux-Dames (la), 99.
Gaufouilloux, 72.
Gaultret, 210.
Gautrèches (les), 22.
Gauvrière (la), 125.
Geay, 36.
Gennetoy, 19.
Gevrise, 21, 22, 139.
Gilberdrie (la), 80.
Gilbourg-en-Faye, 144.
Gillebourg, 220.
Gillière, 72.
Girardet, 44.
Giraudière (la), 117, 125.
Girolle (la), 130.
Girouart, 159.
Goismard, 72.
Gonnardrie (la), 138.
Gonnord, 9, 23, 125, 127, 129, 130, 139, 163.
Gordes, 40.
Gouesnardrie (la), 40.
Gourdonnière (la), 40.
Gouzillière (la), 98.
Graffinière (la), 72.
Grand-Tesseau (le), 56.
GRANDE-BALLERIE (LA), 48.
Grande-Libergière (la), 138.
Grandes-Gourdonnières (les), 138, 13 .
Grasse (abbaye de la), 92.
Grève (la), 22, 24, 25.

Grézille (la), 18.
GROLAY (LE), (51), 117, 118.
GRUE (LA), (21), 22, 23.
Guerche-Saint-Amand (la), 18.
Guère (la), 148.
Guérinière (la), 41, 116.
Guersan, 201.
Guesnerie (la), 210.
GUIBOURDELLIÈRE (LA), 111.
GUIBOURDERIE (LA), 111.
Guidonnière (la), 150, 155.
GUIGNEN, (161), 180.
Guillemière (la), 7.
Guiraye (la), 46.
Guitaye (la), 43.

H

Hallière (la), 11.
Hamardière (la), 107, 206.
Hanache, 199.
Hardière (la), 144.
Hauteville, 151.
Haut-Plessis (le), 12.
Haye (la), 111.
Haye-en-Barault (la), 179.
Hayes (les), 20.
Henleix-Pommerais, 70, 71.
Hennebont, 213.
Herbergement, 110.
Herbiers (les), 68.
Hingandière (la), 159.
Hommes (les), 105, 180.
Houssaye (la), 109.
Houx (le), 105.
Hubaudière (la), 133.
Hunaudière (la), 212.

I

Isle d'Athée (l'), 108.
Isle-Baraton (l'), 115, 209.
Isle-Valin (l'), 148.
Islot (l'), 58.
Ivry, 37.

J

Jaltrie (la), 133.
Jarzé, 153.
Jehannière (la), 13.

Jérusalem, 169.
Joncheray (le), 40, 139.
Jonchère (la), 68.
Jonzac, 46.
Joreau, 80.
Jourdain, 44.
Jousselinière (la), 39, 41, 48.
Jubaudière (la), 54, 151, 152.
Jugerie (la), 57.
Juigné, 56, 85.

K

Kerlan, 213.
Kersemé, 213.

L

Lancheneil, 105.
Lande (la), 47, 48, 108, 142, 176.
Lande (la petite), 184.
Landrecies, 77, 192.
Langon (le), 193.
Langrolay, 99.
Langron, 211.
Languiller, 110, 128.
Lanjuinais, 93.
Lapitaux, 44.
Laspais, 36.
Launay, 70, 211, 212.
Laval, 113, 176.
Laval (Sainte-Scholastique de), 211.
Lavardin, 220.
Lavoir, 100.
Lermitrère, 168.
Lessart, 36, 221, 222.
Levaré, 98.
Lézardière (la), 41.
Libregière (la), 40.
Ligné, 220.
Ligué, 139.
Limousinière (la), 193.
Liré, 23, 127, 178.
Livré, 107.
Lizardière (la), 138.
Loges (les), 93.
Lohéac, 212.
Loiré, 99, 212.
Loresse, 98.
Lorie (la), 75, 79, 80, 201, 202.
Lorrière, 70.
Louettière (la), 153.
Louvois, 163.

Lude (le), 14.
LUSSIÈRE (LA), 57, (69), 153.
Luxe, 151.
Lys (le), 43.

M

Madrid (couvent de la Visitation-Sainte-Marie de), (204 à 206).
Magnanes, 142.
Maillezais, 186.
Maine, 115, 140, 157.
Malives, 38.
Malnoue, 72.
Malnutes (les), 82, 85, 118, 159.
Malzéard, 25.
Manouillère (la), 206.
Manquelle, 72.
Mans (Le), 210.
Marais (le), 54.
Marans, 200, 202.
Marchais (les), 133.
Marchais-Regnault (le), 113.
Marche (la), 226.
Mare (la), 106.
Mareil, 50, 67.
Marmoutiers, 166.
Marsaint, 70.
Martigné-Briand, 116, 139.
Martigues, 155.
Masure (la), 57, 85.
Mauléon, 24, 25, 30, 46.
Maulévrier, 9, 11, 27, 31, 40, 41, 112, 138, 222.
Maumusson, 88.
MAUNY, 10.
Maupertuis, 212.
Mausson, 108.
Mautravers, 25.
May (le), 41.
Mayenne, 224.
Mazières, 20.
Meilleraye (la). Voir Melleray.
Mélay, 75, 113.
MELLERAY (ABBAYE DE), 166 à 174.
MELTIÈRE (LA), 52, (76).
Ménollière (la), 50.
Menuiserie (la), 72.
Méral, 211, 212.
Meriguière (la), 72.
Merlutz, 117.
Mesnil (le), 113, 125.
Meuflet, 52.
Meulte (la), 214.

Michellière (la), 104.
Millé, 20, 93.
MILLÉ-LES-LOGES, (53), 151, 152.
Millepied, 42.
Miniac, 200.
Miossins, 190.
Miré, 107.
Missé, 32.
Moinie (la), 43.
Molère (la), 168.
Moncontour, 25.
Mondoubleau, 8.
Monet, 10.
Mongrison, 168.
Monleny, 130.
Monnet, 54.
Monriou, 75, 78.
Monstereul-au-Gault, 37.
Monta (la), 132.
MONTAIL (LE), 40, (41), 47, 50, 135, 139.
Montail (le). Voir Monteil (le).
MONTAUSIER, 46.
MONTBAULT, 179 à 180.
MONTEIL (LE), (41), 53.
Montemain, 109.
Montfaucon, 150, 154.
Montfiquet, 171.
Montgauguier, 115.
Montgeoffroy, 80, 81.
Montguerré, 156, 157.
Montguillon, 113.
Montifaut, 200.
Montigné, 211.
Montigny, 211.
Montjean, 147.
Montmirail, 163.
Montmorency, 136.
Montournois, 25.
Montrevault, 8, 43, 50, 127, 147, 153.
Montriou, 200, 201, 202.
Montsabert, 39.
Montsoreau, 154, 171.
Morandière (la), 68.
Morannes, 107.
Moricière (la), 67, 72.
Morinière (la), 95.
MOROUSIÈRE (LA), 72.
Morpenère (la), 71.
Mortagne, 5, 25, 135.
Mortemer, 180.
Mortier (le), 153, 154.
Mortiers (les), 62.
Morvilliers, 163.
Motte (la), 41, 103, 166, 176.

Motte-de-Balots (la), 108, 208, 212.
Motte-Bouchans (la), 108.
Motte-Crouillon (la), 26.
Motte-Ferchauld (la), 210.
Motte-Fouquet (la), 134.
Motte-Glain (la), 87.
Moulins-Neufs (les), 159.
Mourière, 198.
Mourière (la), 125.

N

Nançay, 214.
Nantes, 42, 81, 82, 134.
Narsay, 109.
Négron, 219.
Nerlu, 46.
Nesmy, 127.
Neuville, 42.
Neuvillette, 206.
Niort, 119.
Noë (la), 79.
Noiraye (la), 125.
Normandie, 215.
NOTRE-DAME-DES-GARDES, 185 à 187.
Noulis (les), 72, 138.
Noveronde (la), 71.
Noyan, 151.
Noyers (les), 37, 99.
Noyrieux, 72.
Nueil-sous-les-Aubiers, 32, 45, 109, 129.
Nyoiseau, 115.

O

Oncheraie (l'), 43.
OURCELLIÈRE (L'), 42.

P

Pagerie (la), 148.
Paillé, 19.
Palhuau (le), 71.
Paly (le), 46.
Panne (la), 125.
Pannecé, 173.
Paronneau, 210.
Pasquière (la), 58, 178.
Passavant, 112.
Pasty (le), 222.
Patience, 53.

Paty (le), 13, 117.
PAULÉON, 199.
Pelairie (la), 150, 155.
Pélissonnière (la), 220.
Peloterie (la), 40.
Perray-aux-Nonains, 95.
Perrière (la), 19, 67, 192.
Perrinière (la), 154.
Petit-Champ-Blanc, 58.
Petit-Pont (le), 117.
Petite-Libregière (la), 138.
Petite-Orchère (la), 12.
Petite-Rivière (la), 81.
Pice (la), 59.
PICE (CHAPELLE DE LA), 80.
Pierrecouverte, 23.
Pignerie (la), 183.
Pin (le), 54, 88, 222.
PINEAU (LE), 30, 48, 50, 51, 56, 57, 61, 65, 67, 69, 74, 130, 140, (144).
PINEAU-AUX-GARDES (LE), 181 à 184.
Pivoterie (la), 86.
Places (les), 168.
Plaine (la), 51.
Plaine-en-Vallée (la), 10.
Planty (le), 72, 133.
Plesse (la), 43.
Plessis (le), 45, 68, 72, 81, 92, 105.
Plessis-Châtillon (le), 156.
Plessis de Chivray (le), 71.
Plessis de Cosme (le), 71.
Plessis-Forêt-Clérambault (le), 43.
PLESSIS-MOZÉ (LE), (56), 64, 68, 74.
Plessis-Robineau (le), 87.
Plouër, 93.
Plourhan, 135.
Poillevrette, 219.
Poitiers, 15, 44, 70.
Poitiers (Augustins de), 184, 186.
POITIERS (LE CALVAIRE DE), 121.
Poitiers (Trinité de), 122.
Poitou, 14, 19, 24, 34, 35, 72, 119, 133.
Pommeraye (la), 209.
Ponchet (le), 68.
Poncier (le), 138.
Pont (le), 150, 219.
Pont-Château, 44, 171.
Pontdélouan, 36.
Pontereau (le), 22, 23.
Pontgibaud, 14.
Pontoise, 147.
Pontreau, 53.
PONTRON, (167), 192.
Ponts-de-Cé (les), 78.

Pontveix, 202.
Porcherie (la), 209.
Pordic, 67.
Porée (la), 200.
Porhoët, 61.
Port (le), 48.
Port-Ringeard (le), 212.
Potardière (la), 44.
Poterie (la), 168.
Pouancé, 75, 98, 206.
Préaux, 73, 108, 180.
Préaux (les), 214.
Préfouré, 175.
Pré-Sec (le), 71.
Pressigny, 127.
Prevôtière (la), 81.
Princé, 72, 103, 104.
Princerye (la), 65.
Pringé, 54.
Pugny, 30.
Puigné, 46.
Puis (le), 42.
Puy (le), 199.
Puy-Belliard (le), 128.
Puy-de-la-Garde (le), 185.
Puyguyon, 8.
Puy-Jourdain (le), 34.
Puy-de-Nesran (le), 44.
Puyregnard, 36.

Q

Quarteron (le), 105, 138.

R

Raimberdière (la), 51.
RAINDRON (LE), 75.
Rainerie (la), 60, 71.
Ralière (la), 198.
Rambouillet, 108.
Ramée (la), 42, 176.
Ramefort, 153.
Ray, 146.
Rebouste, 153, 154.
REIVROUX (LE), 41.
Rembergère (la), 168.
Remeneuil, 180.
Renaudière (la), 116.
Rengourdière (la), 159.
Rennes, 89, 93, 94.
Renotière (la), 159.
Restigné, 179.
Revroux, 21.

Richardrie (la), 40.
Richebourg, 19.
Richelieu, 10.
Ridejeu, 19, 24.
Rigaudière (la), 57.
Rigolière (la), 159.
Rivau (le), 151.
Rivière (la), 89, 93, 133.
Rivière-Cormier (la), 95.
Rochardière (la), 116.
Roche-des-Aubiers (la), 21, 137.
Roche-Baraton (la), 115.
ROCHE-BARDOUL (LA), 114.
Roche-de-Cerizay (la), 45.
Rochefort, 106, 171, 194, 198.
Rochefort-sur-Loire, 106.
Roche-Gaste (la), 16.
Roche-Giffard (la), 98.
Rocheguyon (la), 163, 171.
Roche-Huon (la), 219.
Rochejacquelein (la), 35,
Rochelle (la), 17, 44, 104.
Roche-Maillet (la), 11.
ROCHEMENTRU, 88, 167, (173).
Roche-Millay (la), 52, 150, 151.
Roche-Pichemer (la), 153.
Rochepot (la), 157, 163.
Rochequairie, 87.
Roche-sur-Cossay (la), 40, 139.
ROCHE-SUR-YON (LA), 41, 47, 127, 135, (142).
Roches (les), 72.
Rocheux, 148.
Rohan, 61.
Romiverie (la), 212.
Rouessé, 105.
Rougé, 89, 93.
Rouillerie (la), 117.
Rouillon, 206.
Roulerie (la), 144.
Roulière (la), 13.
Roullay (le), 26.
Rousseau, 10.
Rousselaie (la), 98.
Roussière (la), 20, 54, 150, 210.
Roussière-de-Vaudeguibert (la), 153, 154.
Rouvrais (la), 81.
Rouvroux, 19.
Rouxière (la), 22, 23.
Royale (île), 198.
Ruau (le), 150.
Ruaudin, 37.
Ruchenière (la), 212.
Rues (les), 70.

S

Sablé, 160, 206.
Sachay, 52, 150.
Safranière (la), 219.
Saint-Aignan, 208.
SAINT-AMADOUR, 110.
Saint-Andry, 37.
Saint-Aubin-de-Luigné, 106.
Saint-Avit, 45.
Saint-Blaise, 49.
Saint-Brice, 108.
Saint-Denis, 214.
Saint-Evroul, 65.
Saint-Florent-le-Vieil, 49.
Saint-Florent-de-Saumur, 16.
Saint-Gault, 207, 210.
Saint-Généroux, 36.
Saint-Georges, 72, 80, 135.
Saint-Georges (abbaye de), 57.
Saint-Georges-du-Puy-de-la-Garde, 14.
Saint-Germain-des-Prés, 99.
Saint-Gildas, 64.
SAINT-GILDAS-DES-BOIS, 167.
Saint-Gilles, 135.
Saint-Herblon, 87.
Saint-Hilaire, 220.
Saint-James, 95.
Saint-Jean, 179.
Saint-Jouin, 116.
Saint-Laon-sur-Dive, 107.
Saint-Laurent-sur-Sèvre, 25.
Saint-Lezin, 135.
Saint-Ligier, 129.
Saint-Macaire, 133.
Saint-Mainbœuf, 65.
Saint-Mars, 202.
Saint-Marsault, 34, 133, 134.
Saint-Mars-la-Jaille, 155, 201.
Saint-Maurice, 216.
Saint-Médard-l'Oliver, 169, 172, 173.
Saint-Nazaire, 70.
Saint-Philibert, 148.
Saint-Pierre-des-Échaubrognes, 116.
Saint-Pois, 211.
Saint-Savournin, 120.
Saint-Sigismond, 87.
Saint-Sulpice-des-Landes, 88.
Saint-Symphorien, 68, 193.
Sainte-Catherine, 21.
Sainte-Gemme, 75.
Sainte-Hermine, 25.
Salle (la), 133.

Sallebœuf, 44, 47, 48, 52, 53, 54, 57, 139, 140, 141.
SANSONNIÈRE (LA), 22, 35, 39, 42, 43, 44, 57, 117, 126, (127).
SANZAY, 34, (133).
Saulay (le), 72.
Saulay (le Petit), 71.
SAULAYE (LA), 11, 56, 57, 61, 64, 67, 68, 74, 75, 76, 78, 150, 153, 154, (159 à 165), 187.
Saumur, 6, 8, 24, 45, 56, 61, 95, 192, 208.
Saumur (Saint-Florent de), 16.
Sautré, 192.
Sauvagère (la), 69.
Sauvieux, 161.
Sazé, 70.
Scépeaux, 108.
Schlestadt, 80, 81.
Sécherie (la), 117.
Séguinière (la), 221.
Seilleraye (la), 148.
Senlis, 151.
Serrigny, 37.
Sévrière (la), 180, 181.
Sicaudaye (la), 36.
Sigournais, 110, 128.
Simonnière (la), 40.
Simonnières (les), 139.
Singerie (la), 192.
Sollain (le), 72.
Sologne, 37.
Sorinière (la), 22, 23, 27, 41, 47, 56, 58, 70, 71, 126, 135, 136, 137, 140.
Soucelle, 72.
Sourches, 133.
Sourdigné, 139.
Sourdis, 68, 154.
Souzigné, 22, 126.
SUBRARDIÈRE (LA), 207 à 214
Suse, 179.

T

Tail-Charruau (le), 9.
Tauperie (la), 85, 176.
Tauvay, 72.
Teil (le), 72.
TEIL-CHARNACÉ (LE), 9.
Teillay (le), 45, 207, 210, 211, 214.
Teilleul (le), 210.
Termes, 130.
Tertre (le), 125, 145, 211.
Tesseau, 159.

— 251 —

Thémines, 154.
Théron, 142.
Thibaudais (la), 159.
Thouarcé, 23, 25, 42, 53, 58, 65, 80.
Thouars, 14, 22, 24, 60, 126.
Tiffauges, 23, 70.
Tigné, 53.
Touchardière (la), 108, 209.
Touche (la), 22, 39, 99, 115, 125, 144, 178, 220.
TOUCHE-BARANGER (la), 16, (18), 23, 25, 47, 48, 56, 129, 130, 136, 138, 142.
Touche-Baron (la), 108.
Touche-d'Escoubleau (la), 58.
Touchepres, 23, 30, 128.
Touches (les), 116, 153.
Touchevalier, 5.
Tour (la), 223.
Touraine, 140.
Tour-Landry (la), 64, 139, 186.
Tour-du-Pin (la), 147.
Tourneville, 117.
Tours, 54.
Tranchaye (la), 148.
Trappe (la), 32, 207.
Trécheloriere (la), 40, 137.
Tréfumel, 89.
TREILLE (LA), (52), 53, (150), 155.
Tremblay (le), 44.
Tremblaye (la), 42.
Trémentines, 50.
Trèves, 35, 42, 43, 127.
Trosnay, 163.
Trottière (la), 41.
Tucé, 220.
Turmélière (la), 23, 127.
Turpigny, 134.

U

URBÉ, 79, 80, 81, 86, (206 à 207).

V

Vachère (la), 50.
Vallée (la), 43.
Varenne (la), 10.

Varennes, 67, 75, 77, 115, 192, 200, 201.
Varennes (les), 151, 152, 153.
Vau (le), 116.
Vaubrun, 176.
Vau des Conilles (le), 40, 138.
Vauguière, 130.
Vaumort, 58, 178.
Venansault, 87.
Verger (le), 93, 145, 148.
Verger-de-Beaulieu (le), 179.
Vergne (la), 73, 180.
Vernay (le), 107.
Verneil, 146.
Vernet, 198.
Vernon, 194, 198.
Vezins, 9, 10, 11, 16, 39, 40, 56, 78, 105, 107, 111, 221.
Vieil-Mur, 126.
Vieille-Brosse (la), 40, 139.
Vieille-Tour (la), 50.
Vihiers, 9, 21, 117.
Villane, 199.
Ville-du-Bas-Gennetoy (la), 25.
Ville-David (la), 89.
Ville-ès-Mollé (la), 70, 71.
Villegontier, 153.
Villemoisant, 87.
Villemort, 45.
VILLENEUVE (LA), 52, 81, (116).
Villerceaux, 148.
Villetrouvé, 206.
Villiers, 153.
VIROLAIS, 20, (113).
Vitré, 214.
Vivier (le), 116.
Volaines, 211.
VRITZ, 153, 155, 158, (166 à 177).

W

Wailly, 215.

Y

Ynay, 160.
Yvetot, 147.

A PARIS

DES PRESSES DE D. JOUAUST

Rue de Lille, 7.

www.ingramcontent.com/pod-product-compliance
Lightning Source LLC
Chambersburg PA
CBHW070546160426
43199CB00014B/2390